华夏泰和
企业知识产权研究丛书

重构知识产权的商业价值

王海波◎主编

知识产权出版社
全国百佳图书出版单位
——北京——

图书在版编目（CIP）数据

重构知识产权的商业价值/王海波主编. —北京：知识产权出版社，2025.6. —（华夏泰和企业知识产权研究丛书）. —ISBN 978 - 7 - 5245 - 0039 - 1

Ⅰ. D913.404

中国国家版本馆 CIP 数据核字第 2025LE7056 号

内容提要

本书立足系统构建知识产权商业价值实现的全景图谱，从战略谋局篇、管理进阶篇和实务攻坚篇三大板块，解析开放式创新与产业博弈逻辑，直击企业知识产权管理痛点，提供知识产权发展全周期各类问题的解决方案，深入争议一线，剖析高频难题，辅以知识产权领域鲜活案例。全书贯穿"战略 - 管理 - 实务"三维体系，兼具政策解读、方法论工具与司法实践要点，为企业家和知识产权管理人员等提供从顶层设计到执行落地的行动指南。

责任编辑：王玉茂　章鹿野　　　　　责任校对：潘凤越

封面设计：任志霞　　　　　　　　　责任印制：孙婷婷

重构知识产权的商业价值

王海波　主编

出版发行：	知识产权出版社有限责任公司	网　　址：http://www.ipph.cn
社　　址：	北京市海淀区气象路 50 号院	邮　　编：100081
责编电话：	010 - 82000860 转 8541	责编邮箱：wangyumao@cnipr.com
发行电话：	010 - 82000860 转 8101/8102	发行传真：010 - 82000893/82005070/82000270
印　　刷：	北京九州迅驰传媒文化有限公司	经　　销：新华书店、各大网上书店及相关专业书店
开　　本：	720mm×1000mm　1/16	印　　张：18.5
版　　次：	2025 年 6 月第 1 版	印　　次：2025 年 6 月第 1 次印刷
字　　数：	300 千字	定　　价：108.00 元

ISBN 978 - 7 - 5245 - 0039 - 1

编　委　会

前　言

　　法律体系所面对的并非只是法条和法律本身，以强制性规范来有效解决社会和经济问题，才是其存在的基本价值。知识产权制度体系也概莫能外。知识产权制度体系的建立和发展，从来都是沿着经济发展和社会秩序规范的主体脉络进行的，且总会因应时代的发展与变化，进行适应性的调整，以为经济和社会提供更为丰富的发展保证。

　　创新、商业、市场和竞争，是驱动近现代社会以超越过往数千年人类历史的速度发展和变革的基本动力。而知识产权制度体系以其独特的方式，确保创新体系的催化、竞争秩序的完善和社会治理的成熟，进而有效保障了创新、商业、市场和竞争对社会发展的动力效应，构建了知识产权与创新、商业和社会秩序的社会发展闭环。

　　知识产权制度体系之所以能够发挥对创新、商业和社会秩序的保障力量，一方面在于宏观层面的国际协调、国家法律规范的顶层设计，另一方面则有赖于知识产权在企业这一社会运行基本单元的有效落地。因此，讨论知识产权的价值与作用，基本原理、法律架构和国际竞争是必须面对的问题，而对企业层面的知识产权战略、策略和微观的深入探讨，更是无法回避的常态化问题。

　　企业运营是一个复杂的系统工程，涉及研发、采购、生产、财务、销售、人事等诸多要素。客观而言，由于知识产权要素在企业经营的诸多内容中，有时候并不占据核心位置，因此不宜泛化对企业知识产权管理的讨论。不可否认的是，在创新日趋重要、国际竞争日趋加剧的背景下，知识产权几乎在所有企业发展中都发挥着不同程度的作用。因此，对企业知识产权管理、战略等诸多事宜的讨论，是深挖企业知识产权价值、强化企业国际竞争力，真正实现企业高质量发展的必由之路。

虽然我国知识产权制度体系发展只有短短四十余年，但是随着创新驱动发展战略落地，针对知识产权的理论和实务探讨，已经形成了越来越丰富的成果。如前所述，企业知识产权问题应该，也必然会成为未来知识产权探讨的一个重要方面。这就有了本书面世的基础和必要性——以来自企业知识产权管理一线的知识产权经理人的视角，针对企业知识产权战略、策略、管理和业务等诸多方面的问题，从各类企业的知识产权实践出发，从某一角度切入进行分析和探讨，相信一定会体现出专业价值——为宏观研究提供微观素材、为理论研究提供实务案例、为企业管理提供参考方案。

从电气化到互联网，近百年来发生的技术变革，切实提升了人类社会进步的速度。毫无疑问，知识产权在这一系列的技术变革和社会发展中，一直发挥着不可忽视的作用。当前，随着人工智能（AI）技术的不断突破，AI 时代俨然已经带着技术变革的光环，日益迫近。对于知识产权而言，这虽然是其发挥价值的宝贵机遇，但也为其带来了巨大的挑战——现有的知识产权理论体系，是否能够兼容 AI 时代的诸多变化，并且指导和推动 AI 时代的健康发展？当前的知识产权服务体系，以及企业知识产权战略与管理，在一切皆 AI 的未来，是被挑战乃至颠覆，还是顺势而为，迭代出更高水准的新产业？这些都值得深思，也有必要在理论界、服务业和企业端进行探讨并加以实践。

本书收录的各篇论文的作者，都是企业知识产权管理一线的知识产权经理人，或许其理论功底略显单薄，或许其切入视角不够开阔。但可以肯定的是，他们所阐述和分享的，一定是基于其在企业的知识产权管理实践，一定是其开放、共享和教学相长的诚意之言。

期待本书的付梓，能够为中国知识产权事业的发展贡献一份力量，也能够在新时代的起点，给身处企业知识产权一线的同仁带来一些启发和裨益。

王海波

2025 年 4 月

目录

战略谋局篇

管理进阶篇

实务攻坚篇

战略谋局篇

开放式创新与复杂性科学：
系统化的知识产权管理策略

刘润兴

随着专利或技术许可、开源技术，以及知识产权联盟等知识产权合作形态的出现和发展，创新主体的活动范围不再局限于特定的地理空间，而是跨越国界、时区，实现了前所未有的互联互通。业内将这种协作方式称为开放式创新（open innovation）。开放式创新一方面便利了创新主体在知识、技术、信息等创新要素的远程共享与协同，使创新主体能够接触更加多元化的创新资源与合作伙伴，促进了创新网络的扩展与深化；另一方面，也增加了其协同创新生态内部关联结构的复杂性，带来了管理、协调与整合方面的挑战，要求创新主体具备更强的适应性与灵活性，以应对日益复杂的创新环境。

复杂性科学（complicated science）作为系统科学发展的新成果，是专门研究复杂系统结构、主体复杂行为和相互关系的跨学科理论框架。"涌现"是复杂性科学理论最为核心的组成部分，指的是一个复杂系统中个体间预设的简单互动行为所造就的无法预知的复杂样态的现象，即整体大于其各部分之和。开放式创新正是复杂性科学理论最明显的例证，创新主体突破组织边界，组成创新联合体，搭建创新网络与平台，塑造生态体系，聚合资源促进创新"涌现"，实现互补融合，共存共生进化。

保护知识产权就是保护创新。企业的知识产权管理工作，应当立足和服务于创新，聚焦创新涌现。保护创新是为了促进创新，只有回到创新本身，从技术的角度理解创新、理解知识产权，以复杂性科学理论解读创新、知识产权管理，实现技术理论与法律规则的有机整合，才能准确把握知识产权管理的目标和原则，更好地构建起知识产权管理的系统化研究和管理方式。

一、开放式创新中的知识产权

20 世纪末，随着信息技术的飞速发展与全球化市场竞争的实际需要，传统的封闭式创新模式日益受到挑战，而知识成为关键经济要素，企业逐渐认识到在创新过程中需要整合内外部各类知识资源才能提升创新竞争力。开放式创新由此应运而生。美国学者亨利·切萨布鲁夫（Henry Chesbrough）在其著作《开放式创新：进行技术创新并从中赢利的新规则》❶ 中首次提出"开放式创新"概念，强调打破企业边界，与内外部创新资源整合与互动。

随着理论研究、数字技术的深度融入，以及与可持续发展等理念的融合，开放式创新已经成为众多行业企业的重要创新策略。如在半导体行业，创新联合体、创新生态及开源创新成为技术进步的最主要特征，比利时微电子研究中心（Interuniversity Microelectronics Centre，IMEC）以产业联盟计划作为开展领先市场需求 3 ~ 8 年的共性技术研究为主要模式，与各类产业方共享研发费用、科研人员、知识产权，共担风险；中国台湾地区的台湾积体电路制造股份有限公司（以下简称"台积电公司"）推出开放创新平台（open innovation platform），目的是通过组织跨工艺技术、电子设计自动化（electronic design automation）、知识产权和设计方法学的开发与优化，来应对日益复杂的半导体设计挑战；美国英伟达（Nvidia）公司主导计算统一设备架构（compute unified device architecture，CUDA）生态，将硬件、软件和开发者社区紧密结合在一起，产生了技术锁定与市场锁定的效应，形成了一个难以打破的市场壁垒。2016 年，RISC – V 基金会正式成立，负责维护开源指令集架构（RISC – V）规范，还带动了开源知识产权核（intellectual property core）、开源电子设计自动化（electronic de-

---

❶ 切萨布鲁夫. 开放式创新：进行技术创新并从中赢利的新规则 [M]. 金马，译. 北京：清华大学出版社，2005.

sign automation，EDA）、开源工艺设计套件（process design kit，PDK）等开源芯片所必需的关键部件的快速发展。在 AI 领域，2023 年底，国际商业机器公司（以下简称"IBM 公司"）和 Meta 公司发起成立了"AI 联盟"（AI alliance），作为专注于支持 AI 领域开放创新和开放科学的国际社区，其目标是通过跨行业协作，促进不同组织之间的知识共享和技术交流，打破行业壁垒，加速 AI 技术的创新和迭代，推动人工智能的开放、安全和负责任发展。

创新成果在开放环境内共享和传播，固然极大地加速了创新要素的流动和系统创新，拓展了知识产权应用的范围和价值，丰富了知识产权管理的策略，但也给知识产权保护带来了复杂性的难题。在开放式创新的大潮中，如果企业过于注重自己知识产权的独占性，不能有效参与外部协同，可能导致自身陷入信息孤岛而跟不上创新节奏，或者错过创新机遇；但企业若开放式创新不当，可能导致自身商业秘密被公开，知识产权被恶意利用，会失去其竞争优势。此外，企业如果没有恰当的管理机制，开放式创新也可能给其带来搭便车、公地悲剧等损害创新生态的行为。

创新与知识产权是共生关系，开放式创新的健康发展亦离不开有效的知识产权管理。开放式创新各类资源的有效整合、合理分配、积累扩充和创新生态的公平治理、繁荣壮大，一方面给传统的知识产权观念和模式造成了冲击，另一方面推动着知识产权制度不断完善和发展，以更好地适应创新的需求和变化。企业的知识产权管理策略也应与时俱进，对企业参与开放式创新的阶段、模式及行为耦合，进行动态调整，以保护和促进创新为导向，与开放式创新中的各类生态成员共享共创。

二、开放式创新的复杂性特征

相较于法学研究方法多在还原论意义上对系统构成要素和层次进行法律分析，复杂性科学则以复杂系统为主要研究对象，认为复杂系统是由大量相互作用的、非线性的单元构成的系统，系统整体表现出的行为不能简单地从个体单元的行为中予以推断。复杂性科学并非摒弃还原论，而是对之补充以整体论，并以两者为基础进行更高层次的统合研究。

开放式创新因其创新主体的多元性、创新资源的多样性、资源整合的跨领域性、创新活动的动态性和灵活性，以及成果获得和风险处理的非线性和自适应性，自然而然地构成了复杂系统，当然也就可以借鉴复杂性科学的认识论、方法论和实践论来理解和分析开放式创新，进而找出适应且能够促进创新管理的知识产权管理策略。

开源项目的构建和发展就是开放式创新的典型表现，展现复杂性科学理论中的多个复杂系统特征。①开源项目具备复杂系统的层次性、自组织性特征，通过非营利性组织、基金会、贡献者、用户等多元化主体构建了复杂的分布式协作网络，并具备自治机制，如代码审查、问题跟踪、决策流程等，确保开源项目的有序发展，推动项目的商业化和生态建设。②开源项目具备复杂系统的自适应性特征，需要不断适应新技术的发展，引入新的编程语言、工具和架构以保持竞争力。③开源项目具备复杂系统的非线性、不确定性特征，在迭代过程中某一部分看似微小的代码改进或功能添加可能会引发一系列的创新活动，产生新的创新成果，开源社区成员的加入和退出、贡献的波动等因素都会影响项目的进展，使得项目的发展路径具有高度的不确定性。社区治理机制也需要不断调整，社区成员通过持续学习并做出反馈形成项目优化及改进的逻辑闭环。开源项目具备复杂系统的涌现性特征，多元参与主体相互交流、合作、竞争，形成紧密的联系和协同效应，加快技术创新速度，并且催生众多新的应用场景和领域，使得"整体大于部分之和"，产生超越个体能力的集体智慧和成果。

对创新和知识产权的理解，不能只停留在法律规则的层面，也不能单纯从社会价值的角度进行评判，而是要回到技术的基础和本质。如果知识产权管理乃至整体的法务管理能够与技术发展统一思想基础，在科学哲学的视野下找到思想的共同点，那么无疑能跨越思想鸿沟，实现共同的价值目标——创新，而且是持续的创新。

三、作为复杂系统的知识产权管理

复杂性科学的重要奠基人布莱恩·阿瑟（Brian Arthur）认为，技术是实现人的目的的一种手段，经济是技术的表达。在经济的结构中包含着一系列相互支持的安排——商业、生产资料、制度、组织，而这些实际上就是广义的技术本身。商业活动和行为都是围绕这些安排而发生。❶ 在这一逻辑之下，知识产权管理亦可看作技术，通过模块化与组合，实现创新主体研发和经营活动的深入融合，达到"共变"与"共创"。

《创新管理 知识产权管理的工具和方法 指南》（ISO 56005：2020）（Innovation management — Tools and methods for intellectual property management — Guidance）认为，组织间和组织内的知识产权管理活动非常重要，能促进创意的共同开发、交换和交易，能够使组织通过协作方式创造集体价值并形成额外收入来源，故而需基于系统化方法（非特定基础）管理知识产权。开放式创新是实现知识产权价值的重要方式，知识产权绩效的产出不仅来自保护，也来自开放。在开放式创新大行其道的当下，决定着知识产权价值转化的是创新主体所应具备的复杂系统管理能力。

《企业知识产权合规管理体系 要求》（GB/T 29490—2023）关注企业履行全部的知识产权合规义务，围绕着知识产权的复杂系统管理能力特别强调知识产权的价值实现，不仅防范知识产权被侵权，要从知识产权中获取直接收益，更重要的是关注知识产权推动开放式创新的技术升级和生态发展并最终使创新主体取得优势这一客观事实，以强化创新能力来促进创新。知识产权本身就具备竞争与合作的双重属性，而创新主体参与创新既有竞争性和矛盾性的关系，也存在资产和价值上的互补性和一致性关系。以复杂性科学理论指导知识产权管理，就是要逐步实现知识产权管理的开放性、合作性、结构性、生态性转变。

将知识产权作为复杂系统来进行管理，就要全面认识和把握知识产权管理的系统性。①复杂系统的非线性。知识产权管理与创新主体的研发投入、人才储备、市场竞争等方面构成了一个复杂系统，并受到外部法律法规的深刻影响。由于创新活动与知识产权成果产出、知识产权价值与企业战略目标之间的关系是复杂且相互交织的，因此要从整体视角出发，更好地发挥知识产权的综合价值。②复杂系统的层次性。知识产权管理可以运用系统动力学、网络分析等复杂性科学分析方法，将知识产权数据与运营数据相结合，探索知识产权管理系统模型，分析各要素相互关系，找出关键路径和瓶颈，并通过仿真等工具预测可能的结果。③复杂系统的不确定

---

❶ 阿瑟. 技术的本质：技术是什么，它是如何进化的［M］. 曹东溟，王健，译. 杭州：浙江科学技术出版社，2023.

性。知识产权管理可以根据内外部环境变化，结合创新活动的自适应性，建立创新主体各组成部分的协同机制，定期评估潜在威胁，制定预防处理机制，并通过激励机制、开放平台等培育创新文化，以降低不确定性的影响。

四、立足并服务于创新管理

开放式创新及知识产权管理具备复杂性科学的系统性表征，为建立以创新管理为核心的知识产权管理策略确立了可靠的、科学的基础。如果知识产权管理没有立足于创新管理这一复杂系统，仅仅从法律规则的角度探讨和实施知识产权管理，则无法避免在实践中出现知识产权管理"失焦"和"失序"的问题。

知识产权管理以"共链"为理念，与多元参与主体共赢。[1] 共链聚焦产业链间的协作互助与融通发展。创新主体面向复杂系统构筑全局发展规划体系，以技术赋能和生态接入达成价值层面的利益一致性，形成产业集聚效应，加速产业创新成果涌现，辐射创造产业巨大价值，获得自身商业发展的价值回馈。开放式创新中，知识产权管理部门应矢志成为优秀者、链接优秀者、赋能优秀者，根据创新要素组合特点进行权变管理，灵活运用各种策略，实现自身以及生态合作企业的共同成功，促进知识产权保护和价值实现绩效的最大化。

知识产权管理的出发点和归宿是"创新"，运用复杂性科学不局限于解释知识产权工作方法，而是要更好地认识以及推进创新。由于法律法规不仅含有义务性规定，还有引导性内容，因此发现机会点与发现风险点同等重要。知识产权管理一方面要独立于业务，识别、评价、管控业务中的风险，排除创新的阻碍；另一方面要将业务与外部规则进行贯通，从规则中识别机遇及差异化优势。创新主体可以将战略情报管理的职责分解为创新环境分析，知识产权管理部门深度参与产品规划、商业模式研讨，厘清法律法规、合作协议中规定的义务边界等环节，同时探索商业自由度空

---

❶ 王希. 中央企业产业链融通发展共链行动启动［EB/OL］.（2023 - 09 - 14）［2025 - 01 - 16］. https：//www. gov. cn/lianbo/bumen/202309/content_6903945. htm.

间，以及潜在的技术创新机会等。虽然知识产权管理无法充分解释技术创新是如何涌现的，但这不是知识产权管理的重点，知识产权管理最重要的职责是寻找创新路径、维护创新环境、保护创新成果、成就创新人才、创造创新价值，以期促进创新涌现。

知识产权管理应通过"工程"的方式实现复杂系统的开放、协同。工程，就是以最经济的方式解决问题，既涵盖设计，也包括执行；既考量过程，也重视结果。面对复杂系统，工程既强调各项资源、各项机制之间的联系，也注重强调管理过程，以及各类创新主体主观能动性的发挥。知识产权管理部门应成为企业风险管理能力的核心建设者，以及制度和流程管理的关键参与者，业务流程、内部制度、信息系统均在整体统筹之下逐步推进，在底层逻辑中嵌合 PDCA 循环〔一种用于持续改进的管理方法，分为计划（plan）、执行（do）、检查（check）和行动（act）〕、SIPOC 模型（一种用于流程管理和改进的技术）等管理方法论分解工作事项与工作方法，实质性地介入重大业务决策。

知识产权管理的本质是"运营"各类复杂关系，应对内外环境的不确定性、动态性及影响因素的非线性交互作用。除了重视风险管控以应对复杂系统中的不确定性，知识产权管理对于运营的连续性以及韧性也应当同等关注，这也是确保实现持续创新的必要事项。连续性和韧性紧密交织在一起，连续性侧重于确保业务能够持续运营或在业务中断后能快速恢复，而韧性是指组织适应和应对各种风险和挑战以持续交付重要产品和服务的能力。知识产权管理部门在评估开放式创新环境和相关方之后，也应当对自身创新协同链以及价值实现逻辑进行分析，如识别关键业务功能和资产，并进行分类分级，确定相应的合作策略，将知识产权保护策略与发展战略、业务实际、管控措施等进行协调，在提高运营效率的同时，增强对复杂系统的管理能力，保持连续性与韧性，不断维护和强化公司的竞争优势。

知识产权管理的系统化策略应当持续"进化"，不断提升复杂系统的自适应性。根据布莱恩·阿瑟的理论，技术的进化是由组合和需求两股力量主导的。作为一种管理活动，知识产权管理并非凭空产生，而是法学与管理学甚至科学技术哲学相互融合的产物，而随着开放式创新的演进，知识产权管理应当在新形势新常态下持续优化应对策略。知识产权管理部门应助力创新主体将知识产权管理要求与实践贯通于产业链上下游生态，将技术规则与商业规则相结合，执行和维护健全透明且统一的标准，以灵活的管理方式回应 AI 时代所面临的挑战，以合乎道德和负责任的方式开展商业活动。

五、结　语

数字经济时代所依赖的云计算、移动操作系统甚至 AI，大多建立在开源开放的基础上，创新主体并不享有独占性的知识产权，而是与其他主体协同共享。知识产权管理，既要结合开放式创新的实践发展，又要融合复杂性科学的理论指导，以创新为价值导向，平衡保护与开放、竞争与合作的关系，拓展知识来源，获取有益的创新思维，增强创新能力，降低创新风险，提高创新效率，摒弃内卷及低效竞争，超越零和博弈，实现与创新生态的可持续发展。

知识产权与商业竞争

李　阳[*]

知识产权作为一种无形资产与竞争工具，在商业竞争中扮演着举足轻重的角色。它不仅是企业创新成果的法律保护屏障，而且是企业获取竞争优势、实现可持续发展的关键战略要素。笔者通过介绍知识产权内涵、医疗器械行业特点及知识产权价值变现特点，探讨如何构建匹配企业经营战略的知识产权策略，以及如何发挥知识产权在商业竞争中的作用，希望能够帮助读者在企业经营中将知识产权与商业竞争有机融合，进而使企业在激烈的市场竞争中充分发挥知识产权价值，从而获得更大的生存空间和竞争优势。

一、知识产权的内涵

知识产权是指人们对其智力劳动成果所享有的法定权利，主要包括专利、商标、著作权、商业秘密等。专利赋予创新技术在一定期限内的独占权，激励企业投入大量资源进行研发，进而通过专利保护，使企业能够在市场上独家推出具有创新性的产品或技术，从而获取超额利润。例如，医疗器械企业在研发出一种新型诊断仪器后，如能构建强大的专利壁垒，就能够有效阻止竞争对手抄袭或模仿相同的产品，避免同质化竞争，在收回研发成本的同时获得高额利润。

＊ 作者单位：深圳市帝迈生物技术有限公司。

商标是企业品牌的法律标识，承载着企业的声誉和消费者的信任。一个具有高知名度和美誉度的商标，如美国苹果公司被咬了一口的苹果标志，能够使消费者在众多产品中迅速识别并产生购买偏好，有效提升产品的附加值和市场竞争力。

著作权保护文学、艺术和科学作品的创作者权益，在科技企业中，软件著作权对于保护软件源代码、防止盗版软件具有重要意义。

商业秘密涵盖企业的经营信息和技术信息，从某种程度上来说，商业秘密是专利保护手段很好的补充，其在防范员工盗取公司重要资料、竞争对手恶意竞争方面能够起到强大的威慑作用。

二、企业知识产权价值定位

通常来说，知识产权工作对于企业经营的重要性主要体现在两个方面：风险防控和商业竞争。风险防控是指防范企业在未来经营中可能存在的知识产权风险，或者应对已经发生的诉讼纠纷；商业竞争是指如何构建与企业智力成果相对应的知识产权保护体系，进而形成能够对企业发展有帮助的知识产权竞争能力。

（一）风险防控

就风控工作而言，除了应对已经发生的诉讼纠纷，很重要一点就是预防风险。对企业而言，预防风险的代价和成本，比风险发生后企业付出的成本要低得多。那么在企业的商业运营中，对风险的预测工作就变得很重要，包括预测风险可能发生在哪些经营环节、哪个产品、哪个竞争对手、哪个国家或市场、触犯哪些法律法规等。要做到精准地预测，就需要根据企业的经营战略，结合对目标市场的法律法规、行业诉讼纠纷状况、竞争对手专利布局、企业未来产品研发方向和技术路线，开展系统性分析，才能对未来可能发生的风险状况做总体判断和预测，从而制定相匹配的知识产权风险应对策略和防范措施。

另外，对企业品牌的商标保护，也是不可忽视的风险防控工作。举例而言，如果企业要打造新的品牌，那么提前对新品牌在未来目标市场所在的国家或地区能否获得商标保护需提前开展检索评估，确保没有相同或近似的商标注册，或者不会因当地的文化或风俗习惯存在可能缺乏显著性或其他不被核准注册的风险。因为打造一个新的品牌对企业而言代表着非常大的投入，如果没有对商标风险做周密的预判分析，导致后续品牌名称无法在目标市场获得商标保护，或者遇到被他人抢注的风险，那就意味着企业对新品牌的投入会付出东流，使企业遭受巨大的损失。

（二）商业竞争

就构建商业竞争力而言，以专利为例，知识产权对于企业而言，具备资产价值、竞争价值以及运营价值三个方面的价值属性。

1. 专利资产价值

专利对于企业来说，是一种重要的无形资产，这种无形资产从本质上源于企业对研发或技术创新的投入。也就是说，只要有研发投入，有技术创新，就应该有相应的专利产出。这是保护技术创新的必然要求，也是提升研发成果产出的重要手段。因此，专利对于企业来说，其首要价值是匹配企业对研发的投入，将研发创新成果转换为必要的专利资产，即实现"专利资产价值"。从企业管理维度来看，需要重点考虑的是，相对于该研发创新成果的所有适合专利保护的技术创新点，是否都有相应的专利申请所覆盖，也可以理解为专利保护是否全面的问题。

2. 专利竞争价值

众所周知，企业申请专利更重要的目的是期望通过专利保护形成竞争壁垒，让竞争对手难以模仿和抄袭，从而在市场竞争中获得更多的先机和优势。对于这样的价值诉求，笔者称为"专利竞争价值"。也许有人会问："我申请了专利不就是应该获得专利保护吗？"其实不然，现实中，因为存在专利无效宣告制度，权利人可能因为布局不够严密，或者专利质量不高，导致专利或被无效宣告，或被竞争对手回避，从而无法达到形成"专利壁垒"的效果。

3. 专利运营价值

专利运营价值指的是企业在商业经营中，通过维权、许可、转让、融资或其他方式帮助企业获得了经济收益。现实中，专利要实现运营价值，一般需要先具备一定的"专利资产价值""专利竞争价值"，然后企业再通过维权、许可、转让等方式实现其运营价值。例如：①企业在融资或成立合资公司时，拥有一定专利资产的企业可以通过专利资产作价，进而扩大企业资产价值，或者通过专利资产作价入股。②企业出于战略选择需要剥离或者出售某个事业部时，就可以通过专利资产溢价来获得更高的变现收益。③企业在对某个重要产品或者核心技术构建了坚实的"专利壁垒"后，一旦发现市场上有竞争对手在抄袭该产品或者使用该技术，那么企业就可以通过专利诉讼方式向竞争对手或侵权方发起专利诉讼，通过诉讼方式压制或排除竞争对手，维护市场份额；又或者强迫竞争对手接受专利许可，在获得一定的许可收入同时，提高竞争对手的售价或成本。

众所周知，医疗器械行业具有高投入、高风险和高收益三大特点。高投入指的是医疗器械行业的研发投入很高。高风险指的是医疗器械研发周期很长，技术壁垒高，一旦产品研发方向跟市场需求不匹配，或者无法攻克技术难关，就意味着巨额的研发投入浪费，风险很高。高收益是指医疗器械产品的毛利润一般比较高，尤其是高端医疗产品，其获得的市场成功将给投资者带来巨大的回报。那么对医疗器械企业来说，知识产权是企业通过将高投入的研发转化为专利资产，并通过构建专利布局形成竞争壁垒、防范经营风险，最终通过专利运营持续保障高收益的重要工具和手段。

三、企业知识产权战略

笔者以为，企业知识产权战略是解决企业知识产权工作如何与企业商业运营深度融合，如何为企业经营提供长期价值贡献的关键。

从某种程度来说，知识产权的价值贡献具有明显的"长期主义"特点。由于企业知识产权工作需要根据企业战略规划提前开始布局，而企业战略规划落地通常需要3~5年，再叠加知识产权制度本身具有周期长的特点（发明专利申请周期和专利诉讼周期一般均为2~3年），因此知识产权工作从规划到落地也需要一段相对长的时间。

知识产权战略的制定者，要清楚企业的战略规划，掌握企业的经营规划、技术规划、产品规划、主要竞争对手，然后再有针对性制定知识产权规划，即专利资产目标规划（如哪些产品或技术需要申请专利、需要申请多少件专利、在哪些国家或地区申请），专利竞争目标规划（如哪些重要产品或核心技术形成密集专利布局、如何提升专利质量），专利资产运营规划（如是否有投融资合作需求、需要打击哪些竞争对手）等。需要注意的是，每家企业所处的发展阶段及行业竞争状况不同，知识产权工作重点也会有所差别。通常来说，处于初创阶段的企业，或者有新产品处于研发阶段的企业，其知识产权工作重点一般在于"专利资产价值"并构建"专利壁垒"，而处于发展阶段的企业在产品已经上市并获得商业上的成功后，其知识产权工作重点更偏向"专利竞争价值"和"专利运营价值"的实现。

四、结　语

知识产权是商业竞争的重要工具，企业知识产权管理若要实现风险防控与商业竞争的融合，就必须在制定经营战略过程中，根据企业的规划，将知识产权工作规划与企业经营战略目标对齐，然后再通过一定的管理机制落实知识产权工作规划，最终实现知识产权对企业价值的变现。

创新型企业知识产权策略探讨

计　军*

知识产权作为创新型企业最宝贵的无形资产之一，不仅是企业核心竞争力的体现，而且是企业在激烈市场竞争中屹立不倒的坚固盾牌。然而，如何在合规的路径下，有效管理并最大化利用这一资产，对于众多创新型企业而言，既是一门艺术，也是一场挑战。

一、知识产权分类

（一）专　利

专利作为一种知识产权形式，用于保护新发明的技术和创意。专利分为发明专利、实用新型专利和外观设计专利，各自的保护侧重点有所不同。

对于创新型企业而言，专利是企业重要知识产权资产，能够增加企业的无形资产价值，掌握有效且回报率高的专利的企业在融资、上市、合作等方面更具吸引力，有助于提升企业的市场地位和品牌价值，合理布局专利并形成专利族，进而形成技术壁垒，提高市场准入门槛，在一定程度上可以增强企业在市场中的竞争优势。

* 作者单位：安徽省东超科技有限公司。

对创新型企业来说，专利能强有力地维护拥有创新但实力薄弱的创新型企业的市场地位，为其在市场竞争中闯出一块领地，使其有时间成长壮大。但在专利申请中也存在一定弊端。

1. 成本风险

申请和维护等费用会构成企业一定的经济负担，需要合理平衡专利数量和质量的矛盾之争，由于不同技术领域申请的策略不同，因此不可一概而论，需要从技术先进性、全球竞争态势、技术可复制性等角度进行综合考量。

2. 技术公开风险

专利制度要求企业在申请专利时需要公开其技术方案，这可能会使企业的技术方案被竞争对手获取或模仿，从而增加企业的技术泄露风险，同时也会使技术专利先行拥有者通过公开专利来锁定企业，产生侵权纠纷，给企业带来额外的法律风险和成本。此外，还会导致企业核心技术人才被友商锁定，从而出现人才流失的问题。

因此，创新型企业在专利申请时需要注意以下四个方面。①选择合适的外部伙伴。创新型企业可以从专业水准、业务能力、对企业的支持力度和沟通协调能力等多个方面进行综合评估，挑选出适合且愿意与企业共同成长的外部合作伙伴。②注重知识产权人才培养与团队建设。创新型企业应重视知识产权人才的培养，打造专业的知识产权团队。企业可以通过内部培训、外部学习交流等方式，提升团队成员的专业素养和业务能力。同时，建立合理的激励机制，吸引和留住优秀的知识产权人才。③做好费用规划和管控。创新型企业可以将有限的资金合理运用在核心技术的布局上，同时积极利用并争取各级政府有关知识产权的政策支持。④提前进行海外布局。创新型企业可以通过《专利合作条约》（PCT）和《工业品外观设计国际注册海牙协定》进行海外专利申请，提前规划海外市场的专利布局，帮助其在国际市场上占据有利地位。

（二）商 标

商标是企业的重要标识，能够帮助消费者识别产品或服务的来源，在创新型企业中起着至关重要的作用。

一个有价值的商标，能给企业带来丰厚的收益。对于需要高速发展的创新型企业来说，其早期应该有两样宝贵的东西：产品和商标。如果商标注册不及时，产品上市才发现用不了商标，或者选择商标不谨慎，导致被驳回，都会影响企业的商业计划实施。

因此，创新型企业在商标注册时需要注意以下四个方面。

1. 核心类别先行

企业可先选取最为核心（与主营业务紧密相关）的类别开展商标注册工作，以此确保核心业务的商标权益得到切实保护。待业务逐步拓展且资金实力不断增强后，再进一步考虑进行全类注册。例如，对于一家以电子产品研发和销售为主的创新型企业，可先在电子产品相关的类别上进行商标注册，待企业发展壮大，涉足更多领域时，再考虑对其他类别进行全面注册。

2. 跨类别注册

企业可依据其实际业务情况与发展方向，选定相关类别进行注册，从而拓宽商标保护的范围。这样做能够有效防止他人在相关类别上注册与自身商标相似的商标，进而避免对企业的品牌形象与利益造成损害。例如，一家食品企业除了在食品类别上注册商标，还可以考虑在餐饮服务、食品包装等相关类别上进行注册，以防止竞争对手在这些领域使用相似商标，误导消费者。

3. 近似注册

企业可考虑注册与自身商标相似的商标，进一步强化商标保护力度。此举有助于防范他人恶意抢注相似商标，从而保护企业的品牌权益。例如，企业可以注册与主商标在字形、读音、含义等方面相近的商标，形成商标保护的"防护网"。

4. 持续监控

企业需要对商标注册和使用情况进行持续监控，通过商标异议等方式及时发现并处理潜在问题。这有利于维护企业的品牌形象和利益，确保企业在市场竞争中具备稳定性和持续性。例如，企业可以定期检索商标数据库，关注是否有与自身商标相似的商标申请，一旦发现潜在问题，及时采取相应的法律措施进行处理。

（三）计算机软件著作权

计算机软件著作权（以下简称"软件著作权"）是对软件开发者创作成果的专有权，对于软件开发类创新型企业具有重要价值。

软件著作权对于企业的重要性不容忽视，它不仅是企业技术创新的法律保障，而且是企业市场竞争力的关键要素。通过申请软件著作权，企业可以确保自身技术的合法权益得到有效保护，为企业的长期发展提供坚实的法律保障。

因此，创新型企业在软件著作权登记时需要注意以下两个方面。

1. 成本优势

与专利申请和商标注册相比，软件著作权登记的总费用相对较低。对于创新型企业而言，在资金有限的情况下，选择进行软件著作权登记可以在一定程度上降低知识产权保护的成本。例如，专利申请通常需要支付较高的申请费、审查费和后续的维持费用，商标注册也需要一定的费用，且随着类别增多费用也会相应增加。相比之下，软件著作权登记的费用较为亲民，能够让创新型企业以较低的成本获得知识产权保护。

2. 重要砝码

在软件类属性较强的企业中，软件著作权属于一种重要的知识产权。尤其在特定领域，如医疗、银行等领域的招投标中，软件著作权成为重要的砝码。在这些领域，招标方通常会对企业的知识产权情况进行评估，拥有软件著作权可以证明企业在软件研发方面的实力和创新能力，增加企业在招投标中的竞争力。例如，在医疗信息化领域的招投标中，拥有软件著作权的企业可能会被认为在医疗软件的研发和维护方面更具专业性和可靠性，从而更容易获得招标项目。

（四）商业秘密

商业秘密，即不为公众所知悉、能够为权利人带来经济利益、具有实用性且经权利人采取保密措施的技术信息和经营信息。商业秘密作为企业的财产权利，与企业的竞争力息息相关，对企业的发展起着至关重要的作用，在某些情况下甚至直接关乎企业的生存。

商业秘密的保护方式丰富多样。在司法实践中，创新型企业可以采取以下保密措施。

1. 健全内部规章制度

企业应建立健全内部规章制度，特别是对商业秘密的保密要求及管理办法等应尽可能做到全面且详细。例如，明确规定商业秘密的范围、保密等级、接触权限等，确保员工清楚知晓哪些信息属于商业秘密、应如何进行保密。

2. 签订保密协议

企业应与正式员工、临时工乃至试用期人员都签订保密协议。对于可能接触商业秘密的员工，在其离职时要求其出具保守商业秘密的承诺书。例如，在保密协议中明确保密期限、违约责任等内容，以增强对员工的约束。

3. 分散控制秘密内容

企业可以将商业秘密的内容分割为若干部分，分别由不同的人员进行管理，尽可能避免让少数人掌握商业秘密的全部内容，以降低商业秘密被整体泄露的风险。

4. 设置保密设施

企业可以设置各类保密措施，例如，配备保险柜存放重要商业秘密文件、设置隔离区防止无关人员进入、安装监视屏监控重要区域、将专用设备所在车间定为保密车间等。

5. 建立保密标识

企业可以在秘密文件、秘密厂区明确标明"保密"字样，或设置"禁止摄录、拍照"等标识，提醒他人注意保密。

此外，商业秘密的保护方式还涵盖《中华人民共和国劳动法》（以下简称《劳动法》）等法律法规。《劳动法》保护可通过"保密协议＋竞业限制协议"的模式来实现。若发现侵犯商业秘密的行为，可以依据《中华人民共和国反不正当竞争法》（以下简称《反不正当竞争法》）等法律法规，向有关行政机关举报，由行政机关进行查处。在民法保护方面，可以提起民事诉讼，要求用人单位和员工承担连带责任。承担民事责任的形式包括支付违约金、停止侵害、消除影响和赔偿损失等。

（五）域 名

域名对于创新型企业而言至关重要。它是企业在互联网上的重要标识，如同企业的招牌。一个好的域名易于记忆、便于输入，能够帮助企业在众多竞争对手中脱颖而出，吸引更多的用户访问。同时，域名也代表着企业的品牌形象和价值，具有较高的商业价值。

1. 选择合适域名

第一，简洁易记。企业可以选择简洁、易拼写、易记忆的域名，避免使用过长、复杂或生僻的字符。这样可以方便用户快速找到企业的网站，提高网站的访问量。

第二，与品牌相关。域名最好与企业的品牌名称、产品或服务相关联，这样可以增强品牌的识别度和记忆点。例如，苹果公司的域名（apple.com）与品牌名称高度一致。

第三，后缀选择。常见的域名后缀有 .com、.cn、.net 等，企业可以根据自身的业务范围和目标用户选择合适的后缀。一般来说，.com 后缀最为通用，具有较高的认可度。

第四，避免侵权。企业在选择域名时，要注意避免侵犯他人的商标权、知识产权等合法权益。可以进行商标查询和域名查重，确保所选域名的合法性。

2. 域名的保护措施

第一，及时注册。一旦确定了合适的域名，应尽快进行注册，防止被他人抢注。同时，可以考虑注册多个相关的域名，以保护企业的品牌权益。

第二，及时备案。域名完成注册后要及时进行互联网内容提供商（ICP）备案（网站所有者向工业和信息化部提交网站域名信息，进行备案登记）和公安备案。

第三，续期管理。域名注册后需要定期续期，企业可以建立域名续期管理机制，确保域名不会因过期而被注销。

第四，品牌保护。将域名纳入企业的品牌保护体系，与商标、专利等知识产权一起进行保护。可以通过法律手段打击域名侵权行为，维护企业的合法权益。

（六）行业标准

行业标准的制定往往需要以先进的技术为支撑，而专利所保护的发明创造通常代表着最新的技术成果。很多时候，行业标准会吸纳专利技术，将其作为行业标准的技术内容，从而提高行业标准的技术水平和先进性。例如，在通信领域，一些关键的通信技术专利被纳入行业标准后，会推动整个通信行业的发展。

在行业标准的制定过程中，制定者会参考已有的专利技术，对不同的技术方案进行评估和筛选，选择最适合的技术作为行业标准的内容。这样可以确保行业标准的科学性和合理性，同时也为专利技术的应用提供了更广阔的空间。

专利技术被纳入行业标准后，可以借助行业标准的推广和应用，得到更广泛的传播和实施，从而为专利权人带来更大的经济利益。同时，行业标准的实施也需要专利技术的支持，以确保行业标准的顺利执行和达到预期的效果。例如，在新能源汽车领域，一些电池技术的专利被纳入行业标准后，相关企业的技术得到了更为广泛的应用，有力推动了新能源汽车行业的发展。

因此，创新型企业可参考以下四点建议。

1. 关注行业标准制定动态

企业首先可以推动行业标准的制定，然后扩展到团体标准、国际标准等。

企业应密切关注行业标准的制定动态，积极参与行业标准制定工作。可以通过加入相关行业协会、参与行业标准研讨会等方式，了解行业标准制定的最新进展，为企业自身发展提供指导。

同时，也应关注国际标准的发展趋势，努力使自己的产品或服务符合国际标准，为拓展国际市场打下基础。

2. 加强专利布局与管理

企业要重视专利布局，及时将创新成果申请专利保护。在申请专利时，应注重专利的质量，围绕核心技术构建专利保护网。

企业还要加强专利管理，建立健全专利管理制度，定期对专利进行评估和维护。同时，要注意防范专利侵权风险，及时发现和处理侵权行为。

3. 推动专利与行业标准相结合

企业可以推动将专利技术纳入行业标准，提高专利的价值和影响力；同时可以利用行业标准的推广和应用，促进专利技术的实施和转化。

例如，创新型企业可以参与行业标准制定组织，将自己的专利技术推荐为行业标准的一部分，从而实现专利与行业标准的协同发展。

4. 培养专业人才

创新型企业应注重培养和引进专利申请与行业标准方面的专业人才，提高企业在专利申请和行业标准制定方面的能力和水平。

创新型企业可以通过内部培训、外部招聘等方式，组建一支专业专利申请与行业标准团队，为企业的发展提供有力支持。

（七）数据知识产权

伴随大数据与 AI 的迅猛发展，数据知识产权的重要性日益凸显。其涵盖了对数据进行采集、处理和利用等方面的权利。在这一新兴领域中，创新型企业遭遇诸多难题，诸如数据安全、隐私保护和数据权属确定等。然而，与此同时，也带来了极为巨大的机遇，例如通过对数据进行分析和挖掘以创造全新的商业价值，利用数据知识产权进行融资等。

创新型企业务必要关注数据知识产权的保护工作，采取合理的技术与管理举措，确保数据的安全以及合法使用。同时，应积极探索数据知识产权的创新应用，为企业的发展开拓崭新道路。

明确的数据权属以及知识产权保护能够激发数据处理者的积极性与创造力，推动数据的有效利用与开发。通过明晰数据权属并保护知识产权，可以促进数据的流动与交易。在健康且富有效率的数据要素市场里，数据采集、加工、利用、交易等不同阶段所涉及的个人、产业界市场主体、国家等利益相关者的权益能够得到更为妥善的分配。

保护数据知识产权能够防止数据被滥用和非法获取，维护数据处理者的利益，同时也守护个人隐私与国家安全。数据知识产权的保护可激励数据处理者进行投资与创新，促进数字产业的发展与壮大，进而推动整个国民经济的向前发展。随着数字经济的蓬勃兴起，数据知识产权的管理与保护将在更大程度上依赖于先进的技术手段。例如，区块链技术凭借其去中心化、不可篡改的特性，在数据确权、交易追溯等方面展现出独特优势，未来将会更广泛地应用于数据知识产权的保护领域。同时，AI 技术也将为数据知识产权的识别、分类、监控和维权提供高效、准确的解决方案。

二、知识产权类荣誉与项目储备

常见的知识产权类荣誉与项目包括：①地方知识产权优势示范企业；②国家知识产权优势示范企业；③商标品牌示范企业；④地方专利奖；⑤国家专利奖；⑥国外发明展专利奖（德国纽伦堡国际发明展、瑞士日内瓦国际发明展、美国匹兹堡国际发明展等）；⑦各级政府的知识产权项目（知识产权海外布局、维权援助、质押融资、专利保险等）。

三、知识产权工作范围

（一）内部资源的发掘、积累与激活

对于创新型企业而言，内部资源的发掘、积累与激活具有至关重要的地位。激发员工的创新潜能是其关键任务，可以构建一套完备的创新激励机制，以点燃员工的创造力火焰。例如，企业可以设立创新奖项，对提出具有价值创新点的员工予以表彰和奖励。

企业可定期举办内部技术交流会，鼓励跨部门员工分享工作经验与创新灵感。这一举措不仅能促进知识的流通与共享，而且能深度挖掘潜在的知识产权资源。

就企业技术研发部门来说，应定期进行技术回顾与总结，梳理研发过程中的创新点与技术方案。这些创新点可能包括新技术发明、工艺流程改进或独特设计方案，皆有望成为专利申请的珍贵素材。

同时，需强化对企业内部文档与数据的管理，确保重要技术资料、研发报告等得到妥善保存，为后续的知识产权申请与保护奠定坚实基础。

此外，企业还应开展知识产权培训，提升员工的知识产权意识，使员工深刻认识到知识产权的重要性以及如何保护企业知识产权。通过培训，员工将更善于识别与挖掘内部知识产权资源，并采取恰当措施进行保护与利用。

（二）外部资源的拓展、整合与利用

创新型企业可通过多种途径借助外部资源来丰富知识产权。一方面，可与高校、科研机构建立合作关系。这些机构通常拥有丰富的科研资源与专业人才，能够为创新型企业提供技术支持与创新思路。另一方面，创新型企业可引进外部技术。通过技术转让、许可使用等方式，获得先进技术与专利，从而提升企业的技术实力与竞争力。

企业在引进外部技术时，务必进行充分的技术评估与知识产权尽职调查，确保引进技术的合法性、有效性，并避免知识产权纠纷。

此外，参加行业展会与技术交流会也是获取外部资源的重要途径。在这些活动中，企业可洞察行业最新技术动态与发展趋势，与同行进行深入交流与合作，挖掘潜在的合作机会与知识产权资源。

（三）专利导航

专利导航是指通过对专利信息的深入分析与利用，为企业的技术研发、市场竞争等提供有力的决策支持。专利导航的作用主要表现为：①为技术研发指明方向。通过检索与分析相关领域的专利信息，可了解该领域的技术发展趋势、热点技术及关键技术，为企业的技术研发提供有力参考与指导。②助力企业规避技术风险。通过分析竞争对手的专利布局，可发现潜在的技术风险与专利陷阱，从而提前采取措施进行规避。③提升企业的市场竞争力。通过专利导航，企业可洞悉市场需求与竞争态势，制定科学合理的市场策略，提高产品的市场占有率。④为企业的知识产权布局提供有力依据。通过对专利信息的深入分析，可明确企业的核心技术与关键技术，进而制定合理的知识产权布局策略，有效保护企业的知识产权权益。

（四）专利复审与无效宣告

专利复审与无效宣告是保护创新型企业知识产权权益的重要手段。专利复审是指专利申请人对国家知识产权局驳回其专利申请的决定不服时，可向国家知识产权局专利局复审和无效审理部提出复审请求，由国家知识产权局专利局复审和无效审理部进行审查并作出决定的程序。

专利无效宣告是指任何单位或个人认为某项专利权的授予不符合《中华人民共和国专利法》（以下简称《专利法》）规定时，可向国家知识产权局专利局复审和无效审理部提出无效宣告请求，由国家知识产权局专利局复审和无效审理部进行审查并作出决定的程序。

专利复审与无效宣告的流程通常包括提出请求、形式审查、合议审查及作出决定等环节。在提出请求时，需提交充分的证据与理由，说明专利申请符合《专利法》规定，或某项专利权的授予不符合《专利法》规定。

专利复审与无效宣告的意义在于保护创新型企业的知识产权权益，确保专利的合法性与有效性。若创新型企业的专利被错误驳回，可通过复审程序争取专利权的授予；若竞争对手的专利存在问题，可通过无效宣告程序撤销其专利权，维护市场竞争的公平性。

（五）专利预审机制与加速审查机制

知识产权预审机制是指申请人在正式向国家知识产权局提交专利申请之前，由地方各知识产权保护中心对申请文本进行检查与初步检索，并在预审合格后提交给国家知识产权局进行加快审查的服务。这一机制的主要目的是通过前置审查，为后续的国家知识产权局加速审查扫除前期障碍，提高审查效率和质量。值得注意的是，企业需要确认专利分类号是否属于地方各知识产权保护中心的受理范围之内。

知识产权加速审查机制是指国家知识产权局依据申请人的请求或依职权对符合条件的专利申请或商标注册提供优先审查的服务。这一机制的主要目的是加快审查速度，缩短审查周期，以满足申请人对知识产权保护的迫切需求。

（六）市场调研与走访

市场调研与走访对于了解知识产权动态及竞争对手情况至关重要。通过市场调研与走访，企业可深入了解市场上同类产品的知识产权情况，包括专利布局、商标注册、软件著作权登记等。

同时，市场调研与走访还可帮助企业了解竞争对手的产品特点、市场策略及技术研发方向，为企业的技术创新与市场竞争提供有力参考。在市场调研与走访过程中，企业应积极收集相关市场信息与竞争对手信息，建立知识产权情报数据库，为企业的知识产权管理与决策提供有力支持。

（七）外部交流与合作学习

创新型企业通过外部交流与合作学习可提升知识产权管理水平。企业可积极参加行业协会组织的知识产权培训、研讨会等活动，与同行进行深度交流与分享，学习先进的知识产权管理经验与方法。

此外，企业还可与专业的知识产权服务机构建立合作关系，获取专业的知识产权咨询与服务。这些服务机构通常拥有丰富的经验与专业知识，能够为企业提供全方位的知识产权解决方案。

通过外部交流与合作学习，企业可不断提升自身的知识产权管理水平，更好地适应市场竞争的需要，为企业的持续发展提供有力支撑。

以上工作为创新型企业知识产权管理的主要工作内容，创新型企业要深入研究有关知识产权政策，并灵活运用这些政策。

四、总结与展望

笔者阐释了创新型企业在合规路径下，知识产权工作的复杂性与重要性，包括知识产权的细致分类、荣誉与项目的战略储备以及知识产权工作在企业运营中的广泛范畴。

展望未来，随着技术的不断进步和市场的日益全球化，创新型企业将面临更加复杂多变的知识产权挑战。然而，正是这些挑战，为企业提供了无限的机遇与可能。因此，只要坚守合规底线，积极探索知识产权的无限价值，创新型企业就能在激烈的市场竞争中脱颖而出，成为行业的佼佼者。

科技创新型企业如何实现知识产权商业价值

黄　巍*

面对日趋复杂且不确定的全球经济环境，我国经济恢复仍存在较大的困难与挑战。作为我国未来经济发展的第一动力，科技创新是至关重要的命题。2022年12月，中央经济工作会议对2023年的经济工作进行部署，从货币政策、产业政策、科技政策多个维度对科技创新型企业予以支持，强调要坚持系统观念、守正创新。

知识产权制度体系设立的初衷就是促进创新，它一方面作为创新系统的内在驱动力起到鼓励创新的作用，另一方面作为创新成果的利益协调单元为科技创新成果的市场化、产业化提供保障。同时，具有完备的知识产权保护制度也是我国创新型企业在国际经济贸易活动中获得成功的必经之路。

我国企业的知识产权管理水平参差不齐。一些大中型企业有着较为完备的知识产权管理体系以及管理团队，能够为企业战略实现提供有效支撑；而一些中小型企业由于成立时间短、发展速度快、管理不成熟、团队不健全等问题，其知识产权管理体系缺失，无法有效支撑企业的持续发展，甚至在面对复杂的国际化市场环境、司法环境时，更是无从应对。

笔者从知识产权管理误区、知识产权商业价值实现路径两个方面进行分析，以期帮助科技创新型企业厘清知识产权对于企业发展的真正意义和价值。

---

* 作者单位：深圳华夏泰和知识产权有限公司。

一、关于知识产权管理的常见误区

笔者近些年在与一些企业家或知识产权经理人接触的过程中发现，我国的一些中小企业在处理知识产权工作时，存在认知不清晰或不全面的情况，集中体现在以下三个方面。

（一）价值认知"两极化"

由于知识产权属于专业学科，各行各业的企业家很少是知识产权专业出身，因此其对知识产权认知存在局限性。一部分企业家认为，知识产权的价值往往只体现在一些宣传或项目申报上；另一部分企业家认为，知识产权可以帮助企业在市场竞争中走向"垄断"地位。其实这两种观点都失之偏颇，企业家应该理性看待知识产权的价值，对知识产权工作进行更为精细化的思考，确定明确、详尽且可实施的企业知识产权战略。让人欣喜的是，笔者接触的一些企业家也越来越多地意识到知识产权精细化管理的必要性，开始接受并进行企业知识产权管理的咨询服务。

坦率地讲，知识产权在不同行业的确存在价值度不同的事实，且不局限于行业影响，即便是同一行业，企业不同发展阶段、不同产业链位置都会导致价值度存在差异。根据企业的实际经营情况，准确地定义知识产权在不同行业、不同发展阶段、不同产业链位置的价值，是其开展知识产权工作的核心基础。

（二）"武器"单一

常听到知识产权是用来保护企业发展的重要和有力"武器"，但是深究下来，往往忽略两个问题。所谓的"武器"究竟是哪些载体？这些"武器"的使用方法又是什么？第一，需要明确知识产权这个"武器"不仅具备防御功能，而且具备攻击属性，因此在资产积累阶段不要忽略"进攻型"资产的积累，否则在整个资产包的使用过程中就会出现比较被动的情况。第二，知识产权包括专利、商标、著作权、商业秘密、集成电路布图等诸多载体，但是在实际工作中，企业往往只关注专利，而忽略其他载体，或者忽略了各载体之间的关联程度，割裂各种载体组合使用带来的整体价值，导致企业在发展过程中存在各种知识产权管理风险。

（三）"服务"单一

鉴于"武器"单一问题的存在，大部分企业只关注专利的问题。在很多中小企业的经营管理中，知识产权部门往往被定义为服务研发组织的部门，这也是为什么很多企业会将知识产权部门作为研发体系下的二级部门的原因。组织架构的固化使知识产权部门无法对采购部、质量控制部、市场部、品牌部、公关部、人事部、行政部、财务部、仓储部等工作进行赋能，从而形成了只服务研发的现象，无法发挥其最大的价值。

知识产权部门应针对企业不同板块的需求，在深入了解企业运行机制的基础上，结合企业经营和商业战略，综合运用知识产权手段，对企业"研、产、销、人、财、物"等工作进行指导和防控，综合提升企业市场竞争力和商业价值。

二、知识产权商业价值的实现路径

（一）战略制定

1. 制定战略的意义和价值

第一，制定企业知识产权发展战略是一种企业对未来更长远的考量与计划，它决定着企业未来知识产权工作的重点内容及目标，是其战略具体落地举措的方向性指引。没有明确的目标，企业很多工作就无法做到以终为始。

第二，知识产权工作具有业务细节多、时间跨度大、涉及人员广、决策级别高等特点，这使知识产权工作需要长周期的指导方针，并且需要多方协同的作业机制。例如，面对一个技术点是否需要进行确权，以怎样的方式进行确权等问题，企业知识产权部门不仅要考虑该技术的先进性、适用广度、用户预期满意度、销售预期、在销售产品上的价值贡献率、维权难度等，而且要和产品、研发、市场、法务等部门的共同讨论，如果没有统一的标准，很难协同多个部门达成统一意见。此外，由于知识产权工作中很多内容是着眼于未来的，因此经常需要公司较高级别的人员介入配合，如果没有统一的方针，则很容易将相关人员陷入业务细节的讨论中，降低工作效率。

综合以上两个方面的考量，在具有一定规模的企业中制定知识产权发展战略是非常有必要的，也是企业必须做的工作。

2. 制定战略的依据

企业知识产权发展战略的目标大体分为四个子项，分别是资产储备、资产运用、风险控制、管理优化。在不同的企业环境中，四个子项的侧重会有所不同，其中有以下两点需要特别注意。

第一，知识产权所谓的防御功能并不是简单的保护某个产品或技术不被抄袭，而是保护企业的收入流，甚至是帮助企业建立收入流。因此，企业在制定知识产权发展战略时应当充分考虑企业盈利模式、营收构成，以及未来可预见的营收构成变化，而不只局限于某一产品或技术的思考。

第二，知识产权的本质价值在于限制竞争而非垄断，且是提升企业市场竞争力的重要手段。基于此，企业应明确如何利用知识产权的有限保护，通过限制竞争的方式最大程度地实现商业目标。而这一目标的实现，需要企业管理者具备较高的专业素养以及深刻的企业经营思维。能够帮助企业构建有价值的资产，并灵活、准确地选择竞争方式，以最大程度地支撑企业实现商业目标。

（二）考量因素

企业知识产权发展战略制定要充分考虑企业内部与外部环境。很多企业在知识产权管理中，存在对外部环境考虑不全面、不准确的问题，导致战略制定存在偏差。

企业内部环境包括研发规划、产品规划、供应链情况、销售规划、人员配置、物流仓储情况、财务状况、生产情况等。企业外部环境包括技术环境、竞争环境、市场环境、政策环境、经济环境等。企业在明确需要考量的信息后，再对所有的信息进行整合打通，从而确定出更精准的知识产权战略。

（三）管理举措

由于企业知识产权管理的内涵非常复杂，因此笔者挑选了以下三个常见问题进行分析。

1. 数量确定

在实践中，大部分企业的知识产权工作都需要明确资产储备数量，但在数量确定上，往往缺乏一些依据。有的企业会从数量递增的角度确定，有的企业会根据当年的研发项目确定，还有的企业会根据研发人员数量按照一定比例确定。这些都只考虑企业内部实施的可行性问题，并非从商业视角和市场竞争层面进行考量。

建议企业可以拓展考量的维度，如使用竞争对手数据作为引导，或者通过与自己企业体量相似的企业、行业头部企业资产积累的过程来思考如何提升竞争优势，再以此为目标进行可行性的分析和细化。

2. 知识产权"组合"

知识产权的核心价值是保护企业的收入流，更进一步是帮助企业建立收入流。结合知识产权工作的实际情况，对企业收入流的保护或建立，都是基于企业长期的"投资"。而知识产权工作扎实与否决定了投资获得合理收益的概率。因此，从长远来看，知识产权管理解决的是概率问题。

在企业资产构建过程中，需要充分考虑专利、商标、著作权、商业秘密、集成电路布图等诸多载体，利用不同载体的特点，形成更好的资产构建方案。企业需要考虑经营链条、市场区域、营收或利润构成、竞争态势等多个方面，确定技术或品牌布局方向、地域布局区域等。

在知识产权运用上，并非只有通过司法诉讼才能获得收益。企业还可以考虑海关、行政查处、电商投诉、媒体宣传、供应商控制等诸多方式获得收益。

也就是说，在不同维度进行不同手段的组合，可以帮助企业构建一个更为立体的"武器库"。同时，企业可以结合多维度目标管理和运用手段，从而提高获得合理收益甚至增值效益的概率。

3. 效益分析

知识产权的价值实现需要基于企业长期的"投资"，但任何"投资"都需要结合企业的实际情况设定投资上限。而知识产权能为企业带来的价值高低则直接决定了"投资"上限的设定。因此,知识产权效益分析对于企业经营者而言是非常重要的参考依据。

分析企业整体的知识产权效益需要考虑的因素比较复杂,如产品的销量预测、新的改进是否有机会提高产品的单价、产品所产生的预期利润、利润的增速、利润增长或保持的时长、有效专利的生命周期、开发成本、销售成本、运营成本、诉讼成功率,以及企业现金流情况等。因此,这是一项需要企业各部门予以配合才能完成的工作。而在确定"投资"上线后,企业还要审慎地去考虑如何对这笔资金进行分配,例如资产获取、资产使用和纠纷诉讼。

三、结　语

不谋万世者,不足谋一时;不谋全局者,不足谋一域。企业知识产权商业价值实现应以终为始,以保障商业成功为目的,从保护或增加企业收入流出发来进行定义。而在企业知识产权发展战略举措落地的过程中应当用立体化的管理空间、数字化的呈现方式来开展具体工作。进行这样的改变需要企业管理者富有前瞻性的洞察力、一些敢于打破现状的勇气,以及整合企业各部门目标的统御力。企业时常感叹于自有知识产权明珠蒙尘,价值难显,但没有想过它们本就不应该装入匣中,束于高阁,而应赋予生命,参与"搏杀"。

专利视角下的全球船舶行业创新动态与方向

范 蕾[*]

纵观近百年全球造船业发展历史，在每一艘新船型、每一台新设备的研发、应用直至被替代的过程中，都伴随着专利的快速布局、平稳发展以及逐渐退潮。随着国际海事组织相关排放标准的强制实施，以及物联网（LoT）、大数据等技术的推广应用，船舶行业创新正在发生新的变化，专利信息则揭示了这一变化的具体方向与技术细节。

一、全球专利创造动态与热点分析

自 2000 年起，全球船舶设计、建造、推进、动力，以及辅助设备等常规技术专利数量快速增长[❶]，在 2013～2015 年专利产出数量达到峰值后缓慢下降，相关技术成熟并实现工程化应用，后续创新多集中在结构优化、性能改进方面，专利产出逐渐减少。与之相反，绿色动力、智能船舶等技术专利创造呈现增长趋势，成为各国创新焦点。

（一）LNG 储运技术创新活跃

2020 年 1 月至 2024 年 12 月，液化天然气（LNG）储运技术的专利申

---

* 作者单位：中国船舶集团有限公司综合技术经济研究院。
❶ 本篇论文数据来自"海知汇"船舶及海洋装备领域专利大数据平台。——笔者注

请量为 8681 件，是船舶市场创新产出最多的技术。从产业链角度看，围护系统、低温材料、低温压缩机、蒸发气体再液化技术之间相互促进，每一技术关键点的突破，均会带动其他技术水平螺旋式上升。从技术路径看，法国液化气体运输（GTT）公司聚焦薄膜型液舱围护系统持续进行改进创新，确保竞争优势；韩国船企并未因 KC－1 系统的失败放弃新型围护系统的开发，公开专利超过 800 项，新的技术路径进入实船验证阶段。

（二）绿色动力技术即将取代传统动力

船用低碳（LNG、甲醇）、零碳（氨、氢、电）绿色动力技术发展迅速，专利产出数量在 2021 年超过传统柴油机。一是 LNG 动力仍是船用主要绿色动力，气体发动机、供气系统、尾气处理技术持续改进优化；二是氨与甲醇动力船总体布置、发动机、气体供应系统等创新已经完成，其中氨动力船专利明显多于甲醇动力船，市场应用前景更好；三是氢动力包含直接燃烧与氢燃料电池两种技术路线，技术创新集中在制氢、质子交换膜与降低催化剂高昂成本方面，一旦突破，将成为最优绿色动力方案。

（三）船用节能减排技术百花齐放

随着新船能效设计指数（EEDI）的深入实施，船用节能减排技术迎来高速发展，2022 年专利数量达到 2018 年的 3 倍。在节能方面，日本、韩国、欧洲等采用船舶优化设计、加装智能附体结构与气泡减阻系统等多种方式降低船舶阻力，尤其是韩国大宇造船海洋株式会社研发出适用于更多船型的气泡减阻系统，初步具备打破银流技术（Silverstream Technologies）公司垄断的实力；在减排方面，国外企业聚焦发动机尾气处理形成专利 857 项，创新覆盖尾气吸附、分离两种技术路径，有效降低温室气体排放。此外，国外多家企业聚焦碳捕集、利用与封存（CCUS）完成创新并形成专利 64 件，大型二氧化碳运输船将很快进入市场。

（四）数据科学与信息技术成为智能船舶创新核心驱动力

随着大数据与 AI 技术高速迭代发展，智能船舶技术创新持续活跃。一方面，韩国船舶企业通过传感器监测船舶设备运行状态，实现船舶设备智能运维，并运用增强现实（AR）技术实现设备远程故障诊断与维修；另一方面，欧洲与日本企业通过卫星、船舶、岸基数据的综合集成处理，实现电子海图的实时更新与航线的智能规划，助力船舶自主航行与靠泊。随着大数据与 AI 技术高速迭代发展，智能船舶技术创新将持续活跃，加快实现船舶无人自主安全环保航行。

（五）新技术显著提高船舶设计与建造效率

除了常规三维设计、仿真软件在船舶设计建造领域应用，物联网、增强现实（AR）、虚拟现实（VR）、混合现实（MR）、数字孪生、深度神经网络、机器学习等新技术已经开始在船舶工业应用，带动船舶智能设计、智能船厂、敏捷制造技术的快速发展，实现了船舶设计阶段性能自主优化验证、建造环节物料自主识别配置，大幅提高了船舶设计建造效率。

二、国内外船舶工业创新动态差距分析

近年来，我国船舶行业创新实力取得长足进步，但从专利动态跟踪分析的结果看，创新方向与国外企业存在一些不同，部分技术仍有不小差距。

（一）国内创新集中在常用设计建造技术改进方面，核心装备与前瞻性技术专利产出不足

我国造船企业创新主要集中在建造工艺、工装方面，在产业链中处于低附加值的制造和组装环节，在动力装备、机电设备等专利密集型产品的专利占比偏低。此外，在与智能船舶相关的信息与控制等前瞻性技术方面，我国专利产出也落后于创新步伐，专利布局滞后于日本和韩国企业，不利于抢占创新与市场竞争制高点。

（二）绿色智能船舶技术创新的全面性不强，企业综合创新实力不足

在绿色智能船舶领域，我国存在技术创新覆盖面不全、缺乏综合性专

利优势企业等不足。以 LNG 储运技术为例，在 LNG 围护系统、输送与转驳系统、蒸发气体处理系统三大核心技术方面，我国与国外企业在专利授权数量和技术的全面性方面有较大差距，绝大多数专利为相关产品制造工艺与工法，先进性不高。以智能船舶为例，国外企业多数在自主航行、网络通信、能效管理、信息感知四个方面进行同步创新，形成体系化专利布局，反观我国企业，多在单一技术方向进行创新，综合竞争力仍需加强。

（三）专利布局滞后于技术创新，不利于构建竞争优势

相较于国外企业在形成创新思路、初步方案阶段就预先开展专利申请的布局策略，国内企业一般在形成较为成熟的技术方案后才启动专利挖掘工作，未能充分利用专利制度抢占市场先机。以双燃料集装箱船为例，韩国大宇造船海洋株式会社某基础专利申请日为 2009 年 10 月，中国国际海运集装箱（集团）股份有限公司则在 2012 年 11 月完成其首件专利申请。以氨动力船为例，韩国大宇造船海洋株式会社在 2019 年 5 月至 2024 年 12 月已公开专利申请 64 件，初步完成"基础方案—详细方案—性能改进方案"体系化布局；大连船舶重工集团有限公司在 2020 年 3 月申请"一种船用液氨燃料供给系统"，且不涉及双燃料供应模式，竞争力、影响力远低于韩国大宇造船海洋株式会社某专利。

三、启示与建议

（一）精准把握船舶行业创新动态与方向

知己知彼，百战不殆。专利信息是可以公开获取竞争对手研发动态、确定研发与布局方向的重要数据资源，也是开展反向技术研究的主要信息来源。截至 2024 年，全球专利数据量已超过 1.5 亿条，船舶领域超过 50 万条，精准获取专利信息难度较高。国内企业可以加快建立船舶行业专利数据库，嵌入清洗、标引后的专利数据，提高检索跟踪工作效率，定期形成创新动态跟踪专题报告，支撑技术人员掌握国外竞争对手创新动态。

（二）统筹开展专利创造与布局

专利布局在精不在多。在 LNG 储运技术、船用柴油机等存在垄断企业的领域，再开展体系性的专利布局必要性不强，国内企业应聚焦能够改变全球船舶行业竞争格局的绿色智能船舶技术，统筹推动技术创新与专利保护。一方面，国内企业可以围绕大数据、物联网、AI 等数据科学与信息技术在船舶上应用的方法及系统开展创新，尽早挖掘技术先进性强、通用性高的高价值专利，谋划标准必要专利，抢占竞争优势；另一方面，在绿色动力领域，尤其是未来市场容量庞大的氨、氢、甲醇动力船舶，国内企业可以针对创新与专利保护空白点，及时策划国内外专利组合，为市场拓展提供有效助力。

（三）提出国内船舶行业高质量发展新路径

国内企业可以分析日本、韩国和欧洲等造船企业专利布局的做法，深入剖析国外船舶企业专利合作、纠纷典型案例，尤其是韩国企业尝试摆脱有关竞争对手的技术垄断、实现专利输出的成功经验，结合我国船舶企业专利由数量规模型转向质量效益型的具体需求，提出能够支撑我国由造船大国迈向造船强国的专利高质量发展新路径与具体举措。

企业知识产权管理体系的架构与创新策略研究

常向月[*]

随着社会体系的日渐发展，企业管理人员对于企业知识产权管理有了全新的认知。知识产权在企业当中所发挥的作用也越来越重要。《知识产权强国建设纲要（2021—2035 年）》提出了建设面向社会主义现代化的知识产权制度、建设支撑国际一流营商环境的知识产权保护体系、建设激励创新发展的知识产权市场运行机制、建设便民利民的知识产权公共服务体系、建设促进知识产权高质量发展的人文社会环境、深度参与全球知识产权治理六个方面的重点任务。而在该项工作中，企业承担着知识产权创造主体与管理运用载体的双重角色，为了增强企业的创新能力与核心竞争力，企业必须做好知识产权的开发、保护、利用和运营等个性管理工作，创建适合自身发展和诉求的知识产权管理体系。基于此，笔者将围绕企业知识产权管理体系构建展开分析与研究，从理论着手，探讨具体的构建对策，希望能对当前企业知识产权管理体系创建有所启发和帮助。

一、知识产权管理概述

（一）基本内容

知识产权是一种特殊形式的财产权，包括专利、商标、著作权、商业

---

* 作者单位：深圳市曦华科技有限公司。

秘密、地理标志等。知识产权管理是贯穿在知识产权的创造、维护、运用与保护各个环节，包含知识产权战略制定、制度建设、流程监控、运用实施、风险防范、队伍建设和创新发展等各项工作，已经成为现代企业制度建立的重点内容，在提升企业创新能力与核心竞争力上具有显著的作用。

（二）基本原则

知识产权管理的基本原则包含以下八个方面。①依法合规性。知识产权管理必须依循相关法律、国际法规等，确保知识产权合法权益得到保护。②创新性。创新是知识产权衍生的基础，企业必须加大对技术研发和知识产权创造力度，进一步提升核心竞争优势。③全面保护性。知识产权管理的对象涵盖了各种类型的知识产权，例如专利、商标、著作权等，对这些产权也要施行相对应相符合的保护举措。④强化管理性。企业要创建健全的知识产权管理制度，为知识产权的创造、维护、运用与保护各项工作的开展提供规范化的制度指导和依据，以确保其高效、合规。⑤科学应用性。知识产权管理的目标之一是要合理科学应用产权，使之发挥出最大价值，规避滥用等问题的发生。⑥内外资源性。知识产权管理工作需内外部资源联动配合，如专利代理师、律师、媒体等，需要整个生态链的共同协作。⑦前瞻性。由于企业发展是动态性的，因此知识产权管理工作要具有前瞻性，例如在开拓新市场或新领域时，专利申请、商标注册等工作要预先筹划，防止被他人抢先。⑧与时俱进性。不同时代背景下，知识产权的发展模式要准确把握新技术、新业态要求，例如当前网络化、智能化为核心特征的新一轮科技革命蓄势待发，我国要聚焦新技术、新领域、新业态发展，加快信息技术、生物医药等新兴产业和领域的知识产权规划设计，积极探索知识产权保护的新方向。

二、企业知识产权管理体系构建的必要性

（一）化解知识产权管理问题的必要举措

我国很多企业的知识产权管理工作较多停留在增加产权存有数量上，

任务属性比较重，对于知识产权战略规划较为缺失，申请专利时也过于盲目和随意，甚至会引发知识产权外泄、知识产权危机等。而强化知识产权管理体系构建，能更好地帮助企业维护自身成果和权益，确保关联组织或个体合法权益不受侵害，还能够加快企业增值发展，借助知识产权运营推动企业盈利水平的上涨和规模的壮大。

（二）促进先进现代企业建设的关键措施

知识产权管理体系的创建和应用，能帮助企业确立其知识产权战略目标，工作推进时也更具逻辑性，与市场化需求也更相顺应。体系的搭建和应用能更好地明确企业知识产权管理目标及具体举措，通过确定相关培训方案、健全合同示范文本、科学化践行专利申报等相关要求，执行核心专利梳理工作，并依照风险类别展开自查自纠工作，提高信息资源搜集利用效率，强化销售、生产等各环节知识产权的管理与运用，推动企业现代化建设走得更平稳、更长远。

（三）适应知识产权规范管理的实际要求

知识产权管理需要企业基于自身发展阶段、规模和核心竞争力规范知识产权管理工作，发挥知识产权制度在企业中的价值性，增强企业的创新能力与核心竞争力，促进转型发展与高质量发展。同时，企业的知识产权开发和维护管理水平也得到了增强，提升了知识产权应用的计划性、协调性与规范性，而这也是遵循和顺应知识产权规范管理需求的现实诉求。通过知识产权规范化管理加强企业经营风险的甄别、管控，为企业长远发展奠定稳固根基，如果知识产权管理欠缺科学性和规范化，必然会对企业带来较大的危害。

三、企业知识产权管理体系构建的有效路径

（一）明确企业实际情况，加强知识产权战略规划

企业知识产权管理战略规划要依循企业的行业特点和自身发展现状进

行量身定制，而非采用同一化战略。随着企业的发展，其不同阶段所产生的知识产权问题也是迥异的。例如，初创型企业处于起步阶段时，知识产权战略应聚焦于知识产权的权利获取，其宗旨是确保知识产权质量、数量双增长。成长型企业管理上更加纯熟，知识产权获取、应用等方面也有所成效，并通常创建了知识产权防护墙，知识产权商业价值有了一定的转化；此时的知识产权战略则是要强化行业定位，促使企业知识产权商业、社会价值稳步提升。成熟型企业管理体系健全，知识产权管理也是其创新管理工作中的重要组成内容，知识产权布局分析、标准化发展、风险防范等是其重中之重；此时的知识产权战略则是以突破和占据行业领先地位为主，通过知识产权的发展来带动整个行业的技术提升。

（二）以常态化管理为目标，健全完善管理制度

企业可以提高常态化管理力度，参考国家标准全面推进知识产权贯标工作。在知识产权贯标工作中，企业应界定清楚知识产权相关部门、岗位职责，依照管理目标，编纂并不断完善管理制度、文件等，以形成科学化的知识产权管理体系。通过策划、施行、检查、改进等一系列步骤，企业可以对常态化管理的目标进行分解，对制度进行不断创新和完善，并定期检查自身工作，对照目标、法律法规要求定期查找工作中的不足，并及时采取解决对策，从而为企业知识产权管理工作落实提供保障和依据。

（三）优化知识产权管理流程，实现规范化管理

由于知识产权管理是一项系统性工作，需要多部门共同协作，因此企业需要搭建体系化的知识产权组织架构，并明确各部门职责，共同推进企业知识产权制度的落地与执行，最终实现战略目标。例如，企业可以设立知识产权部门，细化目标和权责分工，专人负责订立知识产权战略、管理制度体系、风险防范控制方案等知识产权管理工作；研发部门要主动对接知识产权部门，落实知识产权战略规划、配合完成知识产权申请、促进成果转化落地，以及风险防范控制等工作，共同推动知识产权的全周期建设与发展；人力资源部主要负责组织对相关人员的培训工作；营销部主要负责搜集更多竞敌在知识产权方面的信息；而宣传部、生产部等知识产权应

用部门，主要通过运用知识产权成果不断地为企业发展赋能，提升企业竞争优势。除此之外，有的企业还可以单独设立知识产权俱乐部或者知识产权评审委员会，用于组织开展知识产权文化宣传、申请评审、保护维权等工作，使企业知识产权管理朝着更加现代化、规范化方向发展。

（四）完善知识产权组织体系，提供组织资源保障

知识产权组织体系的完善应围绕着知识产权全过程进行健全和管理，包括知识产权的产生、管理、保护、应用四点。每一流程均需安排设定相关的部门、人员，全身心开展工作，以确保知识产权体系的高效运作。除了内部组织，企业可以加强和外部组织的交流互动，以寻求外部资源的帮助，推进知识产权工作更为完善化。此外，企业还需加强和政府以及其他第三方关联机构的联系与沟通，在社会、市场关系网中建立一层有效的组织保障，确保组织资源的完善、稳固。

（五）运用技术赋能，加强信息化管理体系建设

知识产权信息是企业科技创新的重要资源，所以企业要通过技术赋能，来强化对知识产权的信息化管理。例如，由于专利信息极具经济、技术等多层价值，专利信息的充分利用有效降低研发经费和节约科研时间，因此企业可以根据自身领域、特征创建知识产权信息平台，特别是专利信息数据库。企业可充分运用已有专利信息，同时了解其他行业专利信息发展情况、专利数量、技术亮点等，在对其他行业或企业知识产权战略布局了解清楚后，确立自身的知识产权战略。企业借鉴参考已开发的技术创新，汲取精华打造自己的知识产权，能够提升企业自身创新水平，有效降低费用开支，还能防止被侵权等问题的产生。

（六）加强专业化管理队伍建设，提供人才保障

一方面，知识产权管理人员要强化自我学习意识，针对知识产权战略制定、世界各国法律法规、研发体系流程、首次公开募股（IPO）风险案例等内容加强自我学习，从研发者的角度和思维出发，树立更先进更科学的知识产权管理理念。由于知识产权战略不能脱离企业而存在，因此企业应

以其自身的愿景、使命、价值观、商业模式作为基础，从中凝练并提取关键要素，指导知识产权业务管理和体系建设，使之更好地服务于企业发展，充分发挥出企业的商业竞争优势。

企业的人力资源部要加强对其知识产权相关工作人员的培训力度，依照不同工作人员的特征与属性，制定相适宜的培训方案和内容，确保能切实提升全员素质。例如，项目经理需加强知识产权概念，包括专利、商标等整体观念的培训，提高其快速识别项目知识产权产出的整体管控能力；研发工程师除了要加强专利检索、专利申请能力，还要加强对专利信息利用、专利挖掘布局等专利获取及保护的综合能力；包装等设计人员则要聚焦于商标、著作权等方面的培训；企业通过加强自身知识产权文化建设，打造更开放的知识产权语境环境，从而为知识产权管理工作奠定更稳固的基础。

四、企业知识产权管理体系构建的问题探讨

（一）知识产权管理风险防控机制建设

知识产权管理体系布局和体系建设，需要企业在其管理层面进行全盘考量筹划，基于项目来创设知识产权全过程管理机制，并据此强化风险防控机制建设，把管理措施和技术开发举措结合起来。企业的知识产权相关工作人员要深入产品立项、开发、销售等多个环节，为研发人员提供检索、咨询、专利信息数据等服务，帮助研发人员更好地比对和解决信息不对称、保护不及时等问题。同时对竞争对手专利产品布局等紧密追踪，以系统化开展知识产权布局，促使研发创新更及时、更有效。企业还可以通过知识产权保护机制来建立侵权预警、评估、维权等体系，防止出现被侵权事故。

（二）IPO 市场中可能存在的知识产权问题规避

企业的上市申报阶段是各种知识产权风险的高发期，特别是对于科技型企业而言，知识产权作为企业的核心资产，企业在 IPO 上市过程中常因

各类知识产权问题延迟企业上市进程，甚至部分企业因知识产权问题而终止上市。由于企业的知识产权体系对其商业布局、上市规划非常重要，因此企业应至少提前2~3年进行一系列规划布局工作，尽早完成资产积累和规范化管理等工作。在企业知识产权战略布局上要确保企业具有与应用在主营产品上的核心技术相对应的发明专利，以满足科创属性的要求；同时要确保相关核心技术以及核心人员的稳定性，以保证企业的持续经营能力。此外，企业还需提前关注并规避权属纠纷、侵权纠纷、专利无效宣告纠纷、商业秘密纠纷等知识产权纠纷问题，并针对性建立相关的法律风险防范机制及应对措施。

五、结　语

企业的知识产权管理体系构建并非一蹴而就，无论是机构的设定、人员的配备还是制度和战略的制定、流程的优化等，均要系统化、合理化落实。各企业均要从实际情况出发，建立适合自身发展的知识产权管理体系，在具体落实推进中查找不足，处理风险点，不断提升知识产权内在核心竞争力，以此来促进企业的可持续化发展。

科创企业研发成果知识产权保护策略

管 超*

随着全球知识密集型产业的发展，无形资产在企业价值评估中的作用越来越重要，根据提供知识相关金融产品与服务的美国公司 OCEAN TOMO 于 2020 年发布的《无形资产市场价值研究报告》❶，无形资产在标准普尔 500 指数所覆盖的公司显示其无形资产在市场价值中的占比逐年增加。如图 1 所示，该报告中说明 1975 年这一比例仅为 17%，而 2020 年则达到了 90%。

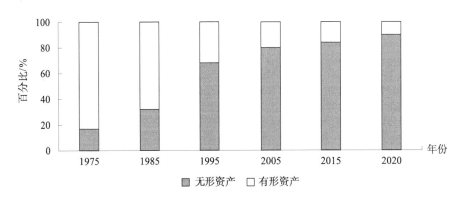

图 1　标准普尔 500 指数公司市场价值构成

我国沪深 300 指数所覆盖的公司显示其无形资产占比情况如图 2 所示，

---

* 作者单位：深圳市优必选科技股份有限公司。

❶ OCEAN TOMO. Intangible Asset Market Value Study [EB/OL]. [2024 – 11 – 13]. https：//oceantomo. com/intangible – asset – market – value – study/.

2005 年以后该比例增长缓慢而且存在波动，2020 年沪深 300 指数所覆盖的公司显示其无形资产在市场价值中的占比为 44%。❶ 虽然这两个宽基指数成分股行业分布存在一定差异，如沪深 300 指数金融行业占比高于标准普尔 500 指数，在一定程度上会影响企业无形资产价值占比，但该数据也足以说明我国企业无形资产价值仍有较大提升空间。

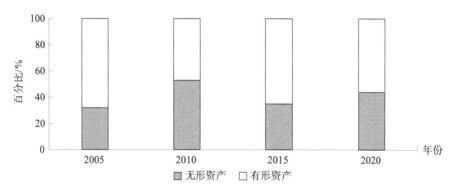

图 2　沪深 300 指数公司市场价值构成

一、知识产权的概念及特点

知识产权是企业重要的无形资产，知识产权的价值提升依赖于强有力的知识产权保护。在科技日新月异的今天，科创企业通过研发创新实现差异化竞争固然重要，但通过知识产权保护研发成果同样重要，科创企业应灵活运用各种知识产权及相关制度保护其研发成果。根据《中华人民共和国民法典》（以下简称《民法典》）第一百二十三条的规定，知识产权包括专利、商业秘密、著作权，以及商标等类型。笔者将简单介绍这些知识产权的概念及特点，然后重点讨论如何灵活运用各种知识产权保护研发成果。

（一）专　利

专利以公开技术为代价，经专利管理部门审查后授予专利一定保护时

---

❶　中国信息通信研究院，北京人形机器人创新中心有限公司. 具身智能发展报告（2024）〔EB/OL〕.（2024 - 08 - 22）〔2025 - 01 - 06〕. http：//221.179.172.81/images/20240827/19241724745944786. pdf.

间的排他权。在我国，专利包括发明、实用新型和外观设计三种，发明、实用新型保护新的技术方案，外观设计保护富有美感且适于工业应用的新的设计。我国发明专利的保护期限为 20 年，实用新型的期限为 10 年，外观设计的期限为 15 年，均自申请日起计算。申请人为获得专利权，须向各国家或地区专利局提交申请，经专利管理部门审查符合授权条件后授予专利权，这个过程会产生官费和相应的服务费。

（二）商业秘密

商业秘密是指不为公众所知悉、具有商业价值并经权利人采取相应保密措施的技术信息、经营信息等商业信息，其中技术信息包括与技术有关的结构、原料、组分、配方、材料、样品、工艺、方法或其步骤、算法、数据、计算机程序及其有关文档等信息。经营信息包括与经营活动有关的创意、管理、销售、财务、计划、样本、招投标材料、客户信息、数据等信息。商业秘密不需要进行申请、登记，只要做好保密，保护期限不受限制。从保护程序、费用、保护期限、保护范围等方面比较，商业秘密似乎比专利更有利于技术保护，但实际情况并非如此简单。专利是排他性的权利，即使竞争对手独立研发出相同技术并生产、销售产品，也构成侵权。如果企业将某项技术作为商业秘密进行保护，竞争对手独立研发或通过反向工程获得该技术，则不构成侵犯商业秘密，这种情况下很难找到法律上的救济途径。

（三）著作权

著作权是著作权人对其作品享有的财产权利和精神权利的总称。作品是指文学、艺术和科学领域内具有独创性并能以一定形式表现的智力成果，包括文字作品、美术作品、工程设计图、产品设计图、模型作品和计算机软件等。著作权采取自动取得原则，当作品创作完成后，只要符合法律上作品的条件，著作权即产生。著作权人可以向著作权管理部门申请对作品著作权进行登记。著作权独创性的要求低于专利创造性，因此在某些情形下，软件技术方案无法获得专利权保护时，实现技术方案的代码依然可以通过著作权进行保护。

（四）商　标

商标是用以识别和区分商品或者服务来源的标志。任何能够将自然人、法人或者其他组织的商品与他人的商品区别开的标志，包括文字、图形、字母、数字、三维标志、颜色组合和声音等，以及上述要素的组合，均可以作为商标申请注册。申请人须向商标管理部门提交注册申请，经商标管理部门审查符合相关规定的予以初步审定公告，公告期内无第三方提异议，商标就可以获准注册。商标注册申请也会产生官费和相应的代理费。

专利和商业秘密是保护研发成果常用的手段，专利以公开技术为代价，而商业秘密以保密为要件，二者看似互斥，实际上在保护技术的过程中可以实现互补。例如，在研发某项机器人人机交互技术的过程中，会产生大量的训练数据和技术诀窍，机器人的人机交互算法可以申请专利，而与算法有关的训练数据和技术诀窍可以作为商业秘密进行保护。

二、知识产权保护策略

科创企业在决定采用知识保护研发成果时应考虑以下六个方面的因素，以专利、商业秘密等为例。

（一）是否可以用专利或商业秘密保护

一方面，科创企业需要确定研发成果是否专利或商业秘密的保护客体，专利保护新的技术方案或设计，而商业秘密保护技术信息或经营信息。如果研发成果是与经营相关的信息，则无法通过专利进行保护。另一方面，科创企业需考虑研发成果是否满足专利或商业秘密的保护要件，发明、实用新型需具备新颖性、创造性和实用性，而商业秘密需具有秘密性、价值性和保密性。商业秘密尤其需注意负面专有技术，即企业在研发过程中没有产生预期效果而被放弃的方案，如竞争对手得知这些信息，就可以通过避免研发失败而缩短研发时间。

（二）反向工程的可能性

反向工程是指通过技术手段对从公开渠道取得的产品进行拆解、测绘、分析等而获得该产品的有关技术信息。如果对合法途径获得的产品进行反向工程获得商业秘密，视为合法获取信息，不构成对商业秘密的侵犯；而专利是排他性权利，即使竞争对手独立通过反向工程获得了与专利相同的技术方案，未经权利人许可商用，也构成专利侵权。因此，原则上对于产品外观、结构等易于反向工程的技术，科创企业可优选通过专利保护，而对于工艺、方法等难以反向工程的技术，优选通过商业秘密进行保护。

（三）发现和证明侵权行为的难易程度

在知识产权诉讼中，侵权的举证责任主要由权利人承担，权利人应说明被告的侵权行为并提供相应证据。因此，科创企业是否容易发现第三方侵权并取得证据证明其侵权行为，也是制定保护策略时需考虑的重要因素。一般而言，产品外观、结构等技术方案因发现和证明侵权行为较为容易，科创企业可优选采用专利进行保护，而制作工艺等方法因确认侵权行为相对困难，采用商业秘密保护更为有利。

（四）科创企业的技术水平

根据科创企业的技术水平的不同，保护策略也会有所差异。对于科创企业而言，其专利公开会给技术追赶者提供借鉴。因此，科创企业可优选采用技术秘密进行保护，或者考虑利用专利延迟审查制度延迟专利公开时间；而对于技术追赶者而言，则应考虑积极申请专利，为将来的诉讼或谈判积累筹码。

（五）技术转让情况

如果科创企业预期某项技术会对外转让，未来可能需要向多个对象披露该技术，这种情况虽然可以通过签署保密协议赋予对方保密义务以商业秘密的形式进行保护，但仅靠保密协议不足以保护核心技术，企业可以申请专利进行保护。当然，专利保护也有其弱势，例如保护期限届满、专利被无效宣告后，将无法保护相关技术。

（六）技术和产品生命周期

科创企业如果需要保护的技术或产品生命周期比较短，尤其是短于专利审查周期的情形，作为商业秘密保护更为有利。

需要注意的是，即使科创企业根据上述因素确定了需要使用专利或者商业秘密进行保护后，也应根据企业内外部环境的变化动态评估是否需要调整保护策略。例如，针对企业的某项核心技术，其评估该技术领先同行企业 5 年以上，于是决定采用商业秘密的形式进行保护。但随着竞争对手研发进度的提前，企业应该考虑将部分技术以申请专利的方式进行保护。在决定申请专利进行保护的情形中，专利申请公开前企业仍应对技术方案进行保密，如果后续根据内外部变化评估需要转为通过商业秘密进行保护，可以撤回专利申请，继续以商业秘密的形式保护相关技术。

对于软件相关技术，著作权也起着重要的作用。软件是将执行特定功能的算法用程序实现，专利保护的是思想，而著作权保护的是作品的表达。因此，在软件相关技术中，软件的算法即思想，可以通过专利进行保护，而软件的代码可以通过著作权进行保护。对于提供应用软件、系统软件或者数据库服务的科创企业来说，著作权也是保护其研发成果的主要工具，需要经常使用著作权维护权益。除了计算机软件，工程设计图、产品设计图等技术材料也受著作权保护。例如，第三方将企业的产品设计图上传到在线文库，企业可以通过著作权进行维权。

商标是用于区分商品或服务来源的标志，看起来与技术没有关联，但商标在保护技术时也有其不可替代的作用。商标的优势之一在于可识别度高，消费者通过商标能够联想到产品的技术、质量、可靠性等信息。此外，商标的保护期限长，只要规范使用并及时续展，权利有效期没有限制。通过商标保护技术成果的典型做法是将技术名称申请商标注册，实现技术品牌化。科创企业将技术品牌化，有助于树立企业的创新形象，也可以防止竞争对手或追赶企业不正当使用技术名称。科创企业可以将自己的先进技术注册商标，典型的例子如苹果公司就将播放技术申请了"AirPlay"商标，华为技术有限公司（以下简称"华为公司"）将其操作系统申请了"鸿蒙"商标等。

三、案例分析

笔者以具身智能为例，讨论科创企业研发成果的知识产权保护策略，供知识产权从业者参考。具身智能从字面可以理解为"具身化的 AI"，"具身"是指具有身体且能通过交互、感知、行动等能力来执行任务；"智能"是核心，大模型等 AI 技术的最新进展，实现了对文本、语音、视频等多模态信息的理解和转换，将 AI 技术嵌入具身本体上，可显著提升对环境的感知、交互和任务执行能力。不同于以前的智能机器人，具身智能更强调在物理环境中的交互能力，主动进行感知、理解、推理、规划、移动和操作等任务。

一是具身智能本体，根据用途和应用场景的不同，具身智能可以有多种不同的形态，例如轮式机器人、人形机器人、四足机器人、仿生机器人、无人车、无人机等。具身智能本体的外观可以申请外观设计专利进行保护，防止他人未经授权使用该设计。申请策略方面，可以就本体的整体或者局部外观申请专利，也可以就相似外观申请专利。硬件设计是具身智能实现其功能的基础，如果存在改进设计，可申请专利对相关技术方案进行保护；对于核心元器件、零部件的详细设计资料、电路图纸、制造工艺、技术诀窍，以及整机装配方法等信息，优选使用商业秘密进行保护。这些信息难以通过反向工程获得，而且除非进入对方经营场所，否则很难获得侵权证据。

二是具身智能的"智能"部分涉及了感知、决策、行动、反馈等模块，感知是指对外部环境的感知和理解，包括对象识别、位置定位、场景理解、环境重建和状态监测等。感知是具身智能完成可靠的决策和精准行动的前提；决策是指接受环境感知信息后，完成任务规划和推理分析，并生成逐步决策指令来控制行动；行动模块接收决策模块的决策指令，执行具体的动作，例如导航、物体操作和物体交互等；反馈是通过多层交互接收来自环境的反馈经验并进行调整和优化，以提高对环境的适应性和智能化水平。

在具身智能的"智能"层面，涉及大量的软件及算法，例如大模型、人机交互、定位导航、机器视觉、运动控制等，科创企业可根据前面讨论的反向工程可能性、侵权可识别度、技术领先程度等内容，综合考虑确定如何以专利、商业秘密保护核心算法。此外，对于计算机程序本身，可以通过著作权进行保护，著作权登记的具体信息不会公开，可以进一步保护软件及算法。如果产品涉及应用软件，可以对应用软件进行著作权登记，对于具身智能本体或应用软件中的图形用户界面（GUI），也可以通过外观设计专利进行保护。如前所述，具身智能会用到许多包括大模型在内的 AI 技术，AI 技术的三大核心要素为算法、算力、数据，其中数据对算法优化起着至关重要的作用，而数据本身并不受专利的保护；在实际开发中，科创企业可能会使用开源算法模型进行微调，由于这种方法不受专利保护，加之很多 AI 算法侵权可识别度低，因此在保护大模型等人工智能技术时，商业秘密通常比专利更合适。在基于数据对 AI 算法进行优化的过程中，会产生很多试错信息，这些负面专有技术对科创企业也有重要的商业价值，可以通过商业秘密进行保护。

三是对于科创企业自研的具身智能相关核心技术，可考虑申请商标注册。技术品牌化可以提升企业的创新形象，具身智能尚处在行业发展初期，此时科创企业积极宣传自身的技术优势，可以抢先占领市场，以更低的成本达到更好的营销效果。

四、结 语

知识产权保护是创新发展的核心要素，近年来，我国在多个层面多措并举，不断提高知识产权保护工作法治化水平。作为创新主体的科创企业，应根据企业及所在行业的实际情况，灵活运用各种知识产权及制度，强化对自身研发成果的保护，进而提升知识产权价值，为企业创造长期价值。

管理进阶篇

中小微型企业知识产权管理体系搭建思路

代　芳*

一、中小微型企业知识产权管理体系现状

我国中小微型企业存在知识产权管理能力参差不齐的问题，有些企业对知识产权重视程度不高，还没有意识到知识产权带来的潜在经济效益，甚至在产品投入市场或被诉后才补救，损失了市场和企业信誉。有些企业已经意识到知识产权的重要性，但缺乏战略规划和体系化管理流程，如局限于提交专利申请，缺乏整体布局和综合规范化管理，导致保护时无法采取有效策略。此外，这些企业还存在没有专门的知识产权部门或专职人员的问题，缺乏将其知识产权成果转化为高价值资产的规划，没有有效发挥知识产权的真正作用。

二、中小微型企业知识产权管理体系搭建建议

中小微型企业知识产权管理的关键在企业的内部管理，不同规格的中小微型企业在管理上有所差异，笔者将结合自身工作经验总结和个人观点，针对如何规划中小微型企业知识产权管理模式进行探讨。

---

* 作者单位：重庆康佳光电科技有限公司。

（一）管理定位

企业对知识产权的重视程度与企业领导层密切相关，让企业领导层充分认识到知识产权管理的重要性，将其纳入整体运营中，赋予其发言权和决策权，是知识产权进入企业战略核心定位的关键。企业知识产权负责人基于其知识产权发展战略，规划企业知识产权工作开展的深度，以便高效合理地制定和实施知识产权管理体系。

企业管理现状可以简单划分为三个层级：①短期申请为主；②中期申请＋保护；③长期申请＋保护＋运用。认清这三个层级，可以明确知识产权工作方向，制定具体的管理策略，让知识产权的成本支出物有所值。大多数初创的中小微型企业会更加关注申请量的积累，特别是高新技术企业认定中要求的专利、软件著作权申请量等要求，但忽略了知识产权申请本身的效用。例如企业工商注册的企业名称要申请商标、企业的官网申请域名，企业的上市产品申请专利，软件产品上架要申请软件著作权登记等，企业的业务发展跟知识产权的申请业务联系紧密，同时相关知识产权的申请布局、核心技术、品牌知识产权的积累是初创企业掌握核心竞争力的源头工具。

短期申请为主。申请策略包括是否进行加快程序、是否提前公开审查、是否采取加快审查获权等策略，以及是否需要进行技术保密等。申请策略可以结合技术生命周期以及市场舆情，既要考虑技术不被过早破解，又要掌握必要的技术专利壁垒。企业的专利布局则要考虑一款预上市的产品是否有一件专利申请就足够，还是进行组合申请，组合申请包括专利＋商标、商标＋著作权，甚至技术的分解、核心、外围等专利组合包等。

中期申请＋保护。多数企业经过前期大量申请专利、商标等工作后，开始关注其知识产权权属及风险问题，例如企业技术、产品、解决方案等知识产权的保护范围和效力、竞品对手分析、风险防控等。

长期申请＋保护＋运用。一些企业会基于申请＋保护，进一步关注知识产权的运用，例如商标授权使用可能，软件著作权、集成电路布图等关联产品使用，专利产学研合作，标准专利布局等，以提升企业知识产权转化能力。

综上，中小微型企业知识产权管理可分为短期、中期、长期，循序渐进，且需要定期进行复盘、调整，配合企业发展需求适配新的管理方针。在企业不同发展阶段可以选择不同的知识产权定位和战略，合理规划知识产权管理能有效支撑产品、占领市场、打击竞争对手，还能开展产学研、强化同行业知识产权的战略合作。

（二）制度落实

中小微型企业知识产权工作有了管理定位后，具体工作落实离不开企业知识产权制度的保障。制度的管理体系可以分为三个层级：①管理办法；②实施细则；③操作流程规范。企业可根据自身发展阶段和规模进行适当整合运用。

管理办法是企业知识产权工作纲领性文件，需要企业从全局进行管理方向、方针、战略的文件，包括企业知识产权管理办法、知识产权合规管理规范等。

实施细则按照管理类型（专利、商标、著作权、商业秘密等）和管理阶段（申请、审查、维护、价值评估、质量审查、风险控制等）可以有所区分，并逐个规范具体细节。

操作流程规范包括如何具体执行相关管理动作，例如专利的内部申请评估标准、质量审查标准、专利供应商的选聘及管理规范、专利维护评估管理等。

这三个层级的制度管理体系并不适用所有中小微型企业，制度规范并不是越多越好，这有可能提高人力资源的投入成本。例如一个初创企业成立初期可以只编制一份知识产权管理制度文件，规范管理范围，管理体制模式，管理机构职权，各类型的开发、申请、保护行为规范，费用预算管理及奖惩规范等，配套附件流程表、交底模板等指导。中小微型企业可以结合自身运营需求和合规基础，启动使用频率高且迫切的制度以提高工作效率。

（三）管理机构和人员配置

中小微型企业知识产权的管理机构和人员配置是执行企业知识产权管理的灵魂，包括知识产权在企业的组织架构和知识产权团队内部的机构配置。

　　知识产权在企业的组织架构分为三种模式。第一种，知识产权部设置企业总经理办公室或独立的一级中心部门，将知识产权管理工作纳入企业战略规划，对统筹布局、推广应用知识产权具有明显效力。第二种，设置隶属企业研发中心下属二级部门，加强知识产权与研发工作的联系，对于企业挖掘专利技术更有优势，对市场、品牌保护等略显不足。第三种，隶属于企业综合、人事、财务、法务或审计部门下属的三级单位，便于企业知识产权的管理和纠纷处理，适用综合管理事务需求大的企业，但对技术专利布局推动可能较为吃力。三种模式各有优劣，中小微型企业可根据企业的不同发展阶段或不同体制规模灵活配置。

　　知识产权团队内部的机构配置需要成立单独知识产权部门的，清楚各部门管理内容、职责范围，根据管理内容进行内部组织搭建及分工。例如，微型企业仅需要管理商标、专利、著作权等申请和维护，其管理主要集中在综合流程事务处理和专利、商标、著作权等申请工作；中小型企业不仅需要管理专利、商标、著作权申请、维护工作，而且涉及研发技术路线专利分析、专利情报、专利风险、商标品牌规模培育、著作权授权管理、商业秘密管理等，其管理需要进行体系化分工。例如搭建流程分部、开发分部、风险分部、运营分部、商业秘密分部等不同职能的小组，各小组根据业务需求组建不同专业背景的工作人员。

（四）资源协调管理

　　协调运用资源是中小微型企业知识产权管理的重点工作之一，主要包括内部资源、外部资源和联合资源。

1. 内部资源

　　以专利申请为例，中小微型企业知识产权管理部门首先要利用好研发资源、参与项目研发过程、进行人事培训、考核和奖励机制等，以有效提升知识产权工作的价值以及执行效力。其次要跟生产、市场、采购加强沟通联系，便于掌握企业产品产业发展动态、市场资讯、行业新技术趋势等，便于及时做好知识产权相关布局及规划的调整。最后要与信息技术（IT）、运营、财务等综合部门建立融洽沟通，确保企业知识产权工作执行过程的流程顺畅。此外，企业内部的商业秘密管理还需要动员企业所有部门参与，可采取聘任各部门的兼职保密员建立知识产权部与各部门的强链接关系。

2. 外部资源

以代理机构的选择为例。中小微型企业一般采取采购招投标方式，或邀请、指定合作模式，无论企业采取何种模式，都需规范选聘的标准及其他流程性工作，便于检验机构服务质量和专业能力，也便于企业内部合规管理。企业可以根据不同机构的优势进行不同类型合作，选择合适的代理机构，提高企业工作效率。

3. 联合资源

中小微型企业知识产权管理工作开展会跟辖区内的知识产权管理部门、市场监督管理部门、科学技术管理部门等进行对接，例如知识产权类政策项目的申报、专利奖的评选、优势企业和知名品牌认定等。利用好这些政策资源是为企业知识产权工作增值的有效途径之一。另外，企业还可以保持与所在专业领域的协会、当地专利或商标协会等联系，获取行业资讯和争取交流合作机会，做好相关资源储备，以备紧急需求时能及时应对。

（五）合理运用管理工具

中小微型企业知识产权管理工作常用的工具包括知识产权管理系统、检索数据库等。

1. 管理工具

一般小微型企业管理初期习惯采用 Excel 做台账，简单记录专利申请等基础信息，相关的时间节点、期限控制主要依赖代理机构，管理初期这种台账表单能够满足工作需求。随着企业积累到一定体量后，企业信息披露需求增多，简单的知识产权案件台账已经无法满足需求，而且纯台账表单管理需要流程人员特别专业、严谨、无人为失误，在存量和新增量都在累积的情况下，这种台账管理会出现沉重负担，管理失误不可避免，迫切需要管理系统作支撑。企业搭建专业的知识产权管理系统进行分模块管理，期限、费用、审批流程按照企业配置的规范流程执行，可以省去人力成本的投入，提高工作效率和工作的准确率。

2. 检索工具

中小微型企业在检索专利或商标时可以使用官方的检索数据库，以及一些检索小程序。此外，企业还可以采购商用数据库，或者建立企业内部的知识产权数据库。

（六）申请布局，质量管控

如何加强高质量专利的产出和管理，是中小微型企业知识产权管理人员的必修课。以专利申请为例，企业可以先建立三级评审机制，例如申请前方案的检索评估、申请中方案完整的可持续评估、授权后专利方案保护价值评估，搭建高质量专利产出的框架，再逐个深入具体质量控制体系。具体流程如下所述。

1. 申请前

企业的研发工程师与企业知识产权管理人员开会为必要流程，包括方案可专利性论证（定期方案讨论会）+申请前质量多维评审表（研发主管、研发项目、专利工程师），提报内部专利提案流程经企业领导审批后确认申报方案的专利等级（核心、重要、普通）、属性（自主、防御、外围）。申请前技术方案的质量和专利申请定稿文件的质量均需要审查。

2. 申请中

企业应掌握各类型专利申请文件可主动修改的几个时机，进一步完善技术方案的质量和保护侧重点，以及审查中案件特别是国际、海外申请案件是否有继续申请的必要性的评估。专利授权前再次进行技术完整性和保护范围评估，合理利用分案等机制完善专利申请的质量。

3. 授权后

企业的授权专利进入维护阶段后，企业应尽快明确以何种策略进行维护，并进行专利价值评估，确定授权专利的维护等级，不同等级配置不同时间周期，根据周期进行复评，以更有效率地管理存量知识产权。

此外，企业可根据其业务情况灵活调整上述三级评审机制。例如知识产权申请体量小的企业可以将三级评审机制合并为一个评审机制，评审专家、会议也可以合并为一个评审表格或线上流程，简化执行流程。

（七）精准费用管理

中小微企业知识产权费用管理包括预算、支出和收入。

1. 预算

企业应进行年度或月度费用的预算、资金的计划、额度内特别事项预算和具体台账记录。由于企业不仅要管理金额、时间、事项，而且要管理费用关联的研发或政策项目、具体专利号、费用的阶段、费用的时限、账单信息、发明人信息等，因此企业可采取分类台账管理（由系统借助系统数据＋简单台账复核）。此外，费用的预算按照年度预算、类型事项分列，月度计划按账单方及事项进行滚动规划并记录，便于横纵向对比。

2. 支出

根据企业知识产权费用支出的账单，企业需记录账单具体案件信息、系统报销审批流程号、日期等信息，便于进行月度或年度核查。专利案件的费用支出管理要按照具体专利号详细记录金额、时间、项目等信息，便于后期分类视图分析，以及账单核查。企业知识产权费用管理需要合理安排支付机构的周期，年度的费用支出一般关系到下年度费用的预算额度，大多数企业提报预算会进行上年度预算分析和对比。

3. 收入

企业知识产权费用收入主要包括专利收入，收入应按照项目具体信息进行登记。

（八）转化运用管理

中小微型企业的知识产权运用管理主要集中在四个方面：自行使用、转化运用（许可或转让）、三方维权转化、资本化（融资或作价入股）。由于四种运用模式不具有普遍性，而自行实施使用是所有企业都会涉及的，因此笔者仅探讨自行使用的管理。

一些国家或地区的专利或商标要求申请人在一定时间提交相关的使用证据。其一，企业应在台账或管理系统中设置关联产品、项目标签，在申请流程或三级评审机制中都可以体现出来；其二，企业应做好产品的专利、商标打标规范指导，进一步确认对应产品的专利、商标使用；其三，企业应做好专利、商标的使用依据；其四，企业应做好产品、项目的具体信息及经济数据单独台账管理，便于统计分析。

此外，企业还应做好使用规范标识、使用证据留存、备案登记等。

（九）风险预警和合规管理

中小微型企业知识产权管理工作还需要增加风险预警，如企业可以成立早期可能未关注到的网站域名，商标，产品、服务商标文字、图形组合布局，著作权、商业秘密风险、企业研发项目的技术专利风险排查等。由于风险预警并不能杜绝风险的产生，因此企业应建立知识产权的风险管理机制，包括风险的识别、跟踪、应对等。

1. 专利

第一，建立跟随企业研发项目的风险检索分析、预警机制，建立配套风险专利数据库，定期推送相关资讯。第二，建立企业产品出货前风险排查、专利申请核查，做好保护预警措施。

2. 商业秘密

第一，建立人员入职、在职、离职商业秘密等背景核查，签署保密协议，完善风险保护手段。第二，建立外发信息、文件、披露审查、参展前的风险审查流程机制等。

3. 商标和著作权

建立商标、字体著作权、软件著作权等风险点识别、定期核查及规避，跟随产品、市场发展需要，及时补充相关商标扩大布局，获得相关著作权的合规使用。

（十）知识产权文化建设、素养培育计划

企业文化影响企业员工的工作状态，企业知识产权的文化建设也是员工意识培养的重要环节，包括组织文化活动、组织教育培训，建立培训资源共享库。

1. 组织文化活动

企业可开展世界知识产权日、保密月教育、年度发明人表彰等宣传活动，还可以开展合作供应商的年度总结会、优秀专利代理师表彰等活动。

2. 组织教育培训

培训包括技术骨干专利培训、管理层专家课堂，基础专利、商业秘密知识新员工入职培训，以技术交底撰写、专利查询等技能培养为主的精品课程，知识产权专项培训等。

3. 建立培训资源共享库

企业可借助知识产权远程教育平台，例如，中国国家知识产权局官网公布的公益讲座平台（录播学习）和有关公益讲座的直播，或者世界知识产权组织（WIPO）的公益远程教育平台，以及行业内的课程资讯，企业内部研发、市场、知识产权等人员可按需选择。

三、结　语

企业知识产权管理工作涉及的内容多、范围广、事项变化大，需要系统化规划，企业在实践中还是需要具体问题具体分析具体解决。企业可根据笔者分享的有关管理内容，在发展中不断完善、优化适合其知识产权管理模式。

知识产权国际标准视角下的商业秘密价值实现：创新管理路径探索

朱冀梁　徐　梅*

在推动新质生产力发展的进程中，创新扮演着不可或缺的角色。然而，创新的产物并不总能直接转化为价值，这一转化过程依赖于一座桥梁——创新管理。知识产权，作为一类无形资产，其确认和保护依托于法律体系，知识产权管理构成创新管理的核心。知识产权国际标准《创新管理 知识产权管理的工具和方法 指南》（ISO 56005：2020）为知识产权管理领域提供了专业化的管理工具与方法，旨在通过实施该国际标准，最大限度地实现创新成果的价值。该标准不仅代表了一套全面的创新管理标准，而且是从法律角度对创新管理实践的规范。

《民法典》规定的知识产权客体包括商业秘密，是知识产权的一种重要形式。"价值性"是商业秘密的法律特征之一。作为创新成果的重要载体，商业秘密为企业带来经济利益是其应有之义。ISO 56005 在其第四部分指出，若决定保护创新，则应考虑不同形式的知识产权保护。ISO 56005 以其独特的视角和具体的指导，为企业创新管理赋能商业秘密价值实现提供了保障。

一、商业秘密管理的通识

随着企业知识产权意识的提升和法律宣传的深入，商业秘密的三大属

---

* 作者单位：北京华夏泰和知识产权有限公司。

性——秘密性、价值性、保密性已广为人知。保密性要求权利人采取合理的保密措施，防止信息泄露或滥用，这是商业秘密被认定的关键。保密性更多体现为一种过程属性，贯穿于创新活动形成商业秘密的全过程。缺乏保密性，则商业秘密的价值性便无从谈起。

实务工作中的保密性涉及多个环节和要素，嵌入商业秘密管理的各个过程中。首先，企业组织了技术研发、产品设计、市场策略等各个方面的日常工作，从中产生了一系列信息，如技术秘密、经营数据、客户信息等。其次，企业需要明确哪些信息属于商业秘密并进行分类。并建立配套制度，在确保创新活动有序进行的同时，对需保密的信息进行有效控制和管理。这包括采取物理隔离措施、明确保密责任员工等。最后，企业的商业秘密进入维护阶段，包括员工保密意识培训、保护策略更新等。

相比于另一种创新成果的载体——专利，商业秘密要想实现价值，其过程管理就具有特别的意义。商业秘密管理必须嵌入创新过程的各阶段，其起点应是在商业秘密产生之前。

专利的属性之一是公开性，专利权的成立经过严格的审查程序，专利授权后其权利外观相对更明显。而商业秘密由于其秘密性，权利产生基于保密措施的实施和信息的非公开性，并不会经过官方审查，权利外观不够清晰。此外，商业秘密的维持也依赖于企业持续的保密，商业秘密一旦泄露，权利即告丧失，价值即刻归零。具体来说，在企业中常见的头脑风暴讨论会、决策层会议、商务会谈、项目合作中都可能产生商业秘密，若是过程管理没有前置，则可能在会议中该秘密已经被泄露，或者在会议纪要发布时已被无意识地公开。因此，"亡羊补牢"并不是商业秘密管理的初衷。

可知，商业秘密管理与价值实现之间，有几道关隘需要打通。①界定关。企业需要兼顾信息的价值性和秘密性，综合评估其信息是否需要作为商业秘密保护，识别和管理的难度大。②实施关。有效的保密措施需要覆盖信息的全生命周期，专业性强、资源投入大，保密措施落地难、见效难。③人员关。员工是商业秘密泄露的主要风险源之一。员工的有意或无意的行为都可能导致商业秘密的丧失，人员管理难。这三关不过，商业秘密要想实现其价值就会面临如下问题：其一，价值评估的不确定性。对商业秘密的识别不清晰，秘密点设定不确定，增加了商业秘密利用和转化的难度。其二，利用与保护不平衡。保护措施过严则难以充分利用商业秘密，过度的利用又有可能增加泄密的风险。其三，法律保护受局限。法律对商业秘密提供了一定的保护，但这种保护的实现有前提。例如，在证明商业秘密被侵犯时，企业可能需要承担举证责任，例如寻找侵害商业秘密的行为痕迹、证明该行为侵害了企业商业秘密、证明该员工负有保密责任等。

有的企业为了避免友商或供应商窃取商业秘密，连正常的技术合作和商务沟通都如临大敌。有的员工为了远离"泄密"的嫌疑，直接不回复来自外部任何涉及工作的消息。对于这些问题，企业可以借助 ISO 56005 的标准指导，更加系统化、科学化地进行过程管理，应对挑战，确保商业秘密的安全和完整，让商业秘密按企业的预期产生应有的价值。

二、ISO 56005 实践与商业秘密管理策略

将 ISO 56005 实践作为企业商业秘密管理策略之一具有显著的积极意义。ISO 56005 为企业在创新过程中加强商业秘密的识别、评估和保护提供了明确的指导，有助于建立健全的商业秘密保护制度，加强员工保密意识培训，制定合理的保密措施，并应对商业秘密泄露的潜在风险。同时，该标准还为企业运用法律手段维护商业秘密权益提供了具体路径。ISO 56005 的实践符合商业秘密在创新活动中的价值导向。

ISO 56005 中关于商业秘密的内容至少有 17 处，其中，第四部分的第 4.3.2 条明确了知识产权管理职责：确定哪些创新成果应不受限公开或受到其他保护，以及何时、何种方式（例如……商业秘密）以及何地进行、开展其他知识产权管理活动，包括保护商业秘密。第 4.4.2 条明确了如何解决新员工入职和员工离职的知识产权问题（例如，商业秘密的保密与信息披露等）。第 4.7 条法律考量中提出要恰当保护商业秘密的潜在永久性。特别是第六部分创新过程中的知识产权管理，以识别机会、创建概念、验证概念、开发方案和部署方案这五个阶段涵盖创新过程，给出了各个环节中的知识产权管理原因、输入、方法和输出。例如第 6.4.3 条提出要采取适当措施确保知识产权保护得以维持（保密协议等保密和商业秘密保护措施）；附录 A 中分别对新员工、在职员工、离职员工、关键离职员工定义

了商业秘密的人员管控；附录 B 中定义了组织在制定和执行有效的整体知识产权战略时所需的技能：商业秘密保护被识别为优选方法时，执行保护性措施的能力；附录 B2 中推荐的知识产权审计步骤中包含了将商业秘密作为资产识别、审查是否采取适当的措施来保护。

结合企业管理商业秘密的一般过程，实施 ISO 56005 可以从以下五个方面促进过程管理有效落地。

第一，ISO 56005 有完整的创新管理框架，包括创新策略、项目实施、资源配置和知识产权保护等方面，全面支撑企业更加系统、科学地进行商业秘密管理。ISO 56005 在某些程度上也减轻了知识产权领域专业知识储备对企业决策层设定知识产权管理战略的限制，企业决策者参考 ISO 56005，即使本身不是法律或知识产权相关专业背景的决策者，也能有效地制订商业秘密管理的落地方案。

第二，ISO 56005 强调员工在创新管理中的重要角色，通过引入国际先进的培训理念和方法，实施 ISO 56005 使得员工保密培训更加科学，从而真正推行以人为本的商业秘密管理。

第三，ISO 56005 不仅要求企业采取保密措施，而且提供了具体的方法和步骤，通过强调保密措施应与创新过程紧密结合，形成一个完整的保护体系，确保商业秘密在整个创新生命周期中得到恰当的管理。当一场内部技术交流会产生了技术方案，企业能够及时嵌入管控，无论选择专利申请还是作为技术予以商业秘密保护，都有了灵活的操作空间。

第四，ISO 56005 提供了合作机制的具体构建方法和应急预案的制定指导，企业在面对风险时能迅速响应、有效应对。各企业之间在合作交流中，可以参考 ISO 56005 调整参与各方的行为，更加自信地应用商业秘密，在合作中将商业秘密保值、增值。

第五，ISO 56005 引入国际化的评估方法和工具，使得企业能够更准确地识别问题、制定改进措施，可持续地提升过程管理的水平和效果。商业秘密要适应企业的发展需求和市场环境的变化，准确识别和动态更新是商业秘密管理实现价值的源头，也是过程管理与国际接轨的推进器。企业终将融入全球创新体系，与国际同行开展交流与合作。

三、现实意义

谈到知识产权管理的贯标，一般将其视作一项工作、一个项目，第一印象可能是"工作量""成本"。诚然，这样的认知符合狭义的贯标概念，即理解为对企业进行指导和培训，帮助企业通过相关认证。笔者建议从更广义的角度来理解 ISO 56005 的实践，即将贯彻实施 ISO 56005 伴随企业知识产权管理的全过程。通过认证只是一个起点，更重要的是以认证为契机，与专业的第三方机构深度合作，深入企业知识产权管理的全部流程和各个层次，从策略高度，由上而下展开创新布局，让创新成果赋予企业可预期、可实现的经济效益。

引入 ISO 56005 并提升评级后，企业可预期收获一系列的实质性效益。其一，企业的创新管理体系将得到国际认可，增强其在全球市场的竞争力和影响力。其二，通过对商业秘密等无形资产的系统化管理，企业能够更有效地防范知识产权风险，减少潜在的经济损失。其三，提高 ISO 56005评级亦有助于企业吸引更多的投资和合作伙伴，因为这标志着企业拥有成熟的创新管理能力和可持续的创新发展潜力。其四，形成问题发现、解决方案实施到效果实现的闭环，促进创新成果转化，提升整体价值创造能力，巩固市场竞争优势。这些效益共同推动企业在全球创新领域取得卓越成就。

四、问题与观点

企业是否需要同时采纳《企业知识产权合规管理体系 要求》（GB/T 29490—2023，以下简称"GB/T 29490—2023"）与 ISO 56005，还是可以选择其中之一予以实施？

关于这个问题，国家知识产权局发布了《〈企业知识产权合规管理体系 要求〉（GB/T 29490—2023）国家标准解读》一文，明确了方向性意见：国家知识产权局将加强与标准化工作主管部门配合，加大 GB/T 29490—2023 与 ISO 56005 的协同推广力度，支持企业有效运用知识产权标准化工具，促进科技创新和风险防控能力同步提升，强化企业核心竞争力，有力支撑现代化产业体系建设。

仍以商业秘密管理为例，ISO 56005 更注重建立一套完善的商业秘密保护机制，通过明确商业秘密的范围、保密事项等要求，确保商业秘密的安全性和可控性。GB/T 29490—2023 则侧重于确保企业的商业秘密管理活动符合法律法规和政策要求，避免合规风险。可以看出，ISO 56005 重在如何把成果变成有价值的权利，GB/T 29490—2023 则考虑了权利的方方面面，两者互为补充，可以结合企业的发展阶段和当前需求，设定一套"组合拳"。

行业标准的生命在于实施，抽象的行业标准条文需要与鲜活的企业发展相互结合。行业标准的现实生命力及其对企业的意义值得探索。

企业商业秘密价值体现

王园园[*]

商业秘密是一个具有法律属性的概念，我国目前没有针对商业秘密的专门法律，关于商业秘密的规定散见于多部法律法规中，以《反不正当竞争法》为核心，还包括《民法典》、《劳动法》、《中华人民共和国刑法》（以下简称《刑法》）等法律法规。商业秘密的"三性"是指秘密性（不为公众所知悉）、价值性（能为权利人带来商业价值）、保密性（经权利人采取保密措施）。2021 年 1 月 1 日起施行的《民法典》第一百二十三条明确将商业秘密纳入知识产权客体类型之一，奠定了商业秘密在我国民事基本法律中的地位。

知识经济的飞速发展，使国家之间或企业之间的经济贸易竞争、市场竞争，由传统的物质资源的争夺转向对科学技术、知识产权和对掌握商业秘密的人才的争夺。在中国和美国签订的《中华人民共和国政府和美利坚合众国政府经济贸易协议》中，双方对于商业秘密亦着墨颇多。可见，商业秘密对于企业和国家，都具有极为重要的价值和意义。商业秘密的丧失可能会导致企业竞争力的全面下滑，甚至导致企业生命的终结。

一、商业秘密是企业维持技术领先性或
经营管理先进性的秘密武器

企业历经努力取得的技术进展及经营上的知识积累，为企业确定商业

---

* 作者单位：深圳市贝特瑞新能源技术研究院有限公司。

模式和自身定位提供重要的参考，企业也由此获得竞争优势和行业地位。这些技术上的精进和商业上的分析归纳，在企业内部成为商业秘密而予以保护。作为知识产权中的一类，商业秘密的重要性不亚于专利、商标、著作权，许多企业商业秘密的比重远超专利。由于其秘密性的特点，商业秘密犹如挥发性财产，盖住即存，揭开即失。商业秘密一旦被泄露，企业借此获得的优势也会随之坍塌。企业除了遭受经济的损失、商誉的减损，还会面临核心竞争力丧失的风险。管理商业秘密，防止泄密或防范窃密，不仅是企业日常不可忽视的资产管理和风险管理，而且是企业维持自身技术领先性和经营管理先进性的必要手段。

商业秘密事关企业的重大利益与长远利益，是企业保持领先性的密钥。最传统的商业秘密要数餐饮行业中的配方。可口可乐的配方作为一个典型的商业秘密信息被成功地保护了一百多年，可口可乐公司也由此保持了长期的竞争优势。在生物试剂领域中判赔高额赔偿额的香兰素商业秘密案，因为就职于原告公司香兰素生产车间的员工将香兰素技术秘密泄露给被告，使被告迅速占领原告较大的全球市场份额。❶ 在医药领域 A 制药集团旗下的药业公司曾派 4 名卧底到 B 制药公司的 4 个生产车间，对 VC 生产过程中的 4 道工序进行了技术窃密，2 年后，B 制药公司才初步察觉到技术失窃事件的存在，虽然卧底被逮捕，但是 B 制药公司在工艺和技术上已经被追赶。❷

二、商业秘密可作为进攻的工具遏制或
延缓竞争对手的发展态势

企业可以主动利用商业秘密打击对手，变防御态势为进攻态势。商业秘密也会被竞争对手当作武器，给企业的发展制造种种障碍，借助商业秘密的武器掣肘竞争对手的案例比比皆是。

以中国 HQ 公司被美国 SLKT 公司起诉侵犯商业秘密案❸为例，中国

---

❶ 王俊林. 商业秘密保护实务及案例精解 [M]. 北京：法律出版社，2022，285.

❷ 找法网. 商业秘密泄漏：妨碍医药行业成长的毒瘤 [EB/OL]. (2019 - 05 - 21) [2024 - 12 - 15]. https://china. findlaw. cn/chanquan/shangyemimi/syjmbf/630. html.

❸ 中国电子信息产业发展研究院知识产权鉴定. 美国圣莱科特诉华奇化工侵犯其增粘剂商业秘密案入选 2013 年最高人民法院十大典型知识产权案件 [EB/OL]. [2024 - 12 - 18]. http://www. csipsfjd. org. cn/info/1025/1084. htm.

HQ 公司是亚洲规模较大的生产树脂的厂商。面对中国 HQ 公司快速成长带来的威胁，原告了解到其工厂厂长徐某跳槽到中国 HQ 公司，于是利用这次机会，以侵犯商业秘密为由，在 2008 年 11 月 26 日，向上海市公安局经济犯罪侦查总队报案，声称中国 HQ 公司通过雇佣其前员工（上述徐姓员工），盗取其商业秘密，要求就其进行刑事立案。上海市公安局经济犯罪侦查总队的前述调查尚未有结论，原告就发函给世界三大主要轮胎厂商，称中国 HQ 公司侵犯其商业秘密，已得到公安机关的确认。

在向上海市公安局经济犯罪侦查总队报案后，原告还于 2010 年向上海市第二中级人民法院提起民事诉讼，2011 年撤回起诉，随后又重新向上海市第二中级人民法院起诉中国 HQ 公司侵犯其商业秘密。

就在案件还在进一步审理过程中，2012 年 5 月 21 日，原告就以国内法院没有对其在华企业上海 SLKT 公司指控中国 HQ 公司侵犯商业秘密的案件做出及时判决为由，向美国国际贸易委员会（ITC）提出"337 调查"申请。诉称中国 HQ 公司通过接触原告的核心员工获得了其某关键产品的生产技术，非法使用了这些技术秘密和生产工艺制造了产品，甚至还出口至美国市场。

这相当于，双方在中国和美国几乎同一时间进行了平行诉讼，中国 HQ 公司就此陷入另一个更大的旋涡，为此付出大量的直接应诉成本。而且，原告向下游客户传播中国 HQ 公司侵犯其商业秘密的消息，也导致中国 HQ 公司的声誉受损。原告以商业秘密为武器，充分利用了前员工的这一次"跳槽"，不仅使中国 HQ 公司深陷各种官司，而且达到了拖延中国 HQ 公司与其竞争的目的。

近年来，中国企业在全球范围内，屡屡受到关于侵犯知识产权、窃取商业秘密的指控，有些企业甚至因此发展受阻。同时，外商企业也多有抱怨商业秘密受到侵犯。在这样的背景下，我国在国家层面不断完善有关商业秘密保护的法律法规、司法解释，对企业商业秘密保护领域的工作提供了较为明确的指引，企业自身也需要将商业秘密保护纳入其自身合规体系，加大对自身商业秘密的保护力度，以便应对外界以侵犯商业秘密为由发起的指控。

三、商业秘密资产运营

知识产权运营指知识产权权利人和相关市场主体，采取一定的商业模式实现知识产权经济价值的商业活动行为。知识产权运营包括知识产权的许可、转让、投资、融资、产业化、作价入股、专利池运营、专利标准化等，涉及知识产权价值评估、交易经纪。

2021年9月，中共中央、国务院印发了《知识产权强国建设纲要(2021—2035年)》，提出"实施知识产权运营体系建设工程，打造综合性知识产权运营服务枢纽平台"。同年10月，国务院印发了《"十四五"国家知识产权保护和运用规划》，提出"优化知识产权运营服务体系。推动在重点产业领域和产业集聚区建设知识产权运营中心"。

在政策推动下，我国知识产权价值实现渠道进一步畅通，知识产权流转活跃度明显提升。据《中国知识产权运营年度报告（2022年）》显示：2022年全国专利转让、许可、质押等运营总次数达到50.7万次，全国专利商标质押融资金额达到4868.8亿元，惠及企业2.6万家，其中70.5%为中小微企业。截至2022年底，知识产权保险累计为超过2.8万家企业的4.6万余件专利、商标、地理标志及集成电路布图设计提供了逾1100亿元风险保障。全国共在沪深证券交易所发行91单知识产权证券化产品，实际募资210亿元。❶

从该报告可以看出，运营较多的知识产权主要是专利、商标、地理标志等，关于商业秘密资产运营的数据并不多。但是近年来，各地商业秘密资产运营活动逐渐活跃，无论是商业秘密资产运营机构的成立，还是商业秘密作为技术资产进行质押融资的实践。上海技术交易所就针对企业商业秘密管理需要，筹备成立了商业秘密权益资产中心，并于2022年8月1日发布了《上海技术交易所企业商业秘密资产确权管理指引》，针对企业的商业秘密确权要件及做法，梳理出商业秘密资产管理的实操方式，包括商业秘密资产盘点、固化、存证、保护、鉴定。上海技术交易所于2023年3

---

❶ 国家知识产权局.《中国知识产权运营年度报告（2022年）》发布［EB/OL］.（2023-11-30）［2024-11-30］. https://www.gov.cn/lianbo/bumen/202311/content_6917791.htm.

月开始对全国各商业秘密服务站进行企业商业秘密资产初步确权管理指引的专业培训与认证审查，对经过上海技术交易所商业秘密权益资产中心审查合格的企业颁发商业秘密资产合规管理证书。企业可以在不破坏商业秘密保密性原则下，针对"单一技术"的权利基础存在事实提出证明后，通过上海技术交易所商业秘密权益资产中心取得商业秘密权益初步确权登记凭证。企业取得凭证并且在上海技术交易所完成登记的，可以优先获得上海技术交易所全链式知识产权交易平台支持，这将有助于企业的成果推广与撮合交易。企业在确权登记的同时，还可以通过区块链存证系统进行商业秘密载体电子数据存证。上海市市场监督管理局在 2024 年 4 月 3 日发布的《2024 年上海市商业秘密保护工作要点》中也提出要"面向企业宣传推广商业秘密电子区块链存证保护理念，提高（商业秘密公证存证平台）使用率"，为实现商业秘密确权、原始性认定、保密措施留痕、接触性证据留痕提供有效的保护工具。

知识产权质押融资是为了解决中小型企业融资难的困境而开创的。有技术、缺抵押、轻资产是很多科技型中小型企业的共同特点，这些企业可能无法通过传统模式从银行获得贷款。但拥有前沿技术的优势为解决这一问题带来了突破，银行通过不断扩充质押物范围及种类的方式，将知识产权纳入质押融资的范围，推出了专利质押贷、商标质押贷、专利商标混合质押贷等模式，为缺乏不动产担保的企业提供了新的融资渠道。在知识产权价值评估上，银行或者寻求与专业评估机构合作，采用评估机构的评估结果；或者内部开发相应的评估系统，输入企业名称就会自动显示评估额度；也有银行并不特别在乎某项知识产权的评估价值，而是基于对企业的整体资质的认可，与企业约定一个评估价值作为信贷度。

商业秘密作为企业核心的知识产权，具有巨大的经济价值，但商业秘密非公开的特点，使得商业秘密在融资领域相比其他种类知识产权更难充分利用。随着我国商业秘密法律法规的完善，以及各地商业秘密保护地方标准的出台，各地陆续出现了商业秘密作为质押物获得银行贷款的实践探索，商业秘密质押融资逐渐变得可能。湖北、浙江等地一些中小型企业通过商业秘密作为质押获得银行的贷款。例如，湖北省宜昌市利民管业科技股份有限公司以知识产权（包含商业秘密）作为质押物，获得贷款；湖北嘉齐扬帆医疗器械有限公司以商业秘密作为质押物，获得贷款；浙江锦佳汽车零部件有限公司更是获得大额的授信。

　　商业秘密质押一般采取企业与金融机构直接对接的方式，也有一部分企业利用区块链电子数据存证技术进行商业秘密存证，商业秘密采用哈希值的方式（企业商业秘密载体的唯一识别指纹）存证后，绑定中国科学院国家授时中心的时间戳，加密上链后，形成强而有力且不可篡改的有效记录证据。金融机构根据企业的经营状况以及其商业秘密能够带来的收益确定贷款金额。

基于 IPD 管理体系的知识产权管理工作

范瑞鹏

一、IPD 管理体系

（一）IPD 的定义

集成产品开发（integrated product development，IPD）是一套产品开发的模式、理念与方法。IPD 体现了一种跨功能团队协作的产品开发流程，旨在通过跨部门协作和流程优化，加速产品从概念到投放市场的整个开发过程，提升企业的竞争力。

（二）IPD 的起源与发展

以传统的汽车制造企业为例，在旧的开发模式下，研发部门独立设计汽车的各种技术参数和功能，完成设计后再将图纸交给生产部门。生产部门如果发现设计在实际生产过程中有不合理之处，需要花费大量时间和精力与研发部门沟通修改。同时，市场部门对于产品的市场定位和客户需求的把握不能很好地在产品设计阶段体现，导致产品上市后可能无法满足市场需求。这种串行的、部门分割的开发模式亟须一种新的理念和方法来改善。

在这样的背景下，一些领先的企业开始探索新的产品开发模式。美国的 IBM 公司是 IPD 理念的先驱者之一。IBM 公司在 20 世纪 90 年代面临着计算机产品开发周期过长、成本过高，以及产品与市场需求脱节的问题。为了解决这些问题，IBM 公司在参考了其他行业先进的项目管理和产品开发经验后，结合自身的特点，提出了集成 IPD 的概念。

（三）IPD 管理体系的核心价值

IPD 管理体系强调以市场需求为导向，通过跨部门协作和流程优化，实现快速迭代开发，其核心价值在于加快产品上市速度，提升企业对市场变化的适应能力。

IPD 管理体系将客户需求置于产品开发的核心位置，通过深入分析和理解客户需求，确保产品设计与市场需求紧密对接，从而提高产品的市场接受度和客户满意度。

IPD 管理体系鼓励企业进行持续的技术创新和管理优化，通过不断迭代改进产品设计和开发流程，实现产品性能的提升和成本的有效控制，为企业长期发展提供动力。

（四）IPD 管理体系的应用案例

在全球经济格局中，世界 500 强企业无疑代表着各行业的顶尖力量，而其中大量企业正在运用 IPD 研发管理体系这一事实，充分彰显了 IPD 管理体系的广泛影响力和重要价值。这些企业所处的行业领域各不相同，面临的市场挑战和竞争环境也千差万别，但他们都选择借助 IPD 管理体系来助力自身发展，其目的在于通过优化产品开发流程，更好地适应市场变化，进而提升产品开发效率以及市场竞争力，并且确实在实践中收获了颇为显著的成效。

自 IBM 公司成功实施 IPD 管理体系并取得良好效果后，这一模式宛如一颗火种，迅速在高科技行业中蔓延开来，众多国内外知名企业纷纷引入。

例如波音公司，其在引入 IPD 管理体系之前，不同部门之间的协作存在一定的沟通成本和协调难题，导致研发周期较长，资源浪费现象时有发生。而采用 IPD 管理体系后，该公司通过建立跨部门团队，让设计、工程、制造，以及测试等各个环节的专业人员能够在产品开发的早期阶段就紧密协作。例如，在新型飞机的研发过程中，该公司设计部门在构思飞机外形和内部结构时，就能及时与工程部门沟通技术可行性，与制造部门探讨生产工艺的便利性，避免了后期因设计不符合生产要求而进行大规模修改的情况。据不完全统计，该公司在实施 IPD 管理体系后，产品研发周期得到了有效缩短，减少了因沟通不畅、设计反复等原因造成的开发浪费，使其能够更高效地推出新的航空产品，满足全球航空市场不断增长的需求。❶

又如华为公司，其在引入 IPD 管理体系之前，面临着产品开发过程中各部门相对独立、技术研发与市场需求脱节等问题，导致产品开发周期难以把控，产品质量也参差不齐。在引入 IPD 管理体系之后，该公司构建了完善的产品线管理体系，以产品线为单位组建跨部门集成团队。在第 5 代移动通信技术（5G）产品的研发过程中，该公司研发人员、市场人员、生产人员等紧密协作，市场人员从全球各地收集不同运营商和客户对于 5G 设备的需求，研发人员依据这些需求进行核心技术研发和产品设计，生产人员提前做好量产准备。通过这样的协作模式，该公司的产品研发周期大幅缩短了 40% ~ 60%，开发浪费减少了 50% ~ 80%，使其能够快速且高质量地推出一系列具有竞争力的 5G 通信产品，在全球 5G 市场占据了较大的份额。❷

OPPO 广东移动通信有限公司、小米科技有限责任公司等国内企业：在国内智能手机和电脑等消费电子领域竞争白热化的背景下，国内企业也纷纷引入 IPD 管理体系，以谋求更高效的产品开发和更强的市场竞争力。

这些国内外知名高科技公司通过引入 IPD 管理体系，在产品开发效率提升和成本控制等方面都取得了令人瞩目的成绩，也为其他企业提供了极具价值的借鉴范例，进一步证明了 IPD 管理体系在现代企业发展中的重要作用。

（五）IPD 管理体系的关键阶段

IPD 包括概念阶段、计划阶段、开发阶段、验证阶段、发布阶段、生

---

❶ 佚名. IPD 集成产品开发在企业产品开发中的成功应用案例［EB/OL］.（2023 – 07 – 13）［2024 – 12 – 04］. https://www. ipdwiki. com/? cpzhl/3406. html；科济管线制药 IPD 咨询（七）上市企业实施 IPD 成功案例分享之：波音［EB/OL］.（2023 – 11 – 27）［2024 – 12 – 04］. https:// blog. csdn. net/corgi2020/article/details/134638126.

❷ 卫朋. 华为 IPD 流程体系：集成产品开发框架［EB/OL］.（2022 – 10 – 28）［2024 – 12 – 04］. https://www. woshipm. com/operate/5654766. html.

命周期管理阶段共六个阶段。

1. 概念阶段

概念阶段是 IPD 管理体系的第一个阶段，主要任务是评估市场需求、技术可行性和潜在风险。企业通过市场调研和竞争分析确定产品机会，并形成初步的商业论证，以决定是否值得继续投资开发。

2. 计划阶段

计划阶段旨在详细规划产品开发过程。企业明确客户需求、功能需求和技术需求，制定详细的项目计划和资源分配方案。此阶段还包括技术评审和概要设计，以确保项目目标的可行性和一致性。

3. 开发阶段

开发阶段涉及产品的详细设计和实现。企业根据系统结构方案进行各模块的详细设计，并进行模块功能验证和系统集成测试。同时，完成与新产品制造相关的制造工艺开发，确保产品设计与生产工艺的匹配。

4. 验证阶段

验证阶段确保产品符合市场需求和质量标准。企业进行必要的设计更改，以使产品满足所有要求，并通过硬件和软件单元测试、系统集成测试和初始产品制造等环节，验证产品的功能和性能。

5. 发布阶段

发布阶段将产品推向市场。企业进行最终的产品规格确认和发布文档准备，确保产品顺利上市。此阶段还包括市场推广和销售策略的实施，以最大化产品的市场影响力和客户接受度。

6. 生命周期管理阶段

生命周期管理阶段贯穿产品的整个市场生命周期。企业持续监控产品表现，收集客户反馈，进行必要的改进和优化。此阶段还包括产品的维护和支持，确保产品在市场上的长期竞争力和客户满意度。

二、基于 IPD 管理体系的知识产权管理工作

在传统知识产权管理工作模式下，知识产权团队常常处于较为被动的处境。具体表现为，其仅在研发人员提交技术交底书后才启动专利申请流程，或是待品牌部提出商标注册需求时才开展商标注册事宜。这种被动模

式使知识产权工作产生如下问题。

第一，专利申请缺乏整体规划性，提案呈现散乱状态。这极易引发案件间的抵触申请现象，甚至不同发明人针对相同技术内容分别撰写交底书，进而导致专利申请流程的混乱与低效。

第二，因知识产权团队对产品开发项目节点缺乏精准把握，信息获取存在明显滞后性。这使得产品在上市以前，专利风险排查工作可能被遗漏，或者专利申请未能及时完成。一旦产品上市，极易陷入专利侵权诉讼的困境，或者由于自身核心技术未得到有效专利保护，被竞争对手肆意抄袭，因此给公司带来严重的经济损失与市场竞争压力。

第三，知识产权团队难以精准甄别核心专利与一般专利，在资源分配过程中往往一视同仁，未能依据专利的重要性与潜在价值进行合理配置。这种资源分配方式无疑造成了代理资源的极大浪费，降低了知识产权管理工作的整体效益与效率。

综上所述，唯有知识产权团队深度融入产品项目团队，依据 IPD 管理体系将知识产权工作的管控节点巧妙嵌入产品开发全流程，并密切参与项目的各个环节，才能够实现知识产权工作的科学合理规划，确保高质量知识产权成果的成功交付。在部分知识产权团队规模较大的企业中，通常会选派专业的知识产权代表作为产品项目团队的一员，深度介入产品开发活动的全过程，为产品项目团队提供全方位、专业化的知识产权支持与保障，从而有效提升企业知识产权管理水平与核心竞争力。

以下将依据 IPD 管理体系的不同阶段，详细阐述与之对应的知识产权工作。

（一）概念阶段的知识产权工作

在 IPD 管理体系的概念阶段，产品或项目的雏形刚刚开始孕育。项目团队需要进行市场调研和竞争分析，知识产权团队需要与研发、市场等多部门紧密合作，进行全面的知识产权情报调查，协助项目团队进行投资决策。

1. 知识产权情报调查内容

（1）投资决策支持

专利情报调查可以帮助企业了解竞争对手在某一领域的研发动态、专利布局和技术水平，从而评估竞争对手的实力和潜在威胁，为企业制定竞争策略和投资决策依据。

（2）预警侵权风险

进行专利情报调查可以帮助企业了解相关技术领域的专利状况，避免侵犯他人的专利权，降低法律风险。虽然此时还没有产品的技术方案，但是将知识产权情报提前提供给研发技术人员阅读可以使其在后续技术开发时更有意识地避免侵权，减轻后期针对具体技术方案侵权风险评估和规避设计的工作量，提高项目效率。另外，这也有利于产品经理在进行产品定义时避开专利布局密集的功能实现方式。

（3）技术趋势分析

通过分析专利文献，制作技术发展路线图，可以了解某一技术领域的发展趋势、研究热点和未来的发展动向。这有助于企业把握技术前沿，制定相应的研发策略。

（4）了解竞争对手品牌布局情况

通过商标情报调查可以帮助企业了解市场上核心竞争对手的品牌规划情况、洞察卖点信息，为企业制定商标策略和市场竞争策略提供数据支持。

（5）防范商标侵权

帮助企业及时发现潜在的商标侵权行为，为后续品牌和营销团队制定品牌策略，选择产品或技术营销词提供风险提示。

在概念阶段逐步推进至中后期时，产品经理会着手输出产品需求文档（PRD）。这份文档堪称产品开发进程里极为关键的指引性文件，其全面涵盖了产品功能、特性、业务规则、用户界面和性能要求等多方面的精细阐释。它犹如整个产品团队紧密协作、顺畅沟通的核心枢纽，有力保障了各个环节、各方人员对产品的认知达成高度统一，为开发工作精准锚定方向，为测试工作明确检验基准，为设计工作勾勒清晰蓝图。

对于企业知识产权团队而言，PRD 无疑是一座蕴含丰富信息的宝藏。他们能够从中精准提取开展专利风险排查工作所必需的关键信息，进而有条不紊地开启针对产品外观设计以及技术方案的专利风险排查工作，为产品在后续开发进程中的知识产权保护筑牢坚实的前置防线，有效规避可能出现的专利侵权风险与潜在纠纷，确保产品开发与知识产权管理工作协同共进、相得益彰。

于 IPD 管理体系里，不同的研发技术模块均配备了专属代表。例如：①结构代表专注于产品的物理架构搭建与优化；②硬件代表着力于硬件设施的研发、选型与整合；③软件代表全心投入软件系统的开发、编程与调试；设计代表倾尽全力于产品的外观与交互设计。

在专利工程师对接产品开发项目期间，会与这些不同领域的代表构建起极为紧密且频繁的沟通桥梁。例如：①专利工程师借助与结构代表的交流，深入了解产品结构设计中的创新点与潜在的可专利之处，同时探讨结构设计可能涉及的专利风险及应对策略；②在与硬件代表的互动中，精准把握硬件技术的独特性、先进性和在专利层面的保护需求与可行性；③在与软件代表的协作中，透彻洞悉软件代码编写逻辑、算法创新，以及软件功能实现背后的知识产权要点；④与设计代表沟通时，全面领会产品外观设计的创意灵感、风格特色和设计元素在专利保护范畴内的界定与拓展方向。通过这种全方位、多层次的密切沟通，专利工程师得以将知识产权工作深度融入产品开发的各个技术环节，实现产品技术创新与知识产权保护的无缝对接，为产品在激烈的市场竞争中筑就坚实的知识产权壁垒，有力推动产品开发项目的顺利推进与长远发展。

2. 专利风险排查工作

（1）收集专利检索需求阶段

在此阶段，设计代表或者开发代表承担着向专利工程师提交专利风险排查需求的关键职责。他们需要对诸多检索标的予以明确界定，包括需要调查的技术方案所涉及的专利检索范围，包括：①确定在哪些国家范围内以及哪段时间跨度内进行检索；②精准筛选出能够准确描述技术方案的关键词，这些关键词将成为后续检索工作的核心线索；③明确交付专利风险排查结果的时间节点，以便合理安排整个项目进度；④指明重点关注的竞争对手，使专利检索更具针对性。由于不同公司内部的代表设置存在差异，因此必须提前规划好究竟由哪位代表在何种具体节点提交需求。

（2）确定检索策略阶段

通过分析检索标的特点确定适合的检索策略。常见的检索策略包括关键词检索、分类号检索、公司名称检索、专利申请人或专利权人检索、特定时间范围检索等，以及根据需要将各检索策略结合使用。

（3）确定检索要素阶段

首先，专利工程师需要与各研发模块的代表展开积极且深入的沟通交流，以便透彻了解相关技术方案。其次，通过对技术方案进行拆解，形成技术分解表。针对不同类型的技术方案，采用差异化的分解方式。对于功能技术方案分类，可从功能实现所运用的技术手段、功能旨在解决的技术问题以及功能所达成的技术效果等维度进行拆解。若为结构硬件类技术方案，则可按照模块的层级由大到小逐步拆解，而针对软件方法或系统的技术方案，能够依据处理时序或步骤、所解决的技术问题，以及所取得的技术效果来进行拆解。在技术拆解工作完成后，着手确定关键词。此时，可借助检索数据库的关键词助手，或者充分利用检索工具，尽可能全面地搜集与主题名称相关的关键词，力求穷尽所有可能的词汇表述，以拓宽检索的广度与深度。最后，运用查表法和试错法确定国际专利分类号（IPC）或通用产品编号（UPC），进一步细化检索范围，提高检索的精准度。

（4）构建检索式阶段

此部分工作主要由专利工程师主导完成。他们通过梳理检索逻辑，运用检索字段代码、关键词、逻辑运算符、截词符等检索要素构建多个块检索式。这些块检索式之间的数据能够相互补充，其目的在于确保最终总检索数据既能实现查全，又能达到查准的要求。具体而言，通过合理组合不同的检索要素，构建多个具有针对性的块检索式，每个块检索式从不同角度对专利数据进行搜索，然后将这些块检索式进行合并，从而获得最终总检索式，为获取全面且准确的专利数据奠定坚实的基础。

（5）数据去噪阶段

首先，开展数据噪声源分析，精准定位可能的噪声主要来源，主要包括分类号噪声、关键词噪声和英文缩写噪声等。在明确噪声源之后，采取批量去噪的方式，去除噪声源对数据的干扰。其次，通过逐篇去噪的方式对数据进行优化调整，进一步提升数据的准确性。在这个过程中，为了避免因逐篇去噪而耗费过多时间，耽误项目周期，专利工程师可以积极寻求各研发模块代表的协作，借助他们对技术方案的专业理解，提高去噪工作的效率与质量。最后，获得数据全面且相对准确的专利数据集，为后续的专利解读与侵权判定工作提供可靠的数据支撑。

（6）专利解读阶段

在获取相对准确的风险专利清单后，专利工程师需要对清单中的专利进行深入解读。通过仔细阅读专利文件，全面剖析专利的技术方案和权利要求，从而精准确定专利的保护范围。这一过程需要专利工程师具备扎实的专业知识和丰富的实践经验，能够准确理解专利文件中的技术术语、技术逻辑和权利要求的限定范围，为后续的侵权判定工作提供关键依据。

（7）侵权判定阶段

此阶段主要通过特定的侵权判定方法对待评估技术方案是否落入风险专利保护范围进行判定，从而确定是否存在侵权风险。具体操作如下。其一，制作专利侵权评估表（claim chart），将风险专利权利要求所保护的技术特征进行详细拆解。其二，将待评估风险技术方案与风险专利的技术特征进行逐个比对。在比对过程中，判断技术特征是否相同，如果不相同，进一步判断是否构成等同。若全部技术特征都相同或等同，则判定为落入专利保护范围的情况。对于外观设计专利，则将待评估方案的六视图与风险专利的六视图进行对比，并结合各国的判断方法进行综合判断，以确定是否存在侵权风险。

（8）风险应对决策阶段

此阶段需要基于侵权判定结论，并结合案件的整体情况对整体风险进行全面确认。如果判定结果为专利侵权，且该案件有较高的起诉可能性（例如存在诉讼记录），那么原则上必须开展规避设计（design around）工作。然而，若该专利确实难以规避，企业需要带风险运行时，则由企业知识产权团队负责核算诉讼应对成本，以便让项目团队提前预算诉讼准备金。与此同时，企业知识产权团队还应当对这些专利进行无效宣告检索分析，精心准备好无效宣告请求文件。对于尚未授权的发明专利申请，还可以进行新创性检索，并提交公众意见，以此阻止其授权或至少缩小其专利授权范围，从而降低企业面临的专利风险。

（9）专利规避设计阶段

此阶段由研发工程师与专利工程师共同探讨可规避的技术方案，研发工程师凭借其专业技术能力对规避设计方案进行验证及可行性分析。在提出规避方案后，通过侵权判定方法对其进行检验，以确认是否成功规避了专利风险。对于成功规避的技术方案，及时进行专利申请，从而对规避方案予以有效的知识产权保护，进一步提升企业在技术创新与知识产权管理方面的综合实力与竞争力。

（二）计划阶段的知识产权工作

在计划阶段，其核心任务在于对产品开发过程予以详尽规划。在此关键时期，专利工程师肩负着依据项目实际状况精心制定专利申请计划的重任，具体涵盖以下五个方面。

1. 规划专利布局模式

专利工程师与设计代表、结构代表、硬件代表和软件代表等各研发模块展开初步沟通交流，旨在确定专利布局规划的基本框架。在此基础上，专利工程师凭借其专业知识与丰富经验，积极协助各代表拓展专利布局方案，深入规划布局模式。尽管专利布局策略在众多相关书籍中已有阐述，但在实际项目操作中，仍需结合具体产品特性、市场竞争态势和企业战略目标等因素，灵活且精准地确定布局模式，以构建起坚实且富有前瞻性的专利防护网，为产品在市场竞争中的知识产权权益保驾护航。常见的专利布局模式包括路障式布局（保护关键技术）、城墙式布局（保护规避方案）、地毯式布局（全面申请）、围栏式布局（拓展核心专利）、糖衣式布局（保护外围专利）等。

2. 开展专利挖掘

专利工程师负责组织研发各模块代表全力投入专利挖掘工作，细致梳理可专利点。在这一过程中，结构、硬件、软件等各模块研发代表率先详细阐述与现有产品技术方案的差异之处，这些区别点构成了潜在的可专利点的重要来源。随后，专利工程师凭借其敏锐的专业洞察力，初步判断这些区别点是否具备可专利性，并针对初步判定为可专利点的内容开展预查新检索工作。通过这一严谨的流程，能够高效且精准地筛选出真正具有专利价值的创新点，为后续的专利申请工作奠定坚实基础。

3. 制订申请计划

在专利工程师完成预查新检索并确定可专利的点之后，便着手制定专利申请计划书。计划书明确规定了技术交底书的撰写人、交底书提交时间和专利申请递交时间等关键信息。尤为重要的是，所有专利申请务必在产品上市前顺利完成官方递交，这一严格要求旨在确保产品在进入市场时已具备完善的知识产权保护，有效避免因专利申请滞后而引发的各类侵权风险与市场竞争隐患，为产品的市场推广与长期稳定发展提供有力的法律保障。

4. 规划申请策略

专利工程师依据项目及技术方案的具体情况，全方位确定布局区域、布局时间、申请策略、公开策略、申请途径和加快策略等多方面内容。这一系列策略的精心规划与合理制定，需要充分考量产品的市场定位、目标市场的知识产权法规环境、技术创新的持续性和企业的资源投入能力等诸多因素。通过科学合理的申请策略规划，能够使专利申请工作在最大程度上契合企业战略目标，提升专利的质量与价值，增强企业在知识产权领域的竞争优势。

5. 专利申请管理

借助专利申请计划书，专利工程师对专利提案时间进行密切监控，全程跟进申请进度，以确保研发工程师严格按照计划提交技术交底书。一旦专利工程师收到技术交底书，即刻启动专利提案评审流程，对申请必要性展开严谨评审。评审通过的提案，专利工程师将协同专利代理服务商全力开展专利申请文件的撰写及递交工作。此外，还可依据评审结果对专利申请实施分级管理，通常可划分为核心专利、重要专利、普通专利三个等级。在专利申请阶段，针对不同等级的专利合理调配不同的代理资源进行撰写工作，从而实现专利价值的最大化。通过这种精细化的管理模式，能够在保障专利申请质量与效率的同时，优化企业的知识产权资源配置，提升企业整体的知识产权管理水平与运营效益。

（三）开发阶段和验证阶段的知识产权工作

在开发阶段与验证阶段，核心任务在于将产品设计方案切实落地转化为实际成果。这两个阶段的周期往往相对较长，从而为专利申请工作的顺利开展提供了较为充裕的时间窗口。在此期间，倘若技术方案出现变更情况，那么务必针对变更后的技术方案再次展开全面且深入的专利风险排查工作。这是因为技术方案的任何变动都可能引发新的专利风险，只有通过及时且严谨地排查，才能有效规避潜在的侵权隐患，确保企业在技术创新过程中的知识产权安全。

与此同时，在这两个阶段中，商标风险排查工作亦不容忽视。此项工作通常需要与品牌团队以及营销团队紧密对接协作。具体而言，需要全面了解产品销售的目标市场、产品营销词，以及技术营销词等关键信息。在完成商标风险排查并确认无风险之后，应当及时制定详尽的商标注册方案，并高效完成商标注册流程。特别需要强调的是，商标风险排查工作务必尽早与相关团队建立对接沟通机制。若未能及时开展此项工作，一旦营销推广活动已然启动，或者相关宣传物料已经制作完毕才发现商标风险，将会给企业带来不必要的经济损失与市场声誉损害，严重影响产品的市场推广进程与企业的整体形象。

此外，著作权登记工作也应在开发与验证阶段同步推进完成。针对已完成的软件设计，及时进行软件著作权登记；对于网页设计、包装设计等则进行作品著作权登记。通过著作权登记，能够有效确立企业对相关作品的知识产权权益，为企业在文化创意与知识成果保护方面构筑坚实的法律防线，防止他人未经授权的抄袭、盗用等侵权行为，保障企业在创意设计领域的核心竞争力与市场价值。

知识产权团队还需要协助相关团队对包装设计、用户手册、产品网页、宣传物料等涉及知识产权标识标注，以及《中华人民共和国广告法》中涉及知识产权条款的内容进行知识产权合规审查，避免在上市后因合规问题被行政处罚。

（四）发布阶段的知识产权工作

发布阶段的知识产权工作主要包括以下两个方面。

1. 确认知识产权申请与登记情况

要对专利申请、商标注册和著作权登记等工作进行最终的核实确认，查看其是否均已顺利完成官方递交流程。专利申请方面，需逐一核对各专利申请是否按照既定计划提交相应的专利管理部门，并且处于正常的审查状态之中，确保产品所涉及的核心技术创新都已被纳入专利保护范畴。对于商标注册，要确认所选定的商标标识已在目标销售区域成功提交注册申请，避免因商标未及时注册而在产品上市后遭遇侵权纠纷，影响品牌形象与市场推广。而著作权登记工作同样不容忽视，需确认软件著作权、作品著作权等相关登记手续完备，保障产品在软件、网页、包装等设计方面的知识成果得到合法有效的权益认定，为企业后续的维权与运营奠定坚实基础。

2. 排查知识产权风险相关事宜

重点对知识产权风险排查工作进行全面回顾与检查，查找是否存在遗漏之处或者在临近发布阶段发生了新的变化情况。这要求知识产权团队再次审视此前各个阶段所开展的专利风险排查、商标风险排查等工作，确认是否所有潜在风险点都已被识别并纳入管控范围。同时，针对已经制定的相关知识产权风险应对策略，要检查其是否形成了完整的闭环。也就是说，从风险的发现、分析，到应对措施的制定以及实施效果的跟踪，整个流程是否连贯且有效，能否切实保障产品在发布后不会因知识产权风险问题而遭受损失或陷入法律纠纷，确保企业在市场竞争中的知识产权权益得以稳固维护，产品能够顺利推向市场。

（五）生命周期管理阶段的知识产权工作

生命周期管理阶段的知识产权管理工作主要包括以下三个方面。

1. 优先权到期案件的处理

针对优先权到期的相关专利案件，需要展开全面且细致的评审工作。首先，要考量是否有必要进行海外专利布局。这需要综合分析产品的市场拓展规划、目标海外市场的潜力和潜在竞争对手在相应地区的专利布局情况等诸多因素。例如，如果企业计划开拓某个海外新兴市场，而该市场对产品所属技术领域的专利保护较为重视，且暂无过多竞争壁垒，那么进行海外专利布局或许就极具价值。同时，还要审视是否需要对权利要求进行修改。这涉及对原专利技术方案的深入剖析，结合当下技术发展趋势以及市场需求变化，判断现有权利要求是否足以保障专利的保护范围和价值，若存在不足，则需通过合理修改来优化，使其更契合市场竞争及企业发展的实际需求。

2. 授权办理登记案件的处理

当遇到授权办理登记的专利案件时，要着重开展竞品对应性分析。通过深入研究市场上竞品的方案情况，对比企业已授权待办理登记专利的技术要点、保护范围等要素，进而评审是否需要采取进一步的措施（做分案申请或者运用其他策略来获取更为理想的授权范围）。如果发现竞品在某些关键技术点上有相似但又存在差异的创新，企业就可以考虑通过分案申请，将原专利中的部分技术创新点单独拆分出来进行保护，以此拓宽专利的整体保护维度，增强在市场竞争中的知识产权优势，更好地应对竞品带来的挑战，确保企业的专利权益能够得到最大化的保障。

3. 授权案件的分级分类管理

对于已经授权的专利案件，要实施分级分类管理，通常划分为核心专利、重要专利和普通专利。这种分级管理必须紧密结合企业的市场战略和业务发展需求来进行。其中，核心专利和重要专利是企业在市场竞争中立足的关键所在。由于它们能够为企业创造长期且稳固的竞争优势，是企业技术核心竞争力的重要体现，因此在资源投入、维护管理等方面都应给予重点关注和保障。而对于普通专利，在确保其具备基本专利质量的前提下，要合理把控管理成本。例如，可以定期对普通专利展开清理和评估工作，对于那些经过评估后发现价值相对较低，同时维护成本较高的专利，可以审慎考虑放弃其专利权或者通过合法转让的方式，将其转移给有需求的其他主体。这样的举措不仅有助于企业优化自身的知识产权资源配置，而且能集中精力和资源更好地维护核心与重要专利，提升企业整体的知识产权管理效益和市场竞争实力。

各企业的 IPD 管理体系并非千篇一律，一般会基于产品品类、开发周期等诸多因素进行灵活调适，从而量身定制出适配企业自身的 IPD 管理体系。在此情形下，企业知识产权团队务必紧密结合自身 IPD 管理体系的独特之处，巧妙规划出与之相匹配的知识产权工作节点嵌入策略，力求全方位覆盖知识产权成果的保护工作、风险的深度排查工作和合规性的严格审查工作等关键方面。

总而言之，融入 IPD 管理体系而开展的知识产权管理工作，对企业具有切实的价值与意义。企业知识产权团队唯有紧密融入产品开发项目团队，积极参与项目会议，紧密跟随项目节点，充分施展主观能动性，方可将知识产权工作落实到位，真正为产品开发项目贡献力量，推动产品顺利交付，同时凭借高质量的知识产权布局与风险排查，为产品上市后的稳定运营筑牢坚实保障。

中小型企业的知识产权实务工作思考

王 昀[*]

就知识产权管理体系优化而言，笔者持续关注企业知识产权保护的全面性与系统性建设，致力于推动业务流程的规范化与高效化运作。通过定期参与行业交流活动，积极借鉴同业机构的先进管理经验，笔者发现中小型企业在知识产权管理的三个阶段呈现以下共性发展特征。

第一阶段：生存期（初创阶段）。

在企业创立初期，管理层普遍存在知识产权认知盲区，主要表现为：①经营重心集中于市场拓展与现金流管理，知识产权未被纳入战略投资范畴；②决策层对知识产权价值认知不足，缺乏系统化理解其商业保护与资产增值功能；③营业收入最大化成为资源配置首要原则，知识产权预算占比较少。

第二阶段：接触期（业务驱动阶段）。

伴随经营规模扩大，企业开始被动接触知识产权领域，表现为：①知识产权申请主要服务于资质认证（如高新技术企业认定）、招投标等合规性需求；②申请行为呈现碎片化特征，缺乏技术领域覆盖性与权利组合设计；③采用"部门兼职"管理模式，常由技术或法务人员兼任，专业度与投入度不足。

第三阶段：建制期（体系化阶段）。

当企业进入稳定成长期后，知识产权管理呈现质变，表现为：①管

---

* 作者单位：杭州趣链科技有限公司。

理层认知从"成本中心"转向"战略资产"，建立专门预算机制；②设立知识产权专职岗位，构建包含申请、维护、运营的全生命周期管理体系；③知识产权布局开始与研发路线、市场竞争策略形成联动机制。

由于前期知识产权布局存在不完善之处，知识产权专职人员将基于其专业能力，对企业的知识产权状况进行全面梳理，识别漏洞并进行系统性补缺。这一阶段的"修补"工作虽属必要，但往往伴随着较高的成本投入。笔者结合实务经验，认为中小型企业知识产权工作可以从以下三大方向有效获取资源并实现资源利用最大化。

一、合理获取资源

在企业发展的不同阶段，中小型企业管理层对知识产权价值的认知程度存在显著差异。虽然随着企业规模扩大，企业管理者对知识产权重要性的认识会逐步提升，但其资源投入意愿往往与认知水平不成正比。特别是对中小型企业而言，由于知识产权纠纷的发生概率相对较低，加之管理层对知识产权战略价值的理解存在局限性，因此其资源投入决策相对保守。在这种情况下，知识产权专职人员需要采取系统化的沟通策略，通过价值传导机制影响管理层的认知决策。关键在于构建一套与企业发展阶段相匹配、与商业利益直接挂钩的价值呈现体系。

（一）讲案例

首先，选取与该公司处于相同或相近行业领域，且经营规模显著领先的标杆企业作为研究对象，系统分析其知识产权布局体系，通过实证案例直观展示知识产权作为企业核心竞争力和市场壁垒的战略价值。

其次，针对与该公司发展阶段相近的同业竞争者，重点收集其在专利、商标及商业秘密等领域的典型侵权案例，优先选择管理层熟知的知名企业案例。在案例呈现时，应着重构建知识产权完备布局与缺失布局两种情境下的对比分析框架，通过量化指标和实际影响的数据对比，凸显知识产权保护对企业经营发展的实质性影响，避免单纯地理论阐述。

（二） 列数据

针对公司现有产品线开展知识产权风险排查评估，重点分析可能存在的侵权风险及被侵权可能性。通过建立侵权风险评估模型，对潜在侵权行为的赔偿金额及经营损失进行量化测算。例如，产品技术方案落入他人专利保护范围的可能性；商标使用是否存在混淆风险；商业秘密保护措施的完备性等。在此基础上，运用行业平均判赔标准及损失计算方法，预估可能涉及的赔偿金额范围及衍生经营损失。

通过此类实证分析，旨在使企业管理层充分认识到知识产权风险管理的现实意义，消除"知识产权问题仅与大型企业相关"的认知误区，切实提升企业知识产权风险防范意识。这种风险预警机制有助于将知识产权管理纳入企业战略决策体系，为业务发展构建有效的法律保障。

（三） 谈收益

间接收益维度：专利布局可为企业创造显著的衍生价值，具体体现在：①在招投标过程中作为核心技术能力的权威佐证；②为申报各级科研课题及政府资助项目提供资质支撑；③满足国家高新技术企业认定的核心指标要求；④在企业 IPO 进程中构成技术先进性的重要证明文件等。

直接收益维度：知识产权管理不仅产生维护成本，更能创造多元化的收益渠道：①各级政府的专利授权补贴及维持资助；②通过专利许可、转让等运营方式实现资产变现；③利用知识产权质押融资等金融创新工具；④申报政府主导的知识产权示范企业等专项项目获取政策支持等。

（四） 谈影响

建议公司积极参与知识产权领域的专业活动，通过知识产权展示作为企业技术推广的有效途径，为未来产业链上下游的战略合作搭建桥梁，逐步提升市场品牌影响力。

事实上，公司对知识产权投入持审慎态度主要源于当前发展阶段对投资回报率的考量。若管理层能够充分认识到知识产权不仅产生维护成本，而且能创造包括政策补贴、资产运营收益、融资便利等多重价值，便可采用更具成本效益的方式完善知识产权体系，同时有效规避因知识产权储备不足导致的经营风险，这无疑是企业发展的明智之选。

二、重视企业培训

在知识产权管理体系建设过程中，若资源配置与人才储备不匹配导致资源利用效率低下，将直接影响后续资源获取的可行性。因此，中小型企业在推进具有直接收益性的知识产权工作同时，亟须同步提升员工的知识产权意识与实务能力。建议建立常态化的技术人员知识产权培训机制，并注重培训的针对性与实效性。

首先，在培训策略设计方面，建议采取差异化设计原则：对于法务等专业人员，培训内容应侧重法条解读与实务案例分析，通过专业术语的规范使用和权威依据的引证，建立专业可信度；对于研发人员，特别是初创企业的技术团队，则应采用简明扼要的实务指导方式，直接阐明其在专利申请中的具体职责、操作规范及注意事项，避免过多理论阐述，以减轻其额外工作负担。这种分层递进的培训模式，有助于循序渐进地构建全员知识产权意识体系。

其次，在知识产权培训的内容设计方面，应当遵循精准性和渐进性原则，避免内容过于宽泛而缺乏针对性。以专利培训为例，部分知识产权专职人员在编制培训材料时，往往将交底书撰写、专利布局、审查意见答复、复审程序、无效宣告乃至侵权判定等全流程内容一次性呈现。然而，企业处于不同发展阶段时，研发人员对专利流程的认知需求存在显著差异：在企业初创期，研发人员通常对交底书撰写规范掌握不足，此时培训应聚焦于交底书撰写要点的系统讲解，专利挖掘等进阶内容可适当简化；当企业进入成长期，随着审查意见通知书数量增加，培训重点应转向指导研发人员从技术角度有效应对审查意见；待企业技术体系趋于成熟但专利产出效率下降时，则应将培训重心调整为专利挖掘技巧的深度解析。培训内容若不加区分地全面灌输，既超出受众的实际认知水平，也降低了培训的实效性。

笔者在针对某知识产权基础较为薄弱的中型企业的调研过程中发现，其研发人员在专利撰写方面普遍存在认知不足的问题。调研数据显示，多数研发人员反映缺乏系统的专利撰写知识，实际操作中往往采取模仿现有专利文本的方式。在专利初稿审核环节，研发人员通常会对摘要部分进行过度修改，而对说明书具体实施方式等重要内容则处理得较为简略，这种操作模式与其在专利审核流程中的职能定位存在明显偏差。针对这一现状，企业可采取分阶段的知识产权培训策略：初期培训着重明确基本行为规范，通过典型案例分析，清晰界定禁止行为、必做事项及可自主发挥的范畴；待基础规范建立后，再根据实际执行情况，循序渐进地开展进阶培训，内容涵盖专利申请基础知识、交底书撰写规范、审查意见答复技巧等，最终延伸至专利挖掘方法及最佳时机等专业领域。这种阶梯式的培训体系，有效确保了参训人员能够逐步深化理解并充分吸收专业知识。

在知识产权培训的组织实施过程中，培训时机的选择具有关键意义。企业可采取差异化的培训策略：首先基于企业产品技术矩阵和研发人员能力评估体系建立分级模型，即使针对同一培训主题，也会根据受训人员的能力等级进行内容适配性调整。除了公司层面年度知识产权培训（时长控制在 50 分钟内），其余培训可采用 10 ~ 20 分钟的微型培训模式，具体实施时机选择在技术研讨会之后，并依据实际工作需求预先筛选参训人员。这种精准化、碎片化的培训方式既有效控制了时间成本，又创造了更为开放的交流环境，便于双向沟通和信息反馈。

就培训方法而言，需根据主题特性采取差异化策略。专利培训因其技术性强、理解难度大（尤其在通信软件领域），建议采用"企业案例 + 生活化类比"的双轨教学法，通过将专业技术与日常物品进行类比来降低理解门槛；商标培训则可充分发挥其贴近生活的特性，结合热点案例或流行文化元素进行情境化教学，通过互动反问激发参训人员的思维活跃度，并适时引导其提出实务中的具体问题；此外，还可采用模块化培训方式，按照商标注册流程的不同阶段组织专项培训。上述方法论同样适用于著作权培训体系的构建。

三、用好"辅助"事半功倍

（一）建立制度要适宜公司的发展情况

明确知识产权在企业整体战略中的地位和作用，确保知识产权管理工作与企业的发展目标相一致。初创企业宜着重专利布局与商标申请等基础性工作，而成熟企业则需侧重知识产权的运营维护与价值实现。知识产权部门需避免脱离企业实际需求的"闭门造车"现象，确保各项工作始终服务于企业发展目标。

（二）寻找专业的合作机构，做好供应商评价机制

企业知识产权专职人员基于其专业知识，对公司的产品和技术了解更为细致。相对应地，知识产权代理机构对于知识产权各个过程的实操更加了解。因此，企业知识产权专职人员可与知识产权代理机构可以取长补短，互相合作。

对于专利方面，企业知识产权专职人员可以选择一些规模中上、口碑比较好的知识产权代理机构，评估他们在本领域中代理的案件撰写质量，也可以通过同行推荐作为参考，选择适合的合作机构。开始时可委托少量案件给代理机构，后续需要通过企业知识产权专职人员在合作过程中的评估判断该代理机构是否能一直配备之前的资源、维持之前的服务质量，再进行决定是否长期合作。另外，在日常工作中，企业知识产权专职人员可根据代理机构对接人的响应速度，回答问题的专业程度以及案件进展跟进情况，代理师的理解能力、撰写能力、返稿时限、与研发人员和企业知识产权专职人员的沟通情况等方面，作为评价代理机构合格与否的因素。同时将违约情况清晰地写入合同中，避免出现问题时推诿责任。

在商标事务管理方面，中小型企业对商标代理服务普遍存在认知局限，往往将其简单理解为商标图样的程序性提交工作。这种认知显然失之偏颇。事实上，商标审查工作不仅需要遵循既定法规，而且受到审查员主观判断、政策导向及社会时事等多重因素的影响。因此，企业知识产权专职人员不仅需要具备扎实的商标知识储备和持续学习能力，而且对合作代理机构的专业资质也应当提出更高要求。相较于专利事务，商标因其与日常生活的紧密关联性，在侵权风险方面表现得更为突出。从注册申请、初审驳回处理，到撤销三年不使用申请、无效宣告程序，乃至侵权纠纷应对等各个环节，均涉及复杂的实务操作细节和多元化的策略组合。这就要求企业知识产权专职人员在充分理解公司经营战略的基础上，与具备专业知识和丰富经验的代理机构建立深度合作，共同制订最优解决方案。

　　在选择商标代理机构时，建议优先考虑具备完善服务流程和较大业务规模的机构。重点考察其法律咨询支持能力、商标维权实务经验，并通过官方渠道核实其案件代理成功率。在后续合作过程中，企业知识产权专职人员应通过具体案件的沟通交流，持续评估代理机构的专业水平与服务适配度，确保能够为企业提供切实有效的知识产权保护。

　　上述为笔者根据工作实务中所整理的一些个人的感悟与思考，希望能给大家一些灵感和启发。在实际中，不同的公司可能遇到的问题不同，对应的解决方法亦不同，望各位同仁批评指正。

产品开发中的专利侵权风险管理

梁俊超　郭　霞*

随着国家对创新日益重视，专利作为推动创新的重要制度之一也备受企业关注。传统依靠抄袭、仿制他人产品起家的企业，日益失去生存空间。专利侵权诉讼一旦被权利人用于攻击竞争对手，将会在经济和社会声誉方面对侵权企业造成严重打击。对立足长远发展的企业来说，做好产品的专利侵权风险控制日益重要。而产品开发作为产品专利侵权风险的源头，应当引起企业的重视。尽管我国企业对产品的专利侵权防范逐渐重视，但专利侵权风险防范工作与国外相比还有很大差距。未来随着中国从专利大国向专利强国迈进，企业开始盘活沉淀下来的专利资产，并要求专利资产创造价值，而专利资产创造价值的路径之一就是通过专利侵权诉讼来阻击竞争对手获取赔偿收益。因此，从产品开发阶段就控制专利侵权风险显得很有必要。

一、产品使用技术的分类

专利本质上是一种受保护的专有利益，这种利益主要表现为受保护的新技术。在产品开发中，根据新产品使用技术来源的不同和侵权风险防范措施的制定，可以分为借鉴标杆技术、自研创新技术、采购件使用技术和行业惯常技术，而这四种不同类型的技术来源，对应的风险也不相同。

---

* 作者单位：金风科技股份有限公司。

（一）借鉴标杆技术

在产品开发中，通过模仿、参考他人先进技术进行的创新或改进所产出的技术方案，就是借鉴标杆技术。由于创新大多依赖于现有技术，因此创新往往是针对现有技术而言。现有技术为旧，新开发的技术为新，是为创新。这种借鉴现象，在研发领域非常普遍。例如在汽车领域的实际研发中，通过将标杆产品拆解，获知标杆产品的各种技术方案，进而进行借鉴创新。而标杆产品往往属于国内甚至世界领先的企业，由于这些企业专利保护比较成熟，因此借鉴技术的专利侵权风险较高。

这里借鉴技术可以理解为完全照搬标杆技术或者对标杆技术做了细微调整，创新程度很低，这种创新方案达不到申报专利的标准。

（二）自研创新技术

自研创新技术，是指企业通过研发创新得到的技术方案。这种技术创新程度高，能够达到申报专利的高度。在新产品使用的技术中，借鉴标杆技术专利侵权风险最高，风险排在第二位的就是自研创新技术。限于个人的经验等局限，尽管技术是经过研发人员完全独立创新开发产生的，但是这不能保证该技术不存在侵权风险，因为其他人员存在开发出来已经进行专利保护的可能。因此，这项工作可以同专利保护工作结合。每一项可申请专利的技术点，一方面可以通过查新检索确定方案是否具有新创性，另一方面可以通过侵权检索确定方案是否存在侵犯他人专利的风险。

（三）采购件使用技术

产品根据复杂程度可以分为独立件和组合件，组合件又由多个独立件组合而成。在组合件产品开发中，存在部分组合件为采购件的情况。而采购件又分为可知悉内部结构的采购件和不知悉其内部结构的采购件。不知悉其内部结构的采购件又叫"黑匣子件"或"黑盒子件"。产品开发中遇到采购件的专利侵权风险，主要涉及采购件使用技术的专利风险转嫁问题。采购件的专利侵权风险，主要是通过与供应商在采购协议约定出现专利侵权后的责任分配避免风险，并要求供应商针对供应件进行专利风险排查，提供报告给采购方。

（四）行业惯常技术

行业惯常技术，是指行业内部普遍使用的成熟且不存在他人专利保护的技术，像螺钉、螺栓固定技术等。组成新产品的零部件，一般存在一些标准件和使用的惯常技术方案。专利侵权风险防范应当以最少的资源投入，获取最大的风险控制效果，尽可能地将资源投入真正需要进行专利侵权风险排查的零部件。产品开发人员应当尽可能地识别产品中的标准件和使用的惯常技术方案，直接排除风险。

二、专利侵权风险管理现状

根据新产品开发中对专利侵权风险防范的管理方式，可以分为无管理、被动管理和主动管理三种类型。

（一）无管理

无管理，是指产品开发中不存在专利侵权风险防范的组织和规则。这种管理类型，不只存在于小型企业，很多中大型企业产品开发中也缺少专利侵权风险防范管理。

随着国家对专利保护的重视，企业间的知识产权保护氛围已经建立起来，但是对风险防范还存在很大不足。未来，对于立志向更广阔的市场发展的企业来说，随着国家知识产权保护的日益加强，包括惩罚性赔偿制度等的出台，无管理类型将不符合市场的要求。

（二）被动管理

被动管理，是指产品开发中主要依赖于研发人员的风险防范意识，由研发人员发起风险防范工作。尽管这样的企业存在知识产权专职人员，但是这些人员的主要精力还是放在知识产权保护业务上。从无管理类型到被动管理类型，对企业来说，有一个重要的变化，就是专职知识产权管理人员的出现。在专职知识产权管理人员出现之前，一家企业缺乏基本的知识产权文化培育，往往企业领导只是从市场环境中得出应该进行知识产权保护的意识，这种意识缺乏系统性，具有局部性。

在专利侵权风险管理上，特别是研发人员在实际研发过程中，发现了需要进行风险预警的情况，向知识产权管理人员提起后才会开展该项工作。由于开展工作也局限于一事一议，存在风险如何管理、如何评估风险和收益的利弊得失等问题，因此在该管理情境下开展工作的作用非常有限。

（三）主动管理

主动管理，是指专利工程师主动介入研发活动，在研发过程中管理专利侵权风险。主动管理又可以分为系统性的主动管理和非系统性的主动管理。系统性的主动管理，是指将专利侵权风险管理工作与产品开发工作融为一体，进而实现风险控制权责明确、管理效益和成本充分平衡等效果，是专利侵权风险管理应当追求的一种状态。非系统性的主动管理，是指专利工作没有与研发制度流程交付物充分结合，存在部分权责不明、风险控制不到位等问题。

三、专利侵权风险管理原则

产品开发中的专利侵权风险管理，应当追求系统的主动管理方式。在追求系统的主动管理方式中，制定措施应当考虑以下三个原则。

（一）风险控制原则

企业在产品开发中的专利侵权风险管理时，实现风险有限控制是第一原则。专利工程师在负责搭建产品开发中的专利侵权风险管理制度体系时，要围绕风险控制来展开。可以通过将专利侵权风险分级、专利侵权风险管理嵌入产品开发制度等方式来进行。同时，将研究开发活动中，涉及的专利侵权风险进行分解分类，通过主动与被动相结合等方式实现专利侵权风险的系统管理。

（二）经济和效率原则

企业在坚持风险管理第一原则的基础上，同时还要坚持经济原则，要平衡风险的充分控制和资源投入的平衡。专利侵权风险管理本身是一种管理活动，管理要求规范有序和达成管理目的，但是片面地追求管理的目的，会导致资源投入的扩大和效率的降低。在专利侵权风险管理活动中，单纯从风险管控来说，最简单的方式是对项目产出的全部技术方案进行专利检索排查。而且，这种检索排查最好全部委托第三方专业机构来操作，但会导致专利侵权风险排查工作的资源投入巨大和效率严重降低。因此，在实际研发中的专利侵权风险管理工作，必须考虑经济和效率原则。

（三）权责明确原则

权责明确是管理活动的基本要求，专利侵权风险管理同样适用。具体到专利侵权风险管理，难点是将权责明确原则与风险管控原则和经济效率原则结合起来。理想的方式，应当是既要将风险管控住，又要经济高效。从两个维度制定措施，对产品开发中的专利侵权风险进行管理。

四、专利侵权风险管理建议

专利侵权风险管理的具体实施措施或手段虽然会依据专利的特性而有所偏重，但其管理内容及流程与风险管理一致。一般采取风险识别、风险评估和风险控制三步走的工作机制，对知识产权风险进行梳理、分类、评估和管控。重点是如何制订恰当的措施，将风险管理真正落实到位。结合产品开发中的专利侵权风险表现、现状和专利侵权风险管理原则，制定专利侵权风险管理具体方案时，一是根据风险等级不同制定不同的处理流程；二是主动管理与被动管理相结合，通过主动管理和产品开发阶段的结合，实现风险的系统管理，同时针对主动管理后的方案变更，要求研发人员主动提报风险管理需求的被动管理；三是专利侵权风险管理的文件应当作为产品开发各阶段的交付物，不存在交付物则研发节点不能通过，项目不能结项，真正将专利侵权风险管控和具体规范结合。

（一）专利侵权风险分类

参照《中央企业全面风险管理指引》附录：风险管理的常用技术方法简介，知识产权风险评估可采用风险坐标图法，把知识产权各类风险发生可能性的高低以及风险发生后对企业的影响程度作为两个维度绘制在同一个平面上，对多项风险进行直观的比较，从而确定各风险管理的优先顺序和策略。在进行知识产权风险分析时，使用风险矩阵法，分别对风险发生可能性的高低和后果严重程度进行评估打分，并确定风险等级。

笔者通过定性方式进行分析，用文字描述风险发生可能性的高低、后果严重程度，如表1所示。

表1　知识产权风险数值研究

评分项		1	2	3	4	5
可能性（L）	风险发生可能性	极低	低	中等	高	极高
后果（C）	后果严重程度	轻微	较小	中等	严重	非常严重
综合风险数值 = 可能性（L）× 后果（C）						

笔者根据知识产权风险得分值确定风险等级和处理原则，如表2所示。

表2　知识产权风险得分情况

综合风险数值	风险等级	处理原则
综合风险数值≤2.0	低度风险	持续关注即可
2.0 < 综合风险数值≤6.0	中度风险	可根据情况制定控制措施
6.0 < 综合风险数值≤12.0	高度风险	应当制定控制措施
综合风险数值 > 12	关键致命风险	必须重点关注并制定相应的控制措施

针对中度、低度风险，专利工程师可以向风险产生的业务负责人反馈，由业务部门负责人根据情况决定采取控制措施或持续进行关注。针对高度、关键致命风险，专利工程师和业务部门的研发负责人员联合制定风险应对策略。经过风险应对策略，风险降低为高度风险以下等级的，按照高度风险以下等级处理。未采取风险应对策略或采取风险应对策略后，风险等级仍属于高度风险或关键致命风险，而风险产生部门又要求继续执行风险方案的，应当向业务部门所属的业务单元负责人报告，并由其批准是否执行。

（二）自研项目中的专利侵权风险管理

1. 专利侵权风险管理一般规定

自研项目中的专利侵权风险管理工作内容设置为专利检索、风险分析和规避设计三个部分。在专利检索和风险分析后，存在风险的技术方案进入规避设计阶段。

专利侵权风险管理根据开展时间的不同，分为专利权人风险管理阶段和技术方案风险管理阶段。专利权人风险管理是指在新产品技术标杆确定后，针对技术标杆产品所属企业名下的专利进行的检索、分类，进而识别专利使用风险，是对计划直接使用标杆技术所进行的专利侵权风险管理。技术方案风险管理，是指在新产品开发中，针对模仿他人技术或创新开发的技术所进行的专利侵权风险排查工作，是对已经初步确定的技术方案进行的风险管理。

2. 专利侵权风险管理工作启动

专利工程师参与项目：任一新产品开发项目成立时应该将专利工程师纳入项目成员范围，专利工程师由知识产权管理部门负责人或其指定的人员担任。

专利侵权风险管理工作的启动时间：新产品的竞品、市场定位等确定后，马上启动专利侵权风险管理工作。

专利侵权风险管理需求的提报：项目人员根据竞品、市场定位等信息，提出专利侵权风险管理需求，形成专利侵权风险管理需求表，经项目负责人批准后，提报专利工程师。

专利侵权风险管理开展方案确定：专利工程师根据专利侵权风险管理需求表及新产品开发计划，制定开发项目的专利侵权风险管理开展方案。专利侵权风险管理开展方案报经项目涉及研发部门负责人会签、专利工程师审核、项目负责人批准后下发实施。专利侵权风险管理开展方案中至少明确专利侵权风险管理的主要对象，研发流程各节点中对应的专利侵权风险管理交付物和工作分工。

3. 专利权人专利侵权风险管理

该项工作开展的前提条件包括：一是确定的技术标杆，二是专利侵权风险管理需求，三是专利侵权风险管理开展方案。开展的时间节点为技术标杆确定后开展此项工作；技术标杆是指新产品开发在技术上主要借鉴参考的目标对象。该项工作内容如下。

第一，专利工程师根据专利侵权风险管理需求，确定检索的目标企业。

第二，专利工程师通过对目标企业进行检索分析，将检索数据进行分类，以专利检索列表的形式提交给项目研发工作人员。

第三，项目研发人员对专利数据进行初步筛选，挑选出疑似专利并填写专利对比分析。

第四，专利工程师将项目研发人员填写的专利对比分析汇总后形成整个项目的专利对比分析，报项目负责人批准。

第五，专利工程师根据专利对比分析，负责牵头组织与相关项目研发人员的讨论，从专利、技术等方面综合评估专利侵权风险的大小，制定专利侵权风险分析报告，并报知识产权管理部门负责人批准。

第六，专利侵权风险分析报告的结论，可以分为需要规避设计和不需要不规避设计两种。项目负责人决定不进行规避设计的，按照风险等级完成流程审批后，技术方案方可实施。项目负责人决定进行规避设计的，按规避设计的流程进行规避设计。

4. 知识产权管理部门发起的技术方案专利侵权风险排查

该项工作开展需要满足两个条件：一是新产品的零部件清单生成，二是零部件方案初步确定。具体工作内容如下。

第一，项目负责人指定人员向专利工程师提供零部件清单。

第二，专利工程师根据零部件清单信息，找负责具体零部件的研发人员确认零部件技术方案产出类型。

第三，负责具体零部件的研发人员应当明确零部件所用方案为下列哪一类型：借鉴标杆技术、自研创新技术、采购件使用技术、行业惯用技术方案。签字确认后反馈给专利工程师。需要重点向研发人员明确该项工作的意义，尽可能地把行业惯常技术方案识别出来，做到分类准确，减少专利工程师不必要的检索工作量。该项工作追求的一个最理想的目标是，研发人员提出侵权风险检索需求的，最终确定都是有风险的；没有提出侵权风险检索需求的，最终确定都是没有风险的，尽可能减少资源的不当浪费。

第四，专利工程师，针对研发人员反馈的清单中关于借鉴标杆技术和自研创新技术，经过甄别后决定是否开展专利检索工作。决定开展检索工作的，应在规定时间内输出专利检索报告，并提交给项目研发人员。针对行业惯用技术方案，不再进行检索排查风险；针对采购零部件使用技术方案的风险，通过排查采购协议确定风险转嫁情况来开展。

第五，项目研发人员根据专利工程师提交的专利检索报告，对检索报告中提到的专利，从技术角度进行判断，挑选疑似专利并填写专利对比分析，经部门负责人批准后报专利工程师。

第六，专利工程师收到专利对比分析，牵头组织与项目研发人员的讨论，从专利、技术等方面综合评估风险等级，形成专利侵权风险分析报告，由知识产权管理部门负责人批准。

第七，专利侵权风险分析报告的结论，可以分为需要规避设计和不需要不规避设计两种。项目负责人决定不进行规避设计的，按照风险等级完成流程审批后，再实施技术方案。项目负责人决定进行规避设计的，按规避设计的流程进行规避设计。

第八，专利工程师根据专利权人阶段风险排查工作，进行系统工作总结，形成专利权人阶段专利侵权风险排查报告，报告内容包括项目概况、专利检索数据、专利侵权风险整体情况、采购零部件风险转移情况等，由项目负责人批准。

5. 项目研发人员发起的技术方案的专利侵权风险排查

在进行零部件专利侵权风险系统排查后，针对技术方案更新变化及覆盖多个零部件技术方案未做到排查的问题，由具体项目研发人员根据实际需求开展具体技术方案的专利侵权风险排查申请。

这项工作开展需要满足两个前提条件，一是初步确定的技术方案，二是专利侵权风险检索申请。时间节点为技术方案初步确定即可开展此工作，单项的技术方案检索原则上应在规定时间内完成。具体工作内容如下。

第一，项目研发人员根据技术是否属于借鉴标杆技术和自研创新技术，以确定是否需要开专利侵权风险检索。确定开展的，项目研发人员填写检索申请，由部门负责人批准后提交给专利工程师。

第二，专利工程师接到检索申请后，后续流程根据有关检索分析程序开展。

6. 规避设计

规避设计是基于风险专利的保护范围来修改技术方案，使修改后的方案不会落入风险专利的保护范围。规避设计工作开展的前提条件包括：①专利侵权风险分析报告；②项目负责人决定进行规避设计。

规避设计开展的时间节点为，在通过专利检索发现有专利侵权风险且项目负责人决定进行规避设计开始，至设计冻结结束。具体工作内容如下。

第一，专利工程师将需进行规避设计信息以专利侵权风险分析报告的形式反馈给项目研发人员，项目研发人员进行重新设计，并形成新的技术方案。

第二，新的技术方案形成后，项目研发人员提交检索申请，并开展后续工作。

（三）委托开发项目的知识产权风险管理

企业委托其他主体进行开发工作或开展技术咨询、服务的，双方应当签订技术合同。合同中应明确因技术成果使用与第三方发生纠纷时，相关责任由开发方承担。该技术合同应当报企业知识产权部门负责人审核。

知识产权管理部门根据委托开发技术合同风险约定情况、开发方资质情况，有权要求供应商提供开发成果的专利侵权风险评估报告。

（四）合作开发项目的知识产权风险管理

合作开发项目中的知识产权风险管理，按照谁开发谁负责的原则进行管理。合作开发项目中由企业完成或主导完成的技术方案，参照自研项目的方式进行知识产权风险管理。合作开发项目中由合作方完成或者主导完成的技术方案，参照委托开发项目规定进行知识产权风险管理。

五、结　语

产品开发中的专利侵权风险管理，从无管理到被动管理，再到主动管理，是一个从简单到复杂的过程，也是一家企业从粗放式管理向精细化管理的过程。产品开发中的专利侵权风险管理正在受到更多的重视，但是公开的具体操作方案还比较少或者不够详细丰富。由于不同的企业有不同的企业文化、组织架构和产品开发制度，因此不存在一种万能的、理想的专利侵权风险管理方案。企业的专利工作者，应当结合企业的特点，完善专利侵权风险的系统管理。笔者试着从主动管理和被动管理结合的维度，搭建一种具体可操作的系统管理架构。首先是找到系统管理的风险；其次是在风险漏失后能够找到责任人；最后让技术方案的实际开发人员负责识别风险，平衡资源投入和风险有效管理的关系。

企业知识产权管理人员的心性管理

陶　琴[*]

　　企业知识产权管理人员可凭借专业能力和经验解决企业众多棘手的"技能问题"。与此同时，企业知识产权管理人员还必须面对一个"认知问题"，即在选择、协作、决策时，往往会触发很多思考，影响事态发展。

　　除了持续提高专业能力，磨炼和提升心性以激发正向的心性力量，可以让企业知识产权管理人员走得更远，为工作赋予不一样的意义！

一、认清方向，笃行不怠

　　企业知识产权管理主要包括创新知识运营（生产性创新管理）和创新成果运营（资产分配性管理），两者相辅相成。对于前者，企业知识产权管理人员聚焦对内赋能，包括知识产权体系建设、检索分析、布局、申请，以及各部门协作、研发组织创新生态维护等。对于后者，企业知识产权管理人员聚焦对外作战，以专利诉讼、许可、运营为主。对外作战时，短期经济价值更明显，对企业影响也更大，企业知识产权管理人员的工作更能获得认可和尊重，自身的价值感也更高。但不是所有企业都具备创新成果运营的成熟条件，而且很多时候，看不见的事务决定了看得见的成效，创新知识运营的优劣很大程度直接决定创新成果运营的成败。因此，如何在企业深耕创新知识运营，既是挑战也是机会。

---

　　* 作者单位：恒生电子股份有限公司。

从表象看，挑战来自企业看不到创新知识运营的短期价值，一般会将知识产权职能定位为成本部门，而忽略了企业知识产权管理人员这个岗位的重要性和迫切性。从深层次看，也有可能是企业知识产权管理人员个人画地自限，导致专业能力和经验难以沉淀，同时在长期"没有意义"的琐事中对工作逐渐丧失热情和信心。面对这样的职业困境，企业知识产权管理人员是继续被动地应付性工作，还是及时觉知，主动挑战？

纵然创新知识运营短期价值不显，但不表示它不重要，深入事务内部，以正确的心态探求当下工作的内在价值，把当前的困难，看作获得更高一层认知的代价，对企业知识产权管理人员来说未尝不是一种机会。

当企业知识产权管理人员由被动转主动，沉下心来深耕某个领域，在提升专业技能的同时，磨炼心性，不被暂时的成果吸引，在正确的道路上笃行不息，从而赋予工作不一样的意义，让实现目标的过程不再煎熬，职业生涯也必将越走越远。

笔者将以企业中的专利工作为例，论述企业知识产权管理人员如何在创新知识运营工作中磨炼和提升心性，助力企业创新。

二、正向引导，激发创新

在创新知识运营中，企业知识产权管理人员经常会遇到申请量和授权量的任务考核，有时会为了完成指标要求研发部门提交更多的提案。企业知识产权管理人员是选择双方在"相爱相杀"中反复博弈，还是选择突破困局？这个时候，企业知识产权管理人员心性修炼至关重要。

企业知识产权管理人员不应只盯着发明人的提案量，而可以从创新的源头开始关注，分析发明人提案困难的根本原因，理解研发部门的难处。同时，企业知识产权管理人员也从专利提案审核的角度转为合作者、赋能者，在创新的道路上，尽力成全发明人，而不是旁观者。建议企业知识产权管理人员从以下三个方面切入研发组织内部，从源头着力。

（一）日积月累见真章

发明人在研发工作中，会有很多一闪而过的创意，只有少数人会记录下来付诸实践，大多数人都仅仅只是动念，后面无疾而终。往往在某一天看到一件专利或看到一个竞品，才发现为时已晚。

请企业的研发部门在日常工作中做好创意的书面记录，一可以不断改进产品性能，二可以积累专利交底材料，让专利量不再是一家企业知识产权管理人员给他们的任务，而是发明人的创新过程及其成果实录。

作为创新机制和激励的一部分，发明申请不能仅靠企业知识产权管理人员督促，而需要企业知识产权管理人员跟研发部门深度沟通，达成一致。创新文化的建设也需要研发部门内外协力共建，企业知识产权管理人员则要尽心协助和赋能。

（二）在检索中成长

企业知识产权管理人员应为发明人提供简洁、易操作的检索指引，培养发明人主动检索的习惯和能力。这么做并不是为了减少企业知识产权管理人员的查新工作，而是为了让发明人在检索时，看到别人公开的技术方案，进而更客观地审视当前的创新点，也可以弥补企业知识产权管理人员因技术面窄而造成的漏检，为技术创新提供更全面的技术情报。另外，当发明人发现技术方案已被公开，也可以节省撰写技术交底书的时间，避免做无用功。

（三）集思广益

发明人梳理出各自的技术创新点后，除了自检，还建议与同组的研发同事一起评估，进而得到更全面、客观的结论。评估时，如果创意被大家认可，这既是一种收获，也是一种动力。同时，大家也可以集思广益，产生新的技术构思，进而形成更优质的产品方案和专利提案。

通过技术创新点记录、自检、互评，激发主动精神，让发明人更好地审视自己的技术，从而激发内心对技术创新的渴望。

企业知识产权管理人员应及时推翻阻碍研发人员思维的"围墙"，创造开放的环境，减少"量"的硬性指标，尽量让研发人员回归自己的真实状态，让个人的创新能力在不受压制的情况下得到最大限度的演绎，从而形成可持续输出创新力的良性循环。

当企业知识产权管理人员真诚地站在对方立场工作时，必然能赢得平等对话的权利，让彼此合作更顺利。

三、开诚布公，保持透明

当企业知识产权管理人员在一个封闭的单维空间中打转时，很容易碰壁，例如被发明人质疑专利评审不够专业、被投诉奖金发放不合理等。此时，如果企业知识产权管理人员事先没有建立经得住考验的制度、流程和有效及时的发布途径，就可能有苦难言，从而备受质疑。

企业知识产权管理人员在日常工作中要尽可能地营造一种氛围，让每个人都有权利了解合理之事，不管是明文规定的制度、流程文件，还是公司内约定俗成的处理原则，企业知识产权管理人员应保证每一个人都有高效的获取途径并能全面理解，避免因误解、曲解引起的质疑。专利评审和奖励机制中透明文化的必要性体现为两个方面。

（一）营造公平开放的评审文化

专利评审时，发明人解说完专利方案后，要留一定时间让发明人和评委互动，这样既可以使评委对技术方案有更深入的认识，又可以帮助发明人全面地看清自己的技术特点，指引发明人进行更深层的技术挖掘和创新，哪怕最终评审未通过，发明人也能有一定的收获。

在信息安全机制完善的情况下，建议公开评审，对待评专利提案有兴趣的同事都可以参加，往往会收到很多意想不到的效果。

评审结果反馈也应尽可能详细，仅仅给出一个结论是不够充分的。不要害怕被质疑，不同的声音能锻炼企业知识产权管理人员同时站在自己和对方的角度去看待问题的能力，并让事情越做越好！

（二）建立公正透明的奖励机制

高额奖金并不必然带来高产量，更不会自动带来高质量（当发明人眼里只有高额奖金时，容易急功近利，导致专利申请"走偏"）。想单纯通过专利奖金提高申请量和申请质量是非常难的。另外，专利奖金应该是用来奖励发明人对企业技术创新做出的贡献，感谢发明人的创造性付出，为企业产品带来更大的竞争力，而不只是因为发明人申请了一件专利（忽略专利的技术价值），否则将有失公平。企业知识产权管理人员应保证专利奖励制度合法、公正且高效，例如参照专利产品的经济效益、研发人员薪资定奖金额度、及时发放奖金等。另外，专利申请奖金的设置可以让发明人前期工作得到认可，从而更有动力去推动专利撰写这个"费心"的工作，而授权奖金的设置则更是围绕专利为企业创造的价值而定级。

此外，专利奖励制度必须足够透明，让发明人非常清楚：为什么奖励？奖励多少？什么时候奖励？最好在企业的公共场所定期公布，给予发明人荣誉表彰的同时，也接受所有人的监督，让制度越来越完善。

企业知识产权管理人员也要实时监督整个专利流程中其他部门是否存在影响公平和质量的问题。例如，企业有些部门会单独制定专利奖金规则，将一部分奖金划入部门，虽然这是部门自发的规定，但是企业知识产权管理人员要有第一责任人的自觉，主动确认部门奖金的设置是否合规合法，对发明人是否公平。如果发现不合理，应及时主动沟通并推动规则的改进。

企业知识产权管理人员可以对"越努力，越幸运"深信不疑，但前提是方向正确，且在努力的背后没有漏洞，很多时候"止漏"比努力更重要。

公正透明、信息互通可以使所有人最大限度地了解所做之事的意义和价值，避免立场对立、成效不显。

四、构建信任，赋予工作更高的意义

如果企业知识产权管理人员在非工作时间，需要其他部门紧急提供一份材料，哪种沟通方式可以得到更高质量的反馈？是以领导指示或者对企业非常重要这样的理由来"布置任务"？还是真心诚意地沟通，并且给予足够的体谅和尊重来说服？后者有信任的力量，相信对方有能力，也有高尚的品德愿意提供帮助，这份信任可以激发对方的责任感和积极性，促使他们有更好的表现。

在彼此信任的环境中工作，能够让企业知识产权管理人员内心更加坚定，也更有信心去面对工作中的挑战。反之，在缺乏信任的环境中工作，很容易让人产生倦怠、拖延，导致工作难以展开。但构筑坚实的信任基础非常不易，需要企业知识产权管理人员持续努力。信任基础由信任关系和信任维度组成，其中信任关系包括信任他人和被他人信任，信任维度包括能力信任和品德信任。一个人能力非常出色但责任感低或者一个人品德非常高尚但能力平平，都可能取得他人的信任。企业知识产权管理人员无法要求实际工作中对方都具有出色的能力和高尚的品德，同时也无法要求对方在未建立信任基础时就完全信任自己。企业知识产权管理人员可以培养自己出色的专业能力、提升自己的心性，以及先从信任他人开始做起，然后通过实际行动来取得对方信任。

笔者分别从发明人、专利评委、其他部门同事、代理机构等日常合作伙伴的角度来介绍信任的构建。

（一）信任是最好的赋能

如果把专利提案评审仅定位在通过筛选优质提案、淘汰不合格提案而得到一个筛选结果，那结果是只有企业知识产权管理人员单方得利，对发明人来说，就有一定压力，久之，势必降低其积极性。

有些发明人因技术挖掘能力、书面表达能力较弱，没有表达到位，导致创新性不显。如果企业知识产权管理人员仅仅根据文字内容，不经过充分地沟通、扩展就对判断创新性，会错失很多优秀的技术构思，对发明人也不公平。企业知识产权管理人员应给予技术上的信任，最大限度帮助挖掘、梳理，输出高质量的技术交底书。

企业知识产权管理人员应相信研发人员的创新力，相信每个专利提案都有技术亮点，信任是最好的赋能！在这个前提下，也会触发发明人对企业知识产权管理人员的信任，从而碰撞出更大的创新。

（二）信任是最诚挚的邀请

建立一个既懂技术、产品、市场，又懂专利审查规则，稳定高效的专利评审团队，是知识产权管理工作中非常关键的一环。

在专利评审团队建设时，企业知识产权管理人员一般会遇到两大难题：找不到合适的专利评委，或者找到了合适的专利评委但其参加意愿不高。

针对前者，可以采用新老结合的培育方式：在每场评审中，选择4～5位经验丰富的资深评委，再增加1～2位新任评委。新任评委可以是各个领域的技术专家，学习领悟能力突出，相信他们会快速掌握专利评审要点，这样坚持下去，时间一久，专利评委团队规模会越来越大。另外，不要以职位高低来选择评委，而要以各项能力的匹配度来邀请适合的人员参与评审。

针对后者，除了通过专利评委数量来保证，企业知识产权管理人员要善于发现评委们的好奇心和求知欲，激发他们参与评审的热情，把被动邀请转化为主动参与。对评委来说，专利评审也是一种学习，不仅可以了解企业现在有哪些先进技术，近距离扩充知识点，而且可以了解这些技术应用在哪里，是否对自己的产品或其他产品研发有借鉴意义，避免重复开发、浪费资源。企业知识产权管理人员可以定期对专利评委进行回访，了解他们的真实看法。这种氛围的形成需要企业知识产权管理人员站在评委的角度多思量。

每一次邀请都要本着信任的初心，让评委公平公正、客观全面地给予评审结论和建议，同时又能乐在其中。当然，企业知识产权管理人员也要持续观察各评委的评审过程，如果主观想法高于客观情况，则需要淘汰这类评委，这是保证专利评审纯粹的关键，否则时间一久，沉疴积弊，积重难返，专利评审也将失去意义。

专利评审一旦形成公正、稳定、高效的氛围，企业知识产权管理人员的专业技能加上评委的技术加持，高质量的专利产出将会变得非常顺利。而双方也会在长期的评审中积累信任的火种，为彼此的信任打好坚实基础。

（三）信任让沟通更高效

企业知识产权管理需要多人、多部门协作，高效的沟通要基于彼此的信任，而建立信任很关键的一步是"讷于言而敏于行"，懂得保持谦逊的心态倾听他人意见，虚心接受多方观点。善用"55387"定律（沟通中55%的信息来自仪态、姿势、表情，38%来自语气、声调、语速，仅7%

来自说话内容），不妄言、不轻诺，真诚、客观、高效地表达自己的观点，避免误解、矛盾产生，进而建立良好的人际关系，为信任打好基础。

行动可以是最好的语言，很多时候，企业知识产权管理人员会不知不觉陷入现实中经常发生的一种"信任伪像"：彼此认真沟通了，也得出可行性方案了，但疏于实践，止于实干落地，最后成果不显，彼此推诿，信任崩塌，企业知识产权管理人员以为是半途而废，其实是从未开始。只有实干、真干，并做到言行一致，才能获得他人的尊重和信任。

通过"敬人之心"的表达和"利他之心"的行动，赢得彼此信任、减少组织内耗，可以使企业知识产权管理真正落在实处。

（四）信任是最高的敬意

专利产出经常离不开外部代理机构的合作，这是一件"良心活"。企业在选择代理机构时，除了机构规模、流程管理能力、团队稳定性、专利代理师专业能力、代理费用等客观因素，还需要观察专利代理师心性素养，例如是否敬业、是否虚心听取别人的意见、是否求真等。

合作过程中，企业知识产权管理人员经常会遇到一个棘手的问题：当代理机构出现工作失误时，企业知识产权管理人员应该以怎样的心态面对和处理？是严厉斥责，中止合作关系，还是网开一面，以观后效，抑或是仔细分析，同理对方？更换代理机构或许不难，难的是如何在解决问题的过程中吸取教训，得到成长。如果对方能力和品德都有欠缺，那及时止损不失为良策；如果对方能力和品德都较好，出现失误纯属意外，那就应该认真分析原因，商讨解决方案，共同面对困难，让专利代理师看到企业的格局，对企业的案件也会更加用心。这一过程对企业知识产权管理人员和专利代理师都是一种成长，而且也会让双方的合作关系升华，这不单单是业务层的合作，更是一种心性层的深层次合作。

另外，专利撰写没有必然绝对的标准，在不影响权利范围的前提下，尽可能尊重对方的撰写习惯，为专利代理师搭建与发明人沟通的桥梁，杜绝无效沟通，让专利代理师尽可能把精力聚焦到案件本身。遇到想法不一致的情况，可以先静下心听听专利代理师的想法，而不是直接以甲方的立场驳回对方意见或者指责对方不专业。给予信任、表达敬意，最大化激发专利代理师正向能量，从而使其输出高质量的专利。

　　彼此成就的赋能、真心诚意的邀请、止于至善的沟通、发自内心的敬意，企业知识产权管理人员通过心性的提升，构筑彼此信赖的文化环境，让信任深入内心，升华工作意义，促进组织内外隐性的、复杂的、高质量的信息传递，进而为组织积聚强有力的内化创造力，助力企业创新。

　　知识产权管理中"技能问题"和"认知问题"环环相扣，企业知识产权管理人员用专利做推手，使专利既可以是一种技术创新的成果展示和保护罩，也可以是一种促动企业内部创新的隐形武器，让组织形成健康、活跃的创新氛围，气氛越自由，越能激发个体能动性。而个体创新的同时，也为组织创新保驾领航，最大限度激活企业知识产权这项核心资源，使企业知识产权管理人员的价值更丰满，进而建立高维的职场自信，为企业知识产权管理人员的工作以及人生赋予不一样的意义。

集团化企业商标品牌
管理策略及管理体系搭建

李绍辉[*]

在全球经济一体化的浪潮中，集团化企业管理体系在现代企业中得到了广泛应用。商标作为企业形象和品牌声誉的代表，在现代企业经营管理中充当着 X 因素（指某种难以量化的特殊属性或变量）的角色，导入集团化管理模式也成为集团化企业商标品牌管理模式的发展态势。集团化企业面临着诸多挑战，其中商标品牌管理尤为复杂。随着市场多元化和全球化的发展，集团企业往往涉足多种产品形态和行业，这导致旗下拥有跨类别、跨行业的品牌，包括集团主品牌、支线品牌、分公司品牌等。

商标品牌管理一直以来都是知识产权圈子的热门话题，一些典型商标侵权案件无时无刻不在提醒着企业知识产权管理人员对商标品牌管理的重视。商标管理不仅包括注册、续展，而且需要综合考虑从商标本身扩散到集团经营战略、产品类型、目标市场、潜在市场、分支机构、成本、产出效益等多维度因素。

如何有效管理和运营多个品牌，避免品牌内耗性竞争，并充分发挥各品牌的市场和社会效益，成为集团化企业知识产权部门工作的重心之一。笔者将从集团化商标品牌管理的现状分析、管理策略制定、管理体系搭建等方面，结合自身经验，展开对集团化商标品牌管理策略及价值体现的探讨。

---

* 作者单位：易事特集团股份有限公司。

一、商标品牌管理的问题现状

（一）商标管理分散化

集团化企业通常规模庞大，业务范围广泛，这使商标管理呈现出高度分散的状态。集团总部与下属企业之间有可能缺乏一个统一、明确的商标管理机制，各子公司或业务部门往往自行负责商标的注册、使用和维护等工作，导致商标品牌工作出现各自为政、抓不住重心的僵局。一方面，这种分散管理模式可能导致商标注册信息不完整、不准确或重复注册，浪费企业资源；另一方面，由于缺乏统一标准和规范，因此商标在使用过程中容易出现不一致的情况，包括商标标识的变形、颜色的随意更改、使用场景的不规范等，损害了品牌形象的一致性和连贯性，甚至可能会产生主副商标间的交叉损害。此外，分散管理还增加了商标侵权风险的监控难度，难以及时发现和处理侵权行为，给企业带来潜在的法律纠纷和经济损失。

（二）商标品牌架构混乱

随着集团化企业的不断扩张与多元化发展，旗下往往拥有众多的子公司、产品线，以及各类商标品牌。然而，在商标品牌架构的规划与整合方面，却常常出现混乱的局面。缺乏明确的商标品牌层级划分和清晰的商标品牌定位策略，导致各品牌之间的关系错综复杂，甚至相互冲突。

同时，集团化企业内部不同子公司的产品可能针对相同的目标客户群体，但品牌形象和价值主张却大相径庭。譬如同一大类产品下分高端品牌及中低端品牌的子品牌策略，使消费者在面对集团众多品牌时感到困惑，难以形成对集团整体品牌的清晰认知和统一印象，进而削弱品牌的影响力和市场号召力。

（三）品牌滥用与边际效应无限扩大

为了追求短期利益最大化，集团化企业可能会滥用现有品牌资源，在品牌延伸过程中未能准确把握品牌核心价值，盲目扩展产品线或进入新领域，将品牌延伸到与其核心价值不相关的领域。这种做法虽然短期内可能带来一定的经济效益，但长期来看会损害品牌形象和信誉度，因为当消费者发现品牌产品与其期望不符时，会对品牌产生失望和不信任感。此外，过度延伸品牌还可能导致品牌专业性丧失，使消费者难以将品牌与特定产品或服务联系起来。

（四）品牌涉猎广泛，缺乏协同效应

集团化企业往往拥有多个品牌和产品线，但这些品牌之间可能缺乏有效的协同和整合。每个品牌都试图在市场上占据一席之地，但其缺乏统一的品牌战略和规划，导致品牌之间的竞争而非合作。这种各自为政的品牌管理模式不仅浪费了企业资源，而且降低了整体市场影响力。因此，如何实现品牌之间的协同和集群效应成为集团化企业需要解决的重要问题之一。

在集团化运营过程中，保持品牌形象的一致性至关重要，但实际情况不尽如人意。由于集团内部各业务单元在地域、文化、市场定位等方面存在差异，以及缺乏有效的品牌形象管理规范，因此品牌形象在传播过程中会出现偏差和不一致。例如，在广告宣传、产品包装、店面形象设计，以及客户服务等方面，可能存在风格迥异、信息传达混乱的现象，使消费者对品牌的核心价值和个性特征产生误解。品牌形象的不一致不仅易破坏品牌的整体美感和专业性，而且易降低消费者对品牌的信任度和忠诚度，进而阻碍品牌资产的积累与提升。

（五）母品牌起步低，子品牌提升空间受限

在集团化企业中，母品牌的知名度和美誉度往往对子品牌的发展具有重要影响。然而，如果母品牌本身起步较低或缺乏足够的市场影响力，那么子品牌在提升过程中就会受到很大限制。即使子品牌在产品质量和服务方面表现出色，也难以摆脱母品牌带来的负面影响。因此，在建立和发展子品牌时，集团化企业需要充分考虑母品牌的现状和潜力，制定合理的品牌发展战略。

（六） 专业职能部门缺位与机制不健全

一些集团化企业在品牌管理方面尚未设立独立的职能部门或机构来负责相关工作。品牌管理职能通常分散在多个部门之中，如市场营销部、公关部等。这种分散式的管理模式导致品牌管理工作缺乏系统性和连贯性，难以形成合力推动品牌发展。同时，由于缺乏专业的品牌管理人员和机制保障，因此企业在应对品牌危机时可能会手足无措，无法妥善解决问题，进而损害品牌形象和信誉度。

（七） 跨地域与跨文化管理难题

对于国际化经营的企业集团而言，跨地域和跨文化管理是商标品牌管理中不可忽视的挑战。不同国家和地区的市场环境、法律法规、文化习俗、消费习惯等存在显著差异，这对品牌的适应性提出了更高的要求。在商标注册方面，需要熟悉并遵守各国的商标法律制度，确保商标在不同地域的合法性和有效性。在品牌传播与推广过程中，需要充分考虑当地文化背景和消费者心理，避免因文化冲突而导致品牌形象受损。然而，许多企业集团在跨地域和跨文化管理方面缺乏足够的经验和有效的策略，难以在全球范围内实现品牌的统一管理与本地化运营的平衡，影响品牌在国际市场的拓展与竞争力的提升。

二、商标品牌管理策略

在商标品牌管理策略上，对于集团化企业而言，拥有众多子公司和分支机构，如何在这样一个庞大而复杂的组织架构下，实现商标的有效管理和保护，成为一项至关重要的战略任务。一般来看，主要有垂直管理策略和授权管理策略两种方式，对旗下各子公司和分支机构的商标进行有效管理和保护。垂直管理和授权管理各有优势，一边是直接控制，另一边是间接控制。

垂直管理策略，即直接控制模式，是指集团化企业总部对下属各子公司和分支机构的商标使用、维护及保护等方面实行统一规划、指导和监督。这种模式下，集团总部通常设立专门的知识产权管理部门或团队，根据集团整体发展战略，明确商标体系构建的目标与方向，制定长期和短期的商标战略规划，包括商标注册、续展、监测、维权等各个环节的标准化流程（商标全生命周期管理），同时兼顾子公司和分支机构的商标动态监控以及内部培训。

授权管理策略，即间接控制模式，是指集团化企业通过与子公司和分支机构签订商标使用许可协议，授予其在一定范围内使用特定商标的权利，同时明确双方的权利义务、使用规范及违约责任等条款，以法律形式约束和保障商标的合理使用。在授权管理方式下，首先，需要明确授权使用的范围，使用的商标类型、使用范围（地域、商品/服务类别）、使用期限等，避免滥用或超范围使用。其次，制定统一的商标使用质量标准和服务规范指引，确保商标所代表的品牌形象和商誉不受影响。最后，企业总部须保证定期审查，定期对被授权方的商标使用情况进行检查评估（包括市场反馈、消费者评价等，及时调整授权策略，优化资源配置）。

因此，集团化企业在实务中往往会灵活使用这两种管理策略，根据分支机构设置及商标需求等具体情况，灵活结合使用两种管理策略。笔者在集团化企业商标管理下经历过这两种管理策略，从中也提炼了一份16字心得——集中注册，分级管理，授权使用，统筹监控。

（一）商标规划与布局策略

基于企业集团战略构建商标体系，根据企业集团的业务架构和战略规划，确定集团采取单一商标品牌战略、主副商标战略或者多商标品牌战略。

单一商标品牌战略，对于集团化企业来说，一般采用一牌多品的方式，其所有产品都使用同一个品牌，例如三星集团。单一商标品牌战略优势与劣势明显，最大优势就是布局及维护成本低、新产品借助品牌优势进入市场的难度相对较小，同时也存在连锁风险，企业内业务因商标品牌而关联，一旦出现不良的负面消息，则整体受到影响。需要注意，单一品牌战略并不是一成不变，在企业发展过程中，笔者是通过子品牌库进行商标储备，保证企业在调整全局战略时，商标工作不成为绊脚石。

主副商标战略，首先必须确定主商标和副商标的层级关系。同一产品上注册多个商标，主商标用于体现企业的核心品牌价值和形象，副商标则针对不同产品线或细分市场进行差异化定位。例如在汽车行业，大众集团在其"VW"主商标下按照车型分为桑塔纳（Santana）、高尔夫（Golf）、途锐（Touareg）等副商标。

多商标战略为不同的产品赋予不同的品牌名称和形象，每个品牌都是独立的，适用于不同的产品或市场细分，适合业务跨度较大的企业，通过不同产品使用独立品牌，规避市场竞争风险。

同时，在商标布局阶段要注意类别与地域规划。一方面，跨类注册规划上，依据企业业务拓展方向及潜在发展领域，提前在相关类别注册，防止品牌延伸时出现商标障碍。另一方面，对于国际市场布局，考虑目标市场文化、法律差异，采用单一国家注册、马德里国际注册等多种方式，确保全球商标权益保护，同时在商标国际化过程中可适当融入当地文化元素，实现外国商标品牌与当地文化的平衡。

在战略布局阶段，容易忽略商业秘密的泄露。例如，部分海外经销商或者运营商的商标抢注，由于部分海外国家的商标审查仅需形式审查，加之企业对海外商标监控的不足，因此会出现被海外经销商商标劫持的可能。

（二）商标使用与维护策略

制定商标使用手册是关键环节。手册内容应明确规定商标标识在各种应用场景下的精确呈现方式，包括颜色规范、字体要求、图形比例以及与周边元素的搭配准则等，确保商标视觉形象的一致性与辨识度。同时，界定商标的使用权限与禁止性使用行为，明确在不同宣传渠道、产品包装、营销活动中的使用规范，防止商标被滥用或错误使用而损害品牌形象。

建立健全的商标使用监控机制，以企业、服务机构、政府性质保护中心相结合模式，借助专业的商标监测软件和人工市场巡查相结合的方式，实时跟踪商标在市场中的使用状况，及时发现未经授权的使用行为、仿冒侵权迹象以及商标使用不当情形。定期对商标使用情况进行内部审计与评估，确保各子公司、分支机构及合作伙伴严格遵循商标使用规范。

商标维护流程涉及多方面细致工作。对于商标续展，安排专业团队或人员负责，设置明确的续展提醒日程，提前准备续展所需文件与资料，确保在法定续展期限内顺利完成申请，避免因逾期而导致商标权利丧失。在商标变更管理方面，如企业名称变更、注册地址迁移或商标注册信息有任何变动时，及时向商标管理机构提交变更申请，并同步更新内部所有涉及商标的文件资料与信息系统，保持商标注册信息的准确性与时效性。

（三）品牌延伸、商标授权和营销传播策略

商标延伸应遵循严格的原则。关联性原则要求延伸产品或服务与原品牌核心价值、目标受众及品牌形象具有紧密的逻辑联系。可行性原则则需综合考量企业在技术、生产、营销等方面的资源与能力是否足以支持品牌延伸，确保延伸项目能够顺利实施并达到预期市场效果，否则容易导致品牌滥用、商业价值下滑。同时，以市场需求为导向，精准洞察消费者潜在需求与市场趋势，选择具有市场潜力与发展空间的领域进行品牌延伸。

商标授权合作模式多样，企业可根据自身战略需求与合作对象特点选择合适模式。例如，独占授权可在特定区域或产品领域赋予被授权方独家使用权，有利于深度合作开发市场；普通授权则可在更广泛范围内拓展品牌应用。在开展授权合作过程中，建立完善的风险评估与控制体系至关重要。对被授权方的企业资质、生产能力、品牌运营能力进行全面审核评估，签订严谨详细的授权合同，明确双方权利义务、授权范围、期限、质量标准、品牌维护责任，以及违约责任等条款，有效防范被授权方可能带来的产品质量问题、品牌形象损害风险，以及市场秩序混乱等风险。

商标营销传播是提升商标价值的核心手段之一。尤其对于 B 端集团化企业，更应制定整合营销传播策略，融合广告宣传、公共关系、社交媒体营销、事件营销等多种传播渠道与方式，打造全方位、多层次的品牌传播矩阵。

（四）商标风险防控策略

商标侵权风险类型复杂多样。假冒侵权是最为直接和常见的形式，不法分子通过伪造、仿制商标标识，将假冒产品投放市场，严重损害品牌声誉与消费者权益；近似侵权则是侵权者采用与注册商标相近似的标

识，造成消费者混淆误认，分流品牌市场份额。此外，还有反向假冒侵权，即未经商标权人同意，擅自去除原商标并更换为自己的商标进行销售等行为。

构建高效的侵权预警机制是商标风险防控的前沿防线。企业可利用专业的商标监测软件，设定关键词、监测范围与频率，实时监控商标在各类媒体、电商平台、市场流通环节中的动态信息，及时捕捉潜在的侵权线索与风险信号。针对大部分企业而言，市场人员是人工情报的核心来源之一，但是市场人员存在商标侵权判定、证据收集等知识不足，知识产权部可以制定《商标侵权判定及一般证据收集工作指引》。条件允许的情况下，可以加入行政维权的工作指引。

集团化企业可设置商标品牌管理委员会，统一制定《商标侵权应急预案》，并形成一套完善的应对流程。首先，迅速成立应急处理小组，成员包括法务专家、知识产权管理人员、市场资源相关人员，以及财务部门等，全面负责纠纷处理事宜。其次，利用科技手段或者调查手段，及时收集侵权证据（包括侵权产品样本、销售记录、广告宣传资料、证人证言等），确保证据的真实性、完整性与合法性。最后，根据证据收集的结果，对侵权损害程度进行精准评估，综合考虑侵权行为对品牌声誉、市场份额、经济利益等方面的影响，为后续决策提供依据。根据侵权情况与企业战略目标，选择合适的纠纷解决方式，例如与侵权方进行协商谈判，争取达成和解协议，要求侵权方停止侵权行为、赔偿损失并作出相关承诺。如果协商无果，则可依据法律规定向仲裁机构申请仲裁或向法院提起诉讼，通过法律途径维护商标权益。

在注重外部侵权防范的同时，强化内部风险防范措施同样不可或缺。加强员工培训教育，通过定期组织商标知识培训、案例分析讲座、法律法规解读等活动，使全体员工深刻认识商标对企业的重要性，熟悉商标使用规范与流程，增强商标风险防范意识与能力。特别是涉及市场营销、产品研发、采购供应等关键岗位员工，更要进行专项培训，确保在日常工作中能够规范使用商标，及时发现并报告潜在的商标风险问题，从企业运营管理的源头筑牢商标风险防控的坚固防线。

三、商标品牌管理体系搭建

（一）组织架构与职责分工

建立专门的商标品牌管理部门或团队，负责统筹规划全集团的商标事务。该部门应承担起商标战略制定、商标注册申请与维护、品牌形象设计与推广、商标使用监管等核心职责。同时，明确各子公司或业务部门在商标品牌管理中的职责与权限，形成集团化企业统一管理与子公司协同配合的工作机制。

（二）制度与流程建设

制定完善的商标品牌管理制度，涵盖商标注册流程规范、商标使用授权制度、品牌形象维护准则、商标侵权防范与应对机制等方面。明确商标注册从创意构思、查询筛选、申请提交到后续维护的各个环节的具体操作流程与标准，确保商标注册的成功率与有效性。建立严格的商标使用授权制度，规范子公司及合作伙伴对企业商标的使用行为，防止商标被滥用。同时，制定品牌形象维护的详细准则，包括品牌视觉形象的统一规范、品牌宣传语的使用规范等，保障品牌形象在各种传播渠道中的一致性。针对商标侵权问题，制定防范预案与应对流程，及时发现并处理侵权行为，维护商标的合法权益。

（三）信息化管理平台建设

借助现代信息技术，构建企业商标品牌管理系统。首先，应具备商标信息数据库功能，记录企业所有商标的注册信息、使用状态、有效期、续展时间等，方便管理人员随时查询与管理。其次，具备商标检索及监测功能，实时跟踪国内外商标注册动态、市场上的商标侵权行为，以及品牌舆情等信息，及时向管理人员发出预警。最后，通过管理系统还可以实现商标品牌管理流程的自动化与信息化，例如，商标使用授权的电子化审批、管理等，提高管理效率，降低管理成本。

四、结　语

可以看出，集团化企业商标品牌管理体系搭建是一项长期且复杂的系统工程，集团化企业商标品牌管理不仅是知识产权部门和品牌宣传部门的工作内容，而且与企业的经营管理战略紧密联系。商标品牌管理的价值并不体现为商标数量多少、设计如何，而是体现在集团化企业业务发展需要时，能否提供合法有效的商标。

集团化企业商标品牌管理也并非"一次性工程"，行业动向、客户偏好、法律法规调整等因素都要求管理策略及模式的动态调整，以满足自身发展需求。未来，企业应更加注重商标与数字化转型的深度融合，借助大数据与人工智能精准洞察市场趋势，优化商标决策；同时，强化商标在国际市场竞争中的文化适应性与法律合规性研究，积极应对全球贸易格局变化带来的挑战。

技术秘密管控聚焦：以化学材料企业为例

朱冀梁[*]

狭义层面的企业技术秘密管控主要参见《反不正当竞争法》第九条，其中的"采取相应保密措施"是指基于法律维权角度的具体行动。技术秘密作为一种技术成果，最终是要服务于企业日常生产活动的。一个成功的产品，除了企业技术研发的卓越性，还离不开企业供应链管理、品牌建设、人才培养等多方面的协同配合。事实上，单一的秘密泄露可能不会对企业造成毁灭性影响；同样，仅依赖技术秘密的严格保护，也未必会在商业竞争中有必然的优势。当少数人掌握的技术秘密需要支撑大规模产品生产时，企业可以从更宽广的视野来构思技术秘密的管控策略。

笔者聚焦法律规范和生产实际两个维度，结合笔者服务化学材料企业的实践，整理有关技术秘密"识别"与"管控"的一些建议。

一、技术秘密需要识别

技术秘密的定义在《反不正当竞争法》《刑法》等多个法律法规中都有提及，就像只有符合《专利法》规定的技术主题和技术方案才可能被授予专利一样，把未经识别的企业秘密信息都当作是技术秘密采取所谓"相应的"保密措施需要考虑效率、成本问题。技术秘密大部分为特殊的需要采取保密措施的技术信息（没有采取保密措施，也可能构成技术秘密）。是

---

* 作者单位：北京华夏泰和知识产权有限公司。

否将某技术信息作为技术秘密保护的简要评估逻辑：若该产品销售后，其技术信息容易被反向工程所揭示，那么需要考虑技术秘密保护以外的方式。

化学材料企业的技术信息，核心在于生产工艺、配方、原料选择、质量控制，以及特定化学反应的环境要求等，往往难以通过直接观察或简单的反向解析轻易获取，从而增加了技术秘密识别的难度。一些企业对所有技术信息都采取保密措施，这不仅影响生产流程的顺畅性，而且从实际效果上可能无法显著降低泄密风险。针对化学材料企业的技术秘密管控，一般可遵循三个步骤。

第一步，开展对现有技术或者说公知技术的认知工作。

第二步，收集技术秘密的载体，对相应载体中构成秘密点的内容进行划分确定。

第三步，分析秘密点确定相应的保密措施。

第一步和第二步，实际上是后续保密工作的基础。以下逐一详述这两步的重要性与操作要点。

我国司法实践中对技术秘密的秘密性认定标准低于专利中的"创造性"要求，但不意味着企业可以不用那么"敬畏"现有技术。化学材料企业自主研发的试剂或材料，也不宜认为其不存在公知技术。公知技术可能尚未广泛应用，却在束之高阁的学术文献中。以试剂产品为例，主剂技术方案可能已有记载，而添加剂和工艺等细节才是非公知技术的部分。化学材料企业技术秘密管控的起点是对公知技术有清晰且持续的认识。若仅在研发初期进行了解，而忽略技术成果产生后的更新分析，管控对象大概率会存在偏差。

技术秘密由载体呈现，但技术秘密与秘密的载体是一个问题中两个独立的概念。在科某诊断技术（上海）有限公司与程某、成都爱某生物科技有限公司侵害技术秘密纠纷案中，最高人民法院二审认为，技术秘密通常体现在图纸、工艺规程、质量标准、操作指南、实验数据等技术资料中，技术秘密可以是完整的技术方案，也可以是其中的部分技术信息。❶ 从该案来看，秘密点是指技术秘密的具体技术内容，而不是某一载体，例如一份试剂配方的保密文件不等于一个秘密点。秘密点可以有不止一个或一种

---

❶ 参见最高人民法院（2020）最高法知民终 1889 号民事判决书。

载体，例如工艺流程、操作手册、实验数据、测试报告等，载体的数量并不等于秘密点的数量，需要从技术信息持有者限定的载体范围内提炼出技术秘密的内容，一个秘密点可能反映多份载体。

企业可以收集恰当的载体，确定载体后有两种方式划分或确定秘密点：①将直接体现在特定载体中的信息进行划分，将该载体中符合技术秘密构成要件的内容确定为秘密点；②对一个或多个载体中的内容进行总结、概括、提炼，其后形成的技术信息确定为秘密点。

在商业秘密的经典案例"香兰素"案中可以体会技术秘密的载体如何收集和秘密点如何划分确认。❶ 该案判决书中记载的涉案技术是乙醛酸法制备香兰素的新工艺，包括缩合、中和、氧化、脱羧等反应过程，还包括愈创木酚、甲苯、氧化铜和乙醇的循环利用过程。案件判决书中提及的六个秘密点及其载体如下。

1. 缩合塔的相关图纸，主要包括缩合塔总图以及部件图，还包括缩合液换热器、木酚配料釜、缩合釜、氧化中间釜。

2. 氧化装置的相关图纸，主要包括氧化釜总图及部件图，还包括亚铜氧化釜、氧化液槽、氧化亚铜料斗、填料箱。

3. 粗品香兰素分离工艺及设备，主要设备包括甲苯回收塔、甲苯蒸馏塔、脱甲苯塔、脱苯塔、苯脱净分层器、香兰素溶解槽/废水中和槽/甲醇回收溶解槽、脱苯塔再沸器、甲苯冷凝器、二结冷凝器、甲苯回收冷凝器、甲醇回收冷凝器、脱甲苯冷凝器。

4. 蒸馏装置的相关图纸，主要包括蒸馏装置总图及部件图，还包括甲醇塔、冷水槽/热水槽/洗涤水槽、香油萃取甲苯分层塔、水洗槽、头结过滤器/香油头结过滤器、蒸馏成品槽、蒸馏头子受器。

5. 愈创木酚回收工艺及相应设备，包括设备甲苯回收塔、甲苯蒸馏塔、脱水塔再沸器、脱甲苯塔、木酚塔、脱低沸物塔、托苯塔、脱水塔、汽水分离器、苯脱净釜、木酚脱净釜、甲苯脱净槽、木酚脱净釜、甲苯脱净釜、木酚萃取分层塔、苯脱净分层器、木酚熔解釜、低沸物冷凝器、低沸塔再沸器、甲苯冷凝器、二结冷凝器/甲苯回收冷凝器/甲醇回收冷凝

---

❶ 参见最高人民法院（2020）最高法知民终 1667 号民事判决书。

器、脱甲苯冷凝器。

6. 香兰素合成车间工艺流程图，包括：缩合、木酚萃取、氧化、木酚回收工段（一）、木酚回收工段（二）、亚铜分离、亚铜氧化、脱羧、香兰素萃取、头结、头蒸、水冲、二蒸、二结及甲醇回收、香油头蒸、甲苯结晶、甲苯回收、香油二蒸、醇水结晶、甲醇回收、干燥包装、硫酸配置工段的工艺管道及仪表流程图。

根据化学材料企业的技术领域特点，技术秘密的载体重点关注的有工艺流程卡、配方单、实验记录本、测试报告等。其中，工艺流程卡，详细描述了每个生产步骤的具体操作、条件控制和注意事项；配方单，列出了生产某种产品所需的原材料种类、比例和添加顺序；实验记录本，记录了实验过程中的各种数据、观察结果和结论，是研发新产品、新工艺的重要依据；测试报告，不光有各项关键结果数据，可能还包含了测试方法，用于检测产品的性能和质量指标等。化学材料企业与设备制造企业不同，其产品优势一般在于材料的组分（配方），并不是机械结构。剖析该案不难发现，对于化学材料企业，除了常规的载体，专用设备和仪器的设计、结构、材质和操作方法同样可能潜藏技术秘密。因此，专用设备的设计图纸、操作手册乃至设备本身，都可以作为技术秘密的载体。结构相关的图纸在收集技术秘密的载体时优先级其实并不低。

上述案例中未提及的还有两种载体要关注，其一是样品和原型，其二是供应链管理系统。样品和原型在产品研发中承载了独特设计，也是技术秘密的重要载体，应设置相应的保密措施。供应链管理岗位一般独立于法务部门。供应链管理系统的设计策略与企业法务管理策略融合程度未必很高。但供应链管理系统中可能存储了与上下游供应商之间的技术交流信息，包括产品规格、技术要求、配方原料来源、用量等。这些信息可能直接或间接涉及技术秘密。供应链管理系统也是技术秘密的载体，而且是一个复杂的、难以设计保密措施的载体。

二、技术秘密如何管控

载体及其秘密点的划分确定确非易事，在执行第三步设定相应的保密措施时，化学材料企业也有特定的难题需要考虑。依据《最高人民法院关于审理侵犯商业秘密民事案件适用法律若干问题的规定》，保密措施主要的表现形式为"保密制度措施"和"物理隔离措施"两个方面。具体措施包括：签订或添加保密协议条款、实施 IT 管理措施，如设定账户密码和访问权限、明确涉密人员并分级赋权等。

化学材料企业的核心技术要由大量的人员去生产实现才有价值。财务人员需要了解物料信息以计算成本，采购人员则需要掌握原料配方以执行采购任务。若仅将试剂的组分信息限定在少数高层岗位人员中，将无法实现大规模、高效的生产。从企业资源管理角度出发，化学材料企业的技术秘密管控焦点在于如何让参与人员掌握必要信息而不泄露，参与生产的人能够掌握必需的技术信息又不会失密。

以试剂产品为例，企业可区分主剂和添加剂的保密级别，通常添加剂的保密级别更高。针对添加剂的保密措施主要有：①打包为物料组，实现组分"黑匣子"设计；②分离配料过程与生产投料管理；③对物料信息进行编码处理；④采用"盲盒"方式管理物料来源。这些措施旨在确保技术秘密的安全，同时不影响生产流程。

物料包整合策略是指将所有相关添加剂打包为一个单独的物料包，并创建唯一编码（ID）。该 ID 表征的具体成分和含量严格保密，配制工作由企业专门部门负责，并由其设定成本计算标准。在产品配方构建时，使用该 ID 下的物料包作为最小的材料单元，物资需求计划（MRP）基于该 ID 管理生产需求，指导物料收发活动。在采购流程中，当该 ID 的库存值低于预设阈值时，由企业配制部门向采购部门提出具体某一物料的采购请求，从而避免因采购暴露详细组分的风险。此方法虽然增加配制工作量，但是对控制涉密人员范围效果显著。相较于管控整个生产流程，集中管理配制部门更为可行，且控制涉密人员范围始终是必要的。

配料与投料分离策略是可口可乐公司的经典保密措施，包括设计专门的分料方案，由配制部门为通用物料确定生产用量，而特殊物料则以复合物的形式进入生产流程，以减少泄密风险。若原料采购量庞大，配制部门的工作量不堪重负。因此，合理的分料方案是该策略有效的前提。上述两个策略的目的都是减少无关人员接触敏感信息的机会。

创建 ID 作为一种保密措施，其核心在于建立恰当的 ID 规则。在生产管理系统中，通过严格设定人员权限，仅允许查看物料的 ID，而非直接获取物料名称详情，从而对生产流程中的物料信息加密。操作人员仅根据 ID 使用物料，并通过代码记录用量和使用方法。这种特定的代码表示方式通过提高技术信息的间接性降低生产环节的技术泄密风险。

间接性的技术信息还是有被推导分析的风险，专业人员不难从物料来源中分析组分的技术信息。所谓"盲盒"管理，是从供应链源头开始的严密措施。对核心材料及其供应商之间关联信息构成盲盒，并且在供应商供货要求中约定标签内容并要求更改原材料上的标签或使用空白标签。在企业资源计划（ERP）系统中，关键组分的供应商信息采用代码管理，敏感信息仅对授权人员开放。"盲盒"管理是灵活的，其要点是在不影响生产物料流转、生产计划和财务结算的前提下，有效分散和重组了产品相关的技术信息。

值得提醒的是，上述技术秘密管控"三步走"不是单向的，而是个以终为始的周期性工程。企业合理设定秘密点的动态更新计划才能通过执行这些步骤有所收效。

三、结　语

化学材料企业的技术秘密管控从来不缺乏研究，技术秘密管控方法的"公知技术"早在多年前的文献中有大量提及。随着企业人员流动频率、商业竞争的激烈程度越来越高，更需要企业开展"以人为本"技术秘密管控。企业除了加强员工的保密培训及其行为的约束，还需要与员工建立相互信任关系，认识技术秘密保护对于个人和企业发展的重要性。信任的建立不仅体现在企业对员工贡献的尊重与回报，而且在于企业致力于恰当的技术秘密管控，让所有员工能更安心地专注于技术秘密的价值实现。

浅谈企业知识产权部门如何利用外部信息实现价值

林建琰*

一、企业外部信息的重要性

在当今知识经济时代，信息利用已成为企业核心竞争力的重要组成部分。随着全球经济一体化的推进，企业之间的竞争日益激烈，如何有效地获取、利用外部信息，成为企业获取竞争优势的关键。笔者说的外部信息主要指企业外部知识产权信息和企业外部技术信息。由于这部分信息跟知识产权密切相关，因此这部分工作理应由企业知识产权部门负责。

随着知识产权制度的不断完善和知识产权信息的日益丰富，企业对外部知识产权信息和外部技术信息的利用能力将直接影响其市场的方向选择。因此，深入研究企业外部知识产权信息和外部技术信息的利用，对于提升企业知识产权管理水平和促进企业创新发展具有重要意义。

---

* 作者单位：深圳市首航新能源股份有限公司。

二、企业外部信息的类型与来源

（一）企业外部信息的类型

企业外部信息包括企业外部知识产权信息和企业外部技术信息。二者之间有部分交叉，其中企业外部知识产权信息可能包含部分企业外部技术信息，但也包括部分非技术信息，例如商标、著作权等。企业外部技术信息可能包含部分企业外部知识产权信息，例如专利。而知识产权根据权属的主体不同，可以分为企业内部知识产权和企业外部知识产权。可以理解为非本企业产生的知识产权都可以归类为企业外部知识产权，而企业外部知识产权权属人并非本企业，本企业产生的知识产权定义为企业内部知识产权。

企业内外部的知识产权信息类型大体相同，包括专利、商标、著作权等公开可查询检索的信息，但是其归属主体不同。众所周知，由于知识产权具有排他性，不同主体之间的知识产权内容并不共享，因此不同主体之间的知识产权信息在未公开之前无法通过检索获取，只有在公开后才能获取。需要注意的是，企业外部知识产权信息还包括商业秘密。由于商业秘密并不以公开换保护，因此属于获取不到的企业外部知识产权信息。

企业外部技术信息，是指除了知识产权以外的技术信息。查询渠道包含了公开出版的信息渠道、非公开出版的信息渠道、互联网资源等。其中公开出版的信息渠道包括期刊、报告、政府文件、摘要、书籍、企业名录、报纸及手册。非公开出版的信息渠道包括行业报告、电视报道等。互联网资源包括论坛、博客、社交媒体和专业网站等。以上这些渠道提供了大量的外部技术信息，但记载在内的技术信息可能没有申请专利。

企业外部知识产权信息运用，指的是企业通过检索、分析、评估和运用存在于企业外部的知识产权信息，如专利、商标、著作权等，以支持企业的研发、市场策略。企业外部技术信息运用，指的是通过检索查询专利、书籍、科技论文、媒体等记载的与技术有关的信息。这些信息不仅可以帮助企业避免侵权风险，而且可以为企业提供技术趋势、市场动态和竞争对手信息，从而促进企业的创新和发展。

（二）获取企业外部信息来源及其特点

企业知识产权部门除了负责企业的知识产权构建与管理，也需要不断地关注外部信息。如上所述，外部信息主要来源于官方资源和知识产权数据库，行业报告和市场分析，书籍、学术期刊和论文，企业的公开信息，社交媒体和网络论坛等。笔者整理了以上信息源获取的主要方向以及特点。

1. 官方资源和知识产权数据库

官方资源有世界知识产权组织、中国国家知识产权局、中国商标网等官方机构提供的有关权威数据库。此外，还有一些商业知识产权数据库，例如智慧芽、incoPat、权大师、摩知轮等。这些数据库包含了大量的专利、商标、著作权等知识产权的注册信息。这些信息具有权威性和可靠性，但更新频率和详细程度可能有所不同。作为企业知识产权部门工作人员，获取上述信息相对容易，这些信息主要的作用是进行了解信息与确权。例如，专利信息包括获取的专利文本、状态、著录信息等内容，用于确认企业外部知识产权的归属、保护范围、专利状态信息等；获取的商标信息用于知晓商标名称、归属、类别及具体商品、保护期限等。

2. 行业报告和市场分析

行业分析报告、市场研究报告等，虽然不是直接获取的知识产权，但是这些报告通常由专业的市场研究机构或行业协会发布，包含了行业内的知识产权趋势、竞争对手的知识产权状况等。企业知识产权部门工作人员可以关注东方财富网数据中心、雪球、慧博投研等平台，通过这些平台上各行各业的分析师提供的详尽分析报告，企业可以详细了解竞争对手的产品、技术路线、市场占有率、市场分布等信息。相比于公共数据库和官方资源，行业报告和分析的信息记载了区别于某专利、某商标的更多数据信息，有助于企业知识产权部门了解公共数据库之外的信息。这些平台通常提供更加深入的分析和定制化的服务，其特点是专业领域涉及面广但使用费用较高。

3. 书籍、学术期刊和论文

书籍、学术期刊、论文等著作权资料，这些资源通常包含了最新的研究成果和技术动态，对于了解前沿技术的知识产权状况非常有帮助。除了用于知晓前沿技术，在查找现有技术以及无效现有技术文件的时候，很多技术方案往往记载于书籍、期刊、论文中。一般可以在中国知网（CNKI）、万方数据知识服务平台、各地或高校图书馆数据库等地方获取。

4. 企业的公开信息

通过企业的官方网站、年报、新闻发布等渠道，可以间接获取部分知识产权相关的信息，例如专利申请、商标使用等。一般获取的渠道包括官网、微信公众号。这部分知识产权信息比较滞后，如果企业不主动公开，其他企业无法通过该途径获取。

5. 社交媒体和网络论坛

社交媒体平台和网络专业论坛上的讨论，虽然信息的权威性可能不如官方资源，但是可以提供一些关于知识产权应用的实际情况和用户反馈。很多企业会忽略这个途径的外部技术信息，包括知乎、专业技术网站、微博、天眼查、淘宝、抖音等，一般这类信息会包含时间戳，如知乎的信息发布时间、微博的发布时间、淘宝商品的发布时间等。如果上述媒体的技术信息能够固定公开时间、取得公证留存，则可以用于企业取证并作为现有技术。

企业外部信息包括四个特点：①多样性。信息来源广泛，形式多样，包括文本、图表、数据等。②动态性。知识产权信息随时间不断更新，例如专利的新申请、商标的续展等。③复杂性。信息量大，涉及多个领域，理解和分析需要专业知识。④隐蔽性。某些知识产权信息可能未在某一途径被充分公开，需要在不同渠道深入挖掘。在知晓获取信息的渠道之后，才能多渠道地查找、综合分析，往往在一个渠道找不到需要的信息时，就可以多换换思路

三、企业外部信息利用的策略

（一）企业外部信息的建立与分析

笔者认为，企业外部信息的归纳整理是一项复杂而关键的任务，它与知识产权部只管理企业内部知识产权信息有着显著的不同。由于企业知识产权部门对外部信息涉及的范围广泛、类型繁多，因此知识产权部通常需

要按照项目或专题来建立管理体系,进而对收集到的信息进行深入的分析。

对于专利信息,企业需要分析其技术内容、法律状态(是否有效、是否被侵权等)和经济价值(市场潜力、许可价值等)。对于商标信息,企业需要评估其市场影响力、品牌价值,以及是否存在侵权风险。对于著作权信息,企业需要核实其创作时间、权利归属,以及是否已经进入公有领域等。

此外,企业还需要评估这些信息的价值、相关性和准确性。价值评估可以帮助企业确定哪些信息对于当前或未来的业务更为重要;相关性评估可以帮助企业判断这些信息与自身业务或研发项目的关联程度;准确性评估则可以确保企业所依赖的信息是可靠和真实的。将这些分析结果整合到知识产权战略中,以指导其研发决策、市场布局、风险防控等各个方面。

(二) 企业外部信息的应用方向

在企业经营过程中,知识产权部门往往可能会遇到侵权抗辩、专利无效、企业并购(公司投资入股)调研、研发合作、竞争对手分析等业务。接下来,笔者将通过常见的几种用途进行阐述如何通过企业外部知识产权信息进行决策,或提供决策依据。

1. 提前避免侵权

企业可以通过获取现有外部企业的知识产权布局,避免在研发和市场活动中侵犯他人权利。在当今的商业环境中,知识产权已成为企业核心竞争力的重要组成部分。为了避免在研发和市场活动中侵犯他人的知识产权,企业需要采取一系列措施来确保其行为的合法性。首先,企业应积极获取并分析现有外部企业的知识产权布局信息。这包括对相关领域内的专利、商标、著作权等知识产权进行全面的检索和分析,以了解竞争对手和行业内的知识产权状况。其次,基于专利分析结果,企业可以调整其研发方向,避免侵犯他人的知识产权,或者寻找合作和许可的机会。如果是基于商标分析结果,企业可以优化其品牌策略,提升品牌价值。如果是基于著作权分析结果,企业可以确保其使用作品的行为合法合规,避免侵权纠纷。

2. 跟踪行业内的技术发展趋势

利用信息能够揭示行业内的技术热点、研发动态，以及未来趋势。通过对这些信息的深入分析，企业可以评估自身在技术竞争中的位置，识别技术差距和潜在的市场机会。这有助于企业制定更具前瞻性的研发策略，决定研发资源的分配，以及选择合适的技术研发方向，为企业带来价值。企业可能会根据技术发展趋势，选择在新兴技术领域进行研发投入，以抢占市场先机。例如，针对以技术为导向的企业（逆变器、储能、智能卫浴行业等），通过监控友商的专利公开申请，在企业内部定期编写同类产品的行业知识产权报告，重点针对新申请专利技术方案进行归纳、统计。如果是新能源锂电行业，可关注高工锂电网，其专注于锂电池、动力电池领域的产业研究，有许多技术信息及行业信息。

3. 投资调研企业知识产权尽调

技术信息及知识产权信息在调研企业时显得尤为重要，在企业选择投资参股一家公司的时候，笔者认为应当在入股参股之前，对该企业已有的知识产权信息，检索其申请的专利类型、数量、时间、状态、技术方向等。同时通过技术信息判断技术先进性，企业应对其提供的技术方向或者产品类型，查找国内外的专利数据库或者期刊论文等渠道进行调查分析，判断其技术是否先进，是否有竞争力。在商标方面，对其主要产品或者服务是否进行了商标布局、品牌情况等进行收集分析。

4. 作为专利无效宣告的对比文件

收集作为专利无效宣告的现有技术对比文件，属于知识产权部门的常规业务之一。企业在作为被告或者需要扫清产品上市障碍时，往往需要提专利无效宣告，无效宣告最常用的方法就是评价其新颖性和创造性，找到最接近的现有技术，而现有技术类型里较多是专利、书籍、论文等信息。

5. 权利到期使用

笔者认为，权利到期后仍归属于企业外部知识产权信息，不因为其状态的失效而被剔除。设置专利权期限主要是基于对平衡公共利益和促进科学技术进步的考量，不能无限期地给予技术垄断保护。权利到期，权利则自动终止。另外，还有一种情况是期限未到，提前终止，例如没有按照规定缴纳年费、权利人以书面声明放弃其权利。

权利到期使用指的是在知识产权（如专利、商标、著作权）的保护期限届满后，这些权利进入公共领域，任何人都可以自由使用而无须支付费用或取得授权。而利用权利到期后的企业外部知识产权信息对企业来说，知识产权风险较低。

例如，专利权到期：在发明专利权的期限（通常是 20 年）届满后，该专利技术进入公共领域，任何人都可以自由使用该技术，无论是制造、使用、销售或进口相关产品。商标权到期：商标注册后，如果商标所有人在商标注册有效期届满前没有申请续展，商标权可能会失效，之后该商标可能被其他人注册或使用。著作权到期：著作权的保护期限通常是作者终生加上其死后 50 年或更长时间。一旦保护期届满，作品进入公共领域，任何人都可以自由复制、分发、展示或表演该作品。

权利到期使用是知识产权法律中的一项重要原则。但是权利到期并不意味着完全没有知识产权问题。仍有一些潜在的知识产权风险需要注意。例如商标淡化，即使商标权到期，如果该商标在市场上仍然具有识别性，使用该商标可能会导致商标淡化，尤其是在与原商标所标识的商品或服务相同或类似的领域内。对于专利后续改进，虽然原始专利到期，但如果有人基于原专利进行了改进并获得了新的专利，使用原专利技术可能仍然会侵犯这些新的专利权。对于邻接权，著作权到期后，虽然作品本身可以自由使用，但与作品相关的邻接权（如表演者权、录音制作者权）可能仍然有效。

四、企业利用外部信息时挑战与对策

（一）挑　战

在当今信息爆炸的时代，企业获取外部信息的渠道越来越多，如专利数据库、商标数据库、科技论文、行业报告等。然而，这些信息的数量庞大且更新迅速，知识产权部门往往陷入信息过载的困境。首先，如何从海量信息中筛选出有价值的信息，成为部门面临的一大挑战。其次，如何确保所获取信息的准确性和可靠性，不准确或不可靠的信息可能导致企业做出错误的决策，从而影响研发创新和市场竞争力。最后，企业需要专业人才，知识产权部门现有的业务基本都是专利申请为主，无效业务、规避设计、投资尽调等业务在很多公司仍然属于极少出现的业务，因此如何培养具有相关专业知识和分析能力的知识产权人才至关重要。

（二）对　策

首先，企业应明确自身的信息需求，包括关注的技术领域、竞争对手、市场动态等。这将有助于企业有针对性地搜索和筛选信息，提高信息利用效率。同时利用专业工具，企业知识产权部门可以借助专业的知识产权信息检索和分析工具，快速准确地获取有价值的信息。其次，加强内部沟通与协作，企业内部各部门之间应加强沟通与协作，共享知识产权信息，避免重复获取和筛选相同的信息，提高工作效率。最后，培养专业人才，从知识产权部门中培养信息筛选能力的人才，负责外部知识产权信息的获取、筛选和分析工作，为企业提供有力支持。

五、未来趋势与展望

随着 AI 人工智能技术的成熟应用，大模型已经变成巨型模型，信息的获取变得更加数字化及智能化，包括 DeepSeek、Kimi、文心一言、通义、智谱等模型具有超强的阅读能力，用惊人的参数规模和算力展示了前所未有的语言和认知能力。仅 2024 年初，从数千到数十万 token，大模型正在以肉眼可见的速度越变越长，例如智能助手的 200 万字参数量。❶ 百度文心一言开放 200 万～500 万字长文本处理功能，文档处理能力有较大提升。❷ 通义千问宣布开放最高 1000 万字的长文本处理能力。❸ 仅数秒就可以阅读完成并根据用户需求生成相应的概括、总结。甚至智慧芽数据库也内置了 AI 工具。在 AI 不断强大的过程中，笔者相信对知识产权人员的要

---

❶　乌鸦智能说. 突破 200 万字文本交互！一年融资 10 亿美元，月之暗面模型再升级 ［EB/OL］. （2024 - 03 - 20）［2024 - 12 - 06］. https：//user. guancha. cn/main/content? id = 1200941.

❷　张洋洋. 百度即将免费开放 200 万—500 万长文本能力 ［EB/OL］. （2024 - 03 - 22）［2024 - 12 - 06］. https：//baijiahao. baidu. com/s?id = 1794233079714987350&wfr = spider&for = pc.

❸　平凡. 地表最强的阅读长度：一次性读 1000 万字的通义千问使用初体验 ［EB/OL］. （2024 - 03 - 29）［2024 - 12 - 06］. https：//zhuanlan. zhihu. com/p/689141154.

求也越来越高。因此，企业如果知识产权部门能够熟练利用大数据、人工智能技术，将不惧信息过载，更快更准确地找到价值信息，实现知识产权信息的智能化管理和应用。

六、结　语

企业外部信息利用是企业知识产权价值的具体体现方式之一，也是获取竞争优势、促进创新发展的重要手段。通过有效的信息检索、分析和运用策略，企业可以规避风险、把握市场机遇、提升核心竞争力。面对信息过载、准确性等挑战，企业需要建立专业团队、利用先进工具、加强合作与共享，以实现知识产权信息的最大化利用。随着未来趋势的发展，企业应不断适应变化，充分利用外部知识产权信息，以实现可持续发展。

从企业运营角度解读知识产权审计的价值

曹树鹏[*]

提起"审计",大家第一时间想到的应该是"财务审计"。财务审计,即会计师事务所依据有关规范性文件对企业会计报表反映的会计信息依法作出客观、公正的评价,形成审计报告,出具审计意见和决定。与财务审计相似,知识产权审计通过对企业知识产权状况进行全面调研,并根据评价体系对企业知识产权成熟度进行独立、客观地评定,为后续企业知识产权管理优化和竞争力提升提供参考依据。

一、为什么要进行知识产权审计

对于不少企业来说,知识产权还只是摆设和工具,除了申请、续展、宣传等使用,其他时间更多地被束之高阁。虽然在国家的大力宣传下,知识产权的作用得到了肯定和认可,但知识产权的竞争价值远远没有释放出来,成为企业可持续发展的动力之一。

第一,资产盘点。

企业通过知识产权审计,可以帮助其认清自有知识产权,资产价值分布一目了然,为知识产权资产处置提供依据;同时可以为企业建立、完善并优化知识产权资产管理体系,评估知识产权资产价值,进行知识产权资

产管理成本分析与预测，核查知识产权资产盲区漏洞与风险，推动企业知识产权资产管理以及呆滞知识产权资产盘活等。

第二，风险规避。

企业通过知识产权审计，可以识别其经营中"研产销、人财物"的相关知识产权风险，利用多样化的知识产权策略来规避风险，建立知识产权风险预警机制，及时发现并解决可能出现的风险。

同时，企业通过知识产权审计，可以及时甄别和发现企业相关协议、信息安全漏洞和问题，降低企业经营风险，在保护企业创新成果的同时，提高企业的商业价值和竞争力。

第三，优化管理。

企业通过知识产权审计，可以查漏补缺企业知识产权管理工作，完善企业知识产权管理体系，使企业知识产权嵌入企业各个经营流程中，起到支撑企业发展的作用。

第四，建立竞争优势。

知识产权的核心价值就是助力企业商业竞争。企业通过知识产权审计，可以从市场竞争角度出发，提升其知识产权成熟度，建立与同行区隔的竞争优势。知识产权审计还可以助力企业提前布局，完成技术或市场的优势建立。

第五，为战略制定提供依据。

对于企业来说，知识产权工作同样需要战略支撑。企业只有在了解自身、行业、竞争对手的基础上，才能根据现有情况制定知识产权战略，为企业日常知识产权工作指明方向，帮助企业明晰知识产权市场，减少偶发性或随机性知识产权工作，使知识产权战略与企业发展相吻合。

二、知识产权审计适用场景

第一，重视知识产权，但战略定位不清晰。

企业高层重视知识产权工作，愿意将知识产权工作作为企业发展的核心工作之一，并愿意在知识产权上进行投入；但隔行如隔山，企业需要对其知识产权战略有明确的定位和路径。

第二，认识到知识产权重要性但没有经验。

仅对知识产权工作有重要性认识，但谁来做、如何做、做成什么样子毫无经验及思路。

第三，投入巨大但不知道价值何在。

企业知识产权投入巨大，但无法评估企业自身的知识产权情况和价值，以及是否能给企业发展带来了支撑。

第四，企业要进一步发展，需要投融资上市，投资机构或股东不相信企业知识产权价值。

企业通过知识产权审计，穿透标的企业创新能力和资产化水平，全面准确了解企业经营状况和发展潜力，进而准确识别并厘清投资风险。

三、知识产权审计怎么做

第一，评价体系。

企业可以结合其所处特定行业的标杆案例，综合企业经营现状、发展阶段、知识产权管理现状、竞争格局、企业发展规划，综合服务平台与有关标准的深度解读或不同行业标杆企业的服务案例，聚焦于知识产权的价值实现，为企业匹配最佳知识产权审计评价体系。

第二，评价认定。

知识产权审计分析评价从资产管理、风险分析、管理成熟度等角度出发，全面评价企业知识产权工作。

第三，管理优化与竞争力提升。

根据知识产权审计评价结果，从管理优化和竞争优势建立维度为企业知识产权工作提供策略性方向，并提出相应的整改建议和措施。

四、知识产权审计实施案例

某知名科技企业成立于2010年，致力于专用设备的研发生产。该企业生产的产品在国内外市场均属畅销品，并远销欧洲、美国、英国、新加坡、越南、印尼等国家和地区。随着该企业发展规模的扩大，推出的产品存在被抄袭和模仿的可能。另外，随着国际化的趋势，该企业也面临海外市场被诉讼的风险。同时，该企业还在积极考虑上市，需要对知识产权资产进行评估，以期获得更高的市值和获得资本方的青睐。

（一）资产维度

该企业可以从知识产权资产完整度、稳定性、匹配性，以及许可管理和成本管理角度全面评价，全方位梳理其知识产权资产。

第一，审计已申请专利对产品创新方案的保护程度，并通过专利挖掘和布局对新产品创新方案进行全方位的保护，形成可以用于未来诉讼的高位专利。

第二，全方位梳理知识产权资产，对有效资产进行合理成本管理，对于风险资产进行补救或放弃的处理措施，形成该企业的稳定无形资产。

第三，通过知识产权审计，梳理该企业创新能力和资产化水平，全面准确展示公司经营状况和发展潜力，在资本市场和未来上市路上占据话语权，提升该企业的市场价值。

（二）风险维度

该企业可以从风险类型、风险预警和风险应对等方面全面盘查其知识产权整体情况，做好相应的风险应对措施和管理。

第一，评估友商的技术优势和可能的改进方向，提前布局专利以围堵其规避方案。

第二，增强产品的专利保护强度，降低产品上市后被模仿和抄袭的风险。

第三，限制友商产品的规避设计空间，构建可以用于未来诉讼的高位专利。

第四，从创新和商业竞争角度，全方位构建该企业的整体风险控制机制，形成有效的风险管理和应对以及成本控制和效果预估的能力。

第五，从容应对海外市场的变化和风险，增强该企业全球市场竞争力。

（三）管理维度

该企业可以从部门、人员和制度方面，全面规范其知识产权管理能力，全方位提升该企业的知识产权管理水平。

第一，合理设置并划分知识产权及相关部门职责，打破隔阂墙，建立沟通协调机制，释放知识产权在该企业内部的活力和价值。

第二，从人员结构设计和能力提升方面进行人员规划，充分发挥知识产权专业人员的能动性和价值，提升对该企业整理知识产权认知水平和能力，建设一支能打硬仗、善打硬仗的高专业知识产权团队。

第三，制度是该企业经营的基础和保障，知识产权制度的合理性和融合性，决定了该企业发展过程中保护能力和竞争能力提升的力度。

对于该企业来说，通过知识产权审计可以全面摸清该企业知识产权工作情况，找出工作漏洞和盲区，补强现有工作。另外，通过知识产权管理成熟度评价，改进该企业知识产权人员和制度上的管理，全方位建立市场竞争优势，为该企业继续规模发展和上市提供有力支撑。

另外，通过知识产权审计，让资本方看到了该企业的创新能力和资产化管理水平，提升了该企业的技术资产品牌价值和形象，以及预估市值，为该企业上市的风险管理和市值管理提供了前期准备。

五、结　语

总之，企业知识产权审计并不只是简单的知识产权资产管理和风险控制，而是通过全方位的知识产权成熟度评价，以及知识产权工具的有机组合，形成企业知识产权创造、保护、运用、管理全链条的综合知识产权管理体系，释放知识产权的价值，打造企业的市场竞争力。

知识产权审计业务符合目前国内企业知识产权发展阶段需要。随着国家在政策层面上加大对知识产权保护力度和宣传，企业已经认识到知识产权的重要性，并设立知识产权及相关岗位开展知识产权工作。但知识产权对于企业的价值还仅仅停留在申请、保护阶段，远远没有实现价值最大化。

对于企业来说，通过知识产权审计能全面摸清企业知识产权工作情况，找出工作漏洞和盲区，补强现有工作；另外，通过知识产权管理成熟度评价，从而改进企业知识产权管理，并建立竞争优势，为企业高质量发展和商业竞争提供有力支撑。

对于投资机构和股东来说，通过知识产权审计，穿透标的企业创新能力和资产化水平，全面准确了解企业经营状况和发展潜力，进而识别并厘清投资风险。

科技创新型企业海外知识产权风险应对

李文涛[*]

在经济全球化的浪潮中，科技创新型企业如同扬帆起航的船只，既承载着探索未知领域的梦想，又面临着波涛汹涌的风险。在企业出海的过程中，知识产权风险作为其中的暗礁，时刻威胁着企业的安全与航向。这些风险可能来源于不同国家或地区的法律差异、市场环境的不确定性、财务营收不理想、文化差异，甚至不排除政治等因素。笔者旨在探讨科技创新型企业在企业出海过程中如何有效应对知识产权风险，确保企业的稳健航行。

一、现状分析

许多中国企业在海外面临的知识产权风险主要包括专利侵权诉讼、商标和著作权保护不足、商业秘密泄露，以及技术转让中的知识产权问题等。这些风险不仅可能导致巨额的经济损失，而且会损害企业的品牌声誉，影响其在国际市场上的竞争力。基于这些现状，企业对于知识产权管理者的要求通常是不允许有诉讼发生，一旦有诉讼发生，企业就会认为其知识产权团队的工作没有做到位。笔者认为，这种观点是需要纠正的。诉讼并不可怕，可怕的是找不到有效的应对方案。笔者将以专利侵权纠纷的应对为例，探讨企业出海的风险应对。

---

[*] 作者单位：深圳市创想三维科技股份有限公司。

二、具体应对方案

（一）确认是否侵权

当企业在收到律师函、警告函、电商平台的投诉信，或者是面临被起诉时，第一步需要做的就是确认自己是否侵权。具体的，就是将对方律师函、警告函、投诉信或者起诉状中提到的专利进行特征拆解，并与我方产品的特征进行逐一比对，以判断我方产品是否落入对方专利的保护范围，并明确侵权权项。在此过程中，需要运用专利侵权判定的全面覆盖原则，包括相同侵权和等同侵权的认定。需要注意的是，在进行侵权判定时，务必要保持中立的立场，才能得出客观的结论。企业可以先分析自己是否有不侵权的技术特征；然后再站在专利权人一侧，判断是否可以将企业认定的不侵权技术特征的解释纳入专利保护的范围；接着再站在自身一侧，分析专利权人的解释是否合理，是否能够做到逻辑自洽，反复推演几次，以理性视角，不带偏见地分析和判断，得出侵权与否的结论。此外，企业需要注意不视为专利侵权的情形，例如权利用尽、在先使用等。

（二）专利权是否稳定

企业在获悉我方产品可能落入对方专利保护范围的情况下，第二步需要做的是判断专利权是否稳定。具体而言，企业应对侵权项逐一分析，判断是否可以被无效宣告。在此过程中，需要对疑似侵权专利进行无效宣告证据的检索，包括检索策略的制订、检索式的调整、无效宣告证据内容与侵权项内容的比对、无效宣告成功率的评估等。此外，可以借助外部资源，找一家或者多家专业的检索机构进行背对背的检索，并将检索结果进行整合，综合判定专利无效宣告的成功率。

（三）和解谈判

在专利侵权纠纷中，双方和解是一种优选甚至是必选的解决方式。和解有诸多好处，例如，节省双方时间以及成本、维持双方可能的合作关系、和解条款的灵活性、规避诉讼结果的不确定性、快速恢复市场、保护双方声誉等。在和解谈判的过程中，最重要的是看双方手里有多少可以谈判的筹码。作为企业，可以从以下六个方面考虑。

1. 明确对方诉求

具体来说，企业应明晰对方发律师函、警告函或者起诉的目的是什么。明晰这些目的对于和解谈判至关重要，如果针对非专利实施实体（non－practicing entities，NPE），那么大部分情况就是为了索要赔偿，处理起来不复杂。如果针对的是有产品的实体，则需要采用多种手段综合应对。

2. 不侵权抗辩

无论是针对非生产专利实体还是有产品的实体，进行不侵权抗辩始终是企业强有力的抗辩理由。企业通过技术特征比对的方式，清晰地标记出我方产品如何不同于对方专利的技术特征，且不等同于对方专利的技术特征。企业可以从技术问题、技术手段和达到的技术效果角度入手，当然最关键的还是论述技术手段不同。

3. 对方专利应当被无效宣告

在和解谈判中，除了论述不侵权理由，阐述对方专利应当被无效也是重要的手段。企业通过将检索到的在先证据文件与对方专利的技术特征进行比对，并进行创造性判断，重点论述对方专利不具有新颖性与创造性，不具备授权条件。在此过程中，检索到强有力的证据文件至关重要，企业可以寻求专业检索机构的辅助，以提高证据的证明力度。

4. 对方的其他核心专利应当被无效宣告

当企业因为没有检索到强有力的证据用于论证涉案专利应当被无效宣告时，企业可以采用一种曲线救国的方式，即检索证据文件与对方其他核心专利的技术特征进行比对，论证对方的其他核心专利应当被无效宣告，这也是增加和解谈判筹码的一种手段。存在的难点问题是，企业如何找对方的其他潜在核心专利。企业可以从以下四个方面入手：①在其他诉讼中有过诉讼记录并保持不错战绩的专利；②有过专利许可记录的专利；③有较多海外同族的专利；④涉及核心产品保护的专利。当然，企业同样需要评估专利无效宣告成功的概率。

5. 专利许可

在上述应对方案均无法达成预期效果时，企业与对方坐下来心平气和地谈论专利许可也是一种和解谈判的方案。在此过程中，针对专利许可费率的谈判是一个绕不开的难题。专利许可费率的计算涉及多方面的因素，需要考虑专利本身的价值，包括专利的生命年限、专利的许可年限、专利的适用范围、专利技术的市场竞争性、专利类型、专利持有者的商业实力和市场地位、专利本身的贡献率、专利的实施情况，以及双方协商的结果等。企业需要从多方面评估进而促成专利许可协议的签署和执行。

6. 商务合作

除了上述应对手段，商务合作也是企业重点考虑的方案。在此过程中，企业需要重点考虑对方会看中自己什么，例如技术、市场、强大的供应链等，企业如果从这些角度入手分析如何才能实现双赢，需要给出详细的合作计划书，合作计划书中最好要有明确的数据作为支撑。企业可以先支付一笔专利许可费给对方，然后双方合作开发某项新技术、新产品；也可以是建立供需关系，一方作为另一方的供货商、经销商。当然，双方更深层次的合作，还需要从公司实际出发做好长远规划和决策。

（四）反　诉

企业在上述应对方案都无法取得预期效果的情况下，适当的反诉手段也是很有必要的。当面对海外专利侵权纠纷时，企业至少有以下两种应对方案可以考虑。

1. 购买海外专利进行反诉

具体而言，如果中国企业没有海外专利，则可以考虑购买海外专利进行反诉，但存在以下三个问题：①如何找到可用于反诉的专利；②专利权人是否愿意卖专利；③如何购买专利。笔者建议企业首先筛查有哪些专利权人愿意出售专利。然后从涉案主体的核心产品入手，寻找涉案主体所在国家的授权专利，在确定涉案主体的核心产品落入目标专利的范围内时，还需要准确评估该目标专利的稳定性。最后找一些专业的专利运营机构负责去洽谈专利购买事宜，以免暴露自身信息。上述三点构成一个系统性工程，缺一不可。

2. 采用中国专利反诉对方的中国生产商或经销商

一般而言，如果在中国进行诉讼的话，中国企业占有主场优势。但是，如果采用中国专利反诉对方在中国的生产商或经销商，存在两个问题：①如何寻找对方的生产商或经销商；②如何举证对方的侵权行为，尤其涉及工业级大型设备，如何证明对方的生产行为、销售行为或者许诺销售行为侵权。针对上述两个问题，企业可以搜集对方在中国是否有用于生产制造的工厂、是否有中国的经销商、经销商是否有用于存放货物的工厂、是否有清晰的销售渠道、对方或者经销商是否有电商平台，以及是否有其他用于广告宣传的渠道，并进行相关证据保存。

（五）规避设计

规避设计是一种规避专利侵权风险的强有力手段，企业在上述各种应对方案推进过程中，还需要同步加快推进规避设计方案的落地。这需要企业的知识产权团队提供协助，例如，知识产权团队可对研发团队开展规避设计思路的培训和指导，指明规避设计的方向。在此基础上，研发团队需要密切配合，加快设计替代方案，并进行测试验证，以评估替代方案的科学性与有效性。从最初发律师函、警告函或者起诉，到中间的和解谈判，再到各种诉讼策略的对抗，会给研发团队预留半年的时间用于替代方案的研发与落地。对于研发实力较强的企业而言，这些时间也足够其研发出替代方案了。

此外，如果涉及零部件的侵权纠纷，且没有充足的资源快速研发出可供替代的方案，企业还可以考虑寻找合适的供应商，进行零部件的采购，以达到规避设计的目的。在一定程度上，侵权风险可以通过采购协议转嫁给供应商，但值得注意的是，企业最好选择实力较强的供应商，以便有足够的能力应对可能的侵权赔偿。如果供应商的规模太小，实力不够，则可能导致供应商无法承担或者不愿承担巨额侵权赔偿的问题。因此，企业需要对供应商的资质进行多维度的评估，以降低自身风险。

（六）加强海外专利的申请和布局

从长远来看，加强海外专利的申请和布局是企业应对知识产权风险的重要手段之一，这主要涉及申请阶段和授权阶段。

1. 申请阶段

海外专利的申请阶段主要包括专利质量管控、以研发项目为主导进行系统性全面性的专利挖掘和布局，以加快相关专利的申请。此外，专利申请策略的合理运用也会起到锦上添花的效果。例如，分案申请、主张优先权的申请，在美国的专利制度中还有接续案制度，包括完全接续案和部分接续案。还有一些美国专利申请加快程序，例如优先审查（Track One）程序、专利审查高速路（PPH）程序。这些专利申请手段的综合运用通常可以达到出奇制胜的目的。

2. 授权阶段

海外专利的授权阶段主要包括对专利授权范围的管控、对竞争对手产品的阶段性监控、制订改写专利权利要求书的策略等。

（七）风险的提前识别与防控

从企业知识产权管理者出发，对出海产品的风险进行提前识别和防控也是应对风险的有效手段，企业可以从以下五个方面入手。

1. 加强知识产权意识培训

企业应定期对员工进行知识产权法律法规的培训，提高员工的知识产权保护意识。这不仅包括研发人员，而且应涵盖市场营销、产品管理等所有相关部门。企业通过定期的内部培训，确保员工对知识产权的重要性有深刻的认识，并在日常工作中自觉遵守相关法律法规。培训内容应包括专利侵权判定的规则、如何对风险专利进行规避设计、对外的产品宣传以及技术宣传环节的管控等，防止无意中造成企业技术方案的泄密，进而导致无法挽救的损失。

2. 进行全面的知识产权尽职调查

在进入海外市场前，企业应对目标市场的知识产权保护环境进行尽职调查。这包括了解当地的专利申请和布局情况，以及相关的专利侵权诉讼案例。例如，小米科技有限公司在进入印度市场前，就对当地的知识产权保护环境进行了深入的尽职调查，从而有效规避了潜在的知识产权风险。

3. 构建知识产权管理体系

企业应建立一套完整的知识产权管理体系，尤其是对于知识产权风险的管理与防控体系，企业应当对主要竞争对手的产品进行购买、拆解，并对竞争对手的相关专利布局进行阶段性的监控分析。

对于处于公开阶段的发明专利，可以通过提交第三方公众意见的方式，有效干扰竞争对手的专利授权范围，使其专利申请无法授权，或者授权范围较小，从而规避掉专利侵权风险。值得一提的是，提交第三方公众意见需要考虑专利申请文件全文的内容，包括专利申请人在进入国家阶段时可以对权利要求书进行改写。

对于已经授权的海外专利，企业可以从同族的中国专利入手。当中国专利与海外同族专利的授权范围相同时，企业从应对成本的角度出发，可以考虑先无效宣告竞争对手的中国专利。虽然世界各国对于专利的审查具有独立性，但各国对于专利新颖性和创造性的评估尺度相差不会太大，通过中国专利的无效宣告结果，可以从侧面衡量同族且授权范围相同的海外专利被成功无效宣告的概率。

4. 构建竞争对手的企业画像

古语有云："知彼知己，百战不殆。"企业应充分了解竞争对手在知识产权处理方面的应对风格，构建竞争对手的企业画像。具体是指通过收集和分析竞争对手的专利信息、技术特点、市场策略、商业模式等关键信息，来构建一个全面的竞争对手形象。这样做的目的是更好地理解竞争对手的优势和劣势，从而制定有效的市场策略和应对措施，减少侵权风险。

5. 建立海外知识产权预警机制

企业应建立海外知识产权预警机制，及时获取目标市场的知识产权动态，对潜在的知识产权风险进行预警和应对。例如，可以采购知识产权的大数据平台，实时监控全球范围内的知识产权侵权行为，尤其需要关注与企业自身处于相同行业的诉讼，及时采取措施进行提前应对。

（八）购买海外侵权责任保险

企业通过购买知识产权海外侵权责任保险，也是一种应对海外知识产权风险可供选择的方案。海外侵权责任保险为个性化定制产品，企业需要明确保险产品的类型、适用范围，以及具体的保障范围。企业可以直接对接保险公司，也可以通过知识产权保护中心等第三方渠道对接保险公司。

（九）加强资源整合

企业应加强资源整合，一方面可以加强企业内部的诉讼人才储备，包括培养或者外聘有诉讼经验的知识产权顾问，以便随时应对可能的侵权诉讼。另一方面，企业还可以寻求外部资源的帮助，包括外部律师团队的储备，政府部门或者行业协会等的帮助，甚至可以考虑联合相关联的友商一起应对。

三、结　语

上述多种应对方案都不是孤立存在的，企业在具体应对某个知识产权侵权纠纷时，需要灵活运用多种手段。此外，需要说明的是，海外知识产权风险的应对是一个系统化工程，相关应对方案的落地和执行至关重要，离不开企业高管层面的决策，离不开知识产权团队的执行，离不开研发团队的配合，也离不开外部资源的协同。只有这样，企业才能在激烈的国际竞争中立于不败之地，实现可持续发展。

实务攻坚篇

新形势下知识产权作价入股实践探索

李 伟 冯程静 王海波[*]

　　以知识产权作价出资的话题由来已久，早在1993年通过的《中华人民共和国公司法》（以下简称《公司法》）第二十四条就提到股东可以用工业产权作价出资，但限制了以工业产权作价出资的金额不得超过有限责任公司注册资本的20%；在《公司法》（2005年修订）第二十七条提到股东可以用知识产权等可以用货币估价并可以依法转让的非货币财产作价出资，同时对出资金额的比例限制进行了调整，全体股东的货币出资金额不得低于有限责任公司注册资本的30%；在《公司法》（2013年修订）第二十七条提到股东仍可以知识产权形式出资，且取消了出资金额的比例限制；之后的《公司法》（2018年修订）第二十七条和《公司法》（2023年修订）第四十八条都提到股东仍可以知识产权形式出资，且未提到对出资比例的限制。

　　《公司法》（2023年修订）于2024年7月1日开始施行，将有限责任公司的认缴制修订为5年实缴制，注册资本应自成立之日起5年之内缴足，这一调整对企业的影响较大。以知识产权出资实缴成为大家关注的热点话题。知识产权出资在减轻现金流压力、降低股东责任风险和享受相关税收优惠等方面具有显著优势，越来越多的企业开始尝试以知识产权进行出资，尤其对于科创企业而言，以专利作价入股出资将成为股东出资的优先选择。笔者将根据相关法律法规、具体操作流程及真实案例对企业知识产权作价入股的实践探索进行分析。

---

　　* 作者单位：惠科股份有限公司。

一、知识产权出资的概述及优势

知识产权出资是指股东将其持有的知识产权，例如专利、商标、软件著作权等无形资产，通过评估作价、财产转移，作为非货币财产投入企业注册资本，从而获取股权的过程。股东通过知识产权这项无形财产进行实缴，有如下优势。

第一，减轻资金压力。通过知识产权作价入股实缴，可以缓解企业因实缴带来的货币资金不足的困难，减轻现金流压力。

第二，降低经营风险。通过知识产权作价入股实缴，可以降低企业经营不善时需面对的连带责任风险。例如企业在破产清算的时候，如果是知识产权实缴出资，就不需要承担现金货币的责任。

第三，享受相关税收优惠。可以依法享受相关税收优惠政策的扶持，针对技术转让所得部分，出资股东可以免征增值税、免征或减征该部分的企业所得税，该部分企业所得税还可以申请递延纳税或 5 年内分期缴纳。

第四，优化财务结构。通过知识产权作价入股实缴，可以增加企业的资产规模，降低资产负债率，优化财务结构。

第五，提升招投标能力。通过知识产权作价入股实缴，可以增加企业的资产净值，提升企业资质，从而在招投标过程中更具竞争力，获得更多的合作机会。

二、知识产权出资的法律依据

《公司法》（2023 年修订）第四十八条规定，股东可以用货币出资，也可以用实物、知识产权、土地使用权、股权、债权等可以用货币估价并可以依法转让的非货币财产作价出资；但是，法律、行政法规规定不得作为出资的财产除外。

对作为出资的非货币财产应当评估作价，核实财产，不得高估或者低估作价。法律、行政法规对评估作价有规定的，从其规定。

《公司法》（2023 年修订）对知识产权出资比例无明确的限制和要求。

三、知识产权出资的流程步骤

（一）出资条件

股东名下有能够用来出资的知识产权（自己申请或购买皆可），包括专利、商标和软件著作权，建议优先选择发明专利、实用新型专利或者软件著作权。

（二）在科技创新工作委员会技术合同备案

技术合同备案和知识产权入股虽然没有必然的直接关系，但关系到企业后续是否可以依法享受相关税收优惠政策。技术合同包括技术开发合同和技术转让合同两类。技术开发合同是指当事人之间就新技术、新产品、新工艺、新品种或者新材料及其系统的研究开发所订立的合同，技术开发合同包括委托开发合同和合作开发合同。技术转让合同是指合法拥有技术的权利人，将现有特定的专利、专利申请、技术秘密的相关权利让与他人所订立的合同。技术转让合同包括专利申请权转让、专利权转让、技术秘密转让、专利使用权许可等合同。企业在科技创新工作委员会备案的是股东与被投资公司签订的技术转让合同。经科技创新工作委员会认定登记，企业后续可向税务部门申请办理减免增值税等优惠。

（三）确定或修改章程

对于筹备中的企业，出资方式及比例都需要经过企业章程确定，企业资本的变化需要经过股东会的决议，经股东同意并修改企业章程。

对于已设立的企业，股东需要共同签署企业章程，约定彼此出资额和出资方式。例如，股东：王某；出资额：人民币 1000 万元；出资方式：知识产权。对于已设立的企业，股东需要共同修改企业章程，将部分出资额对应的出资方式由"货币"修改为知识产权，确定或修改企业章程之后，需要进行工商备案。

（四）评估作价

根据《公司法》（2023 年修订）第四十八条规定，对作为出资的非货币财产应当评估作价，核实财产，不得高估或者低估作价。因此，评估作价是知识产权出资前需要进行的必经步骤，由知识产权所有权人依法委托经财政部门批准设立的资产评估机构（可参考财政部官网上公布的机构名单）对知识产权进行评估作价。

企业进行知识产权价值评估所需资料清单如下。

第一，企业基础资料（委托方及知识产权实施企业）。企业法人营业执照、生产许可证等资质证书；企业基本情况简介、公司章程、法定代表人简介。若知识产权持有人为个人，须提供知识产权持有人身份证复印件，知识产权持有人简介等。

第二，知识产权资料。知识产权研发人员或设计人员简介；知识产权证书、知识产权内容介绍等。

第三，财务资料。企业近 3 年和近 3 个月的审计报告，评估基准日（最近一期）财务报表。企业主要知识产权产品规格型号名称、销售单价、销售量生产统计预测。企业未来 5 年知识产权产品收益预测（C 表）以及预测说明。企业未来 5 年的发展规划。

第四，其他资料。高新技术企业认定证书、知识产权产品获奖证书等荣誉证书。知识产权持有人（单位）承诺函、资产评估委托承诺函。

（五）验　资

企业根据已经出具的资产评估报告，进行注册资本出资审验，并由专业机构（会计师事务所）出具验资报告。

（六）知识产权变更或登记

根据《公司法》（2023 年修订）第四十九条规定，以非货币财产出资的，应当依法办理其财产权的转移手续。因此，企业在确认待出资的知识产权权属、价值等没有瑕疵后，出资人需要进行相关变更或登记。如果是用知识产权所有权进行出资，须将知识产权变更至被投资公司名下。如果使用知识产权使用权进行出资，应到国家知识产权局进行登记许可备案。

（七）工商变更登记

企业需带上其资产评估报告、验资报告、营业执照、知识产权变更证明或知识产权许可证明，提交到公司注册地的工商，在工商局备案并且登记，完成注册资本实缴变更登记备案。

（八）办理相关税收优惠

知识产权投资入股主要涉及两种税，一种是增值税，另一种是所得税。

第一，增值税。用非货币资产出资，需要缴纳增值税，因为非货币资产转让符合增值税当中的"视同销售"。

政策依据：《财政部　税务总局关于全面推开营业税改征增值税试点的通知》（财税〔2016〕36号）附件3规定，纳税人提供技术转让、技术开发和与之相关的技术咨询、技术服务，免征增值税。

免征条件：满足技术内容与技术转让密切相关，是为技术转让而实施的售后服务，或技术咨询或服务的价款与技术转让的价款是开在同一张发票上等情况下，技术转让所得可以免缴增值税。

备案程序：纳税人申请免征增值税时，须持技术转让、开发的书面合同，到纳税人所在地省级科技主管部门进行认定，并持有关的书面合同和科技主管部门审核意见证明文件报主管税务机关备查。

第二，所得税。用非货币资产出资，如果是个人要按个人所得税中的"财产转让所得"缴纳个人所得税，如果是企业要缴纳企业所得税（相当于卖了一个专利的获利）。

政策依据：根据《中华人民共和国企业所得税法实施条例》第九十条规定，企业符合条件的技术转让所得可以享受免征或减征企业所得税的优惠。具体而言，一个纳税年度内，居民企业技术转让所得不超过500万元的部分，免征企业所得税，超过500万元的部分，减半征收企业所得税。

第三，办理递延纳税或5年内分期缴纳（二选一）。用非货币资产出资，居民企业技术转让所得超过500万元的部分可以选择申请办理递延纳税或5年内分期缴纳。具体而言，可以在实缴完成次月的15日之前到税务局为股东办理递延纳税，个人股东需在税务局填表登记，企业股东在税务局线上填写即可。递延纳税允许将缴税递延至转让股权时，按股权转让收入减去技术成果原值和合理税费后的差额计算缴纳所得税。

政策依据：《财政部　国家税务总局关于完善股权激励和技术入股有关所得税政策的通知》（财税〔2016〕101号）第三条规定，选择技术成果投资入股递延纳税政策的，经向主管税务机关备案，投资入股当期可暂不纳税，允许递延至转让股权时，按股权转让收入减去技术成果原值和合理税费后的差额计算缴纳所得税。《财政部　国家税务总局关于非货币性资产投资企业所得税政策问题的通知》（财税〔2014〕116号）规定，居民企业以非货币性资产对外投资确认的非货币性资产转让所得，可在不超过5年期限内，分期均匀计入相应年度的应纳税所得额，按规定计算缴纳企业所得税。

四、知识产权使用权出资的探索

从《公司法》（2023年修订）对出资限制的变化来看，国家对知识产权的重视程度越来越高，用知识产权所有权出资也越来越普遍，以知识产权所有权出资已经被大众认可并应用。笔者将重点探索利用知识产权使用权进行出资，下面以专利为例予以探讨分析。

（一）专利使用权出资的合法性

第一，《公司法》（2023年修订）第四十八条中"非货币财产作价出资"包括两个共性条件：可以用货币估价和可以依法转让。

第二，专利使用权具有可估价性。《中国资产评估协会关于印发修订〈专利资产评估指导意见〉的通知》（中评协〔2017〕49号）第十一条规定，专利资产评估业务的评估对象是指专利资产权益，包括专利所有权和专利使用权。《中国资产评估协会关于印发〈著作权资产评估指导意见〉的通知》（中评协〔2017〕50号）第十二条规定，著作权资产的财产权利形式包括著作权人享有的权利和转让或者许可他人使用的权利。

第三，专利使用权具有可转让性。《民法典》第八百六十三条规定，技术转让合同包括专利权转让、专利申请权转让、技术秘密转让等合同。技术许可合同包括专利实施许可、技术秘密使用许可等合同。《专利法》第十二条规定，任何单位或者个人实施他人专利的，应当与专利权人订立实施许可合同，向专利权人支付专利使用费。被许可人无权允许合同规定以外的任何单位或者个人实施该专利。《中华人民共和国著作权法》第二十六条规定，使用他人作品应当同著作权人订立许可使用合同，该法规定可以不经许可的除外。

第四，专利使用权不属于《中华人民共和国市场主体登记管理条例》禁止的出资方式。

第五，专利使用权出资是一种债权出资。根据最高人民法院在《关于公司法解释（三）、清算纪要理解与适用》在"知识产权出资（二）知识产权出资形式"中认为，知识产权许可使用权虽然不是独立的财产权，但其仍具有《公司法》（2023 年修订）上规定的可估价性和可转让性，并且也不存在其他法律法规禁止许可使用权出资的规定。以知识产权许可使用权出资，实质上是知识产权权利人以对公司使用该权利所享有的使用费用请求权出资，因而是一种债权出资。

第六，部分地方规范性文件明确支持以专利使用权出资。《北京市市场监督管理局关于印发进一步优化营商环境降低市场主体制度性交易成本工作方案的通知》（京市监发〔2023〕15 号）规定了创新登记制度举措，提出要拓宽企业出资方式，支持知识产权使用权出资。制定支持使用虚拟地址网络经营者发展意见，允许个体网店将网络经营场所变更为线下实体经营场所。深化市场主体登记确认制改革。

2014 年，湖南省科学技术厅、湖南省工商行政管理局、湖南省知识产权局联合出台了《关于支持以专利使用权出资登记注册公司的若干规定（试行）》，其中明确规定了用专利使用权作价出资登记注册公司应该具备以下条件：专利许可方式为在中国境内独占许可，即双方应签订独占专利实施许可合同，包括专利权人在内的任何第三方都不得具有对该项专利技术的使用权。

2011 年，上海市工商行政管理局发布《上海市工商局关于积极支持企业创新驱动、转型发展的若干意见》规定，鼓励公司股权出资、债权转股权，盘活公司资产，促进公司财产性权利转化为资本。扩大知识产权出资范围，开展专利使用权、域名权等新类型知识产权出资试点工作。

（二）专利使用权出资的形式

各出资方可以在合同中约定独占使用许可、排他使用许可和普通使用许可，从法律层面看，虽然何种形式的专利使用权许可不会必然阻碍其有效性，但其形式是对其作价入股的衡量依据。

（三）知识产权使用权出资的案例

第一，某公司以普通许可方式许可其新成立公司 30 余件专利，作价约 8 亿元。

某公司（以下简称"A 公司"）与其所在区人民政府、经济技术开发区管理委员会（以下简称"地方政府"）于 2023 年 10 月 20 签署了一项目的投资合作协议，协议约定 A 公司拟与地方政府共同出资设立项目合作公司并以其为主体投资建设该项目。项目计划总投资 90 亿元，合资公司注册资本金 55 亿元，地方政府指定的投资主体负责协调银行等金融机构向合资公司提供不超过 35 亿元的贷款。

股东 1 为 A 公司，拟出资人民币 30 亿元。其中，拟用自有资金现金出资 20 亿元，技术等无形资产出资 10 亿元（技术等无形资产出资以第三方评估机构的评估值作价，如评估值低于 10 亿元，对应差额由公司以现金出资补足）。对新成立的项目合资公司（以下简称"B 公司"）的出资比例为 54.55%，资金来源为自有及自筹资金。A 公司拟以自有的专利技术、专有技术、技术秘密等无形资产向项目合资公司出资，上述 10 亿元为 A 公司与地方政府协商确认的技术等无形资产出资作价的暂估金额，最终以公司后续公告披露的第三方评估机构的资产评估报告相应的信息为准。

股东 2 和股东 3 为项目合资方（地方政府指定的投资主体），拟现金出资人民币 25 亿元，对项目合资公司的出资比例为 45.45%，资金来源为自有及自筹资金。

2024 年 6 月，经 B 公司各家股东共同确认，B 公司收到 A 公司以投资项目相关专利及专有技术授权许可的使用权的知识产权方式实缴的第二期注册资本金人民币约 8 亿（以经 B 公司各家股东共同确认的第三方评估机构的评估值作价出资）。涉及专利 30 余件，均为已授权中国专利，其中发明专利占比 90% 以上。许可人 A 公司，被许可人项目合资公司 B 公司，许可方式为普通许可，许可年限为 8.5 年。

第二，江苏某公司以一软件著作权使用权出资，持有其出资公司 35% 的股权。

江苏某公司用于出资的软件著作权由公司于 2001 年自主研发，已获得国家版权局核发的计算机软件著作权登记证书；于 2002 年 11 月 20 日取得由江苏省科学技术厅出具的出资入股高新技术成果认定书，认定为高新技术成果，该公司以其为基础软件，自主研发了平台系统及一系列的软件产品。该公司以该基础软件使用权出资，持有其出资公司 35% 的股权。

第三，北京某公司以一软件著作权使用权评估作价 1100 余万元对其子公司进行增资。

2018 年，北京某公司旗下子公司由于扩大经营及战略转型的需要，该子公司各股东拟签署《增资协议》，对其进行增资，北京该公司以某软件著作权使用权评估作价 1100 余万元对其子公司进行增资。

五、知识产权出资的风险及应对措施

（一）知识产权本身存在瑕疵及应对措施

第一，用于出资的知识产权是多个单位持有，多单位之间可能出现知识产权的权属纠纷。

应对措施：优先选择股东独自持有的知识产权出资，保证权属关系清晰明了。

第二，出资股东是企业，出资知识产权为职务发明。发明人和企业之间可能因为知识产权的归属产生民事纠纷。

应对措施：提前准备可以证明用于出资的知识产权属于职务发明的证明材料，例如员工入职时与员工签订有关职务发明创造的协议。

第三，用于出资的知识产权在出资时本身已经无效宣告、被撤销或到期终止。

应对措施：如果知识产权本身已经被宣告无效、被撤销或到期终止，这些知识产权的使用权不宜用于出资。

第四，用于出资的知识产权正在被宣告无效、正在被指控侵犯他人在先权利等情况。

应对措施：如果知识产权存在正在被第三人请求宣告无效、正在被指控侵犯他人其他在先权利等情况，这些知识产权的使用权不宜用于出资。

第五，用于出资的知识产权已经被质押。

应对措施：如果知识产权已经被质押，当知识产权权利人无法清偿债务时，债权人有权以该知识产权来清偿，故已经被质押的知识产权使用权不宜用于出资。

第六，用于出资的知识产权即将届满。

应对措施：选择目前保护期限较长的知识产权出资，例如专利 A 和专利 B 分别在 2030 年和 2040 年届满，优先选择专利 B。《深圳经济特区技术成果入股管理办法》第六条规定，作为出资的专利权和计算机软件著作权，其剩余的法定保护期应当不少于 3 年。

第七，知识产权在实缴出资之后被国家知识产权局宣告无效。

应对措施：注意和其他股东、公司债权人等的相关约定。如果没有相关约定，知识产权在出资后被宣告无效，只要无法证明出资人出资时有恶意，则不需要承担相应责任。

根据《最高人民法院关于适用〈中华人民共和国公司法〉若干问题的规定（三）》（2020 年修正）第十五条规定，出资人以符合法定条件的非货币财产出资后，因市场变化或者其他客观因素导致出资财产贬值，公司、其他股东或者公司债权人请求该出资人承担补足出资责任的，人民法院不予支持。但是，当事人另有约定的除外。

第八，知识产权在实缴出资之后被驳回，或者驳回复审后又被复审委维持驳回。

应对措施：选择权属稳定性较好的知识产权出资，例如避免选择还未授权的专利。同时，如上陈述，如果没有相关约定，知识产权在出资后被驳回，只要无法证明出资人出资时有恶意，则不需要承担相应责任。

第九，用于出资的知识产权未转移权利或未备案，《公司法》（2023 年修订）第四十九条规定，股东应当按期足额缴纳公司章程规定的各自所认缴的出资额，以非货币财产出资的，应当依法办理其财产权的转移手续。但在实践操作中，知识产权许可法律上未强制要求备案，如果未备案，或者用所有权出资未转移权利，则可能被法院认定为出资不实或出资瑕疵。

应对措施：出资股东与被投资公司签署许可出资协议后，及时到国家知识产权局进行许可备案，或者及时转移知识产权到被投资公司。

（二）知识产权的资产评估报告存在问题及应对措施

第一，知识产权出资未经评估。《公司法》（2023 年修订）第四十八条规定，对作为出资的非货币财产应当评估作价，核实财产，不得高估或者低估作价。没有经过评估的知识产权很可能会被认定为未依法全面履行出资义务。《最高人民法院关于适用〈中华人民共和国公司法〉若干问题的规定（三）》（2020 年修正）第九条规定，出资人以非货币财产出资，未依法评估作价，公司、其他股东或者公司债权人请求认定出资人未履行出资义务的，人民法院应当委托具有合法资格的评估机构对该财产评估作价。评估确定的价格显著低于公司章程所定价的，人民法院应当认定出资人未依法全面履行出资义务。

应对措施：知识产权出资必须经过专业的资产评估机构进行评估。

第二，资产评估机构不具备资质，出具的评估报告就可以判定为虚假评估报告，可能构成虚假出资。

应对措施：要全面了解资产评估机构的情况，慎重审查其资质和历史，优先选择在当地财政局备案认证过的资产评估机构，出具的资产评估报告专业认可性更可靠。

第三，资产评估机构明知自身专业能力不足而继续出具评估报告，导致资产评估报告和实际情况差别很大，也有可能被判定为虚假评估报告，可能构成虚假出资。

应对措施：要全面了解资产评估机构的情况，慎重审查其资质和历史，优先选择在当地财政局备案认证过的资产评估机构，出具的资产评估报告专业认可性更可靠。

第四，资产评估报告若存在虚假评估、评估不实的情况，可能构成虚假出资。市面上存在某些中介机构号称拥有从专利所有权到评估机构的完整产业链，能够帮助出资人购买知识产权并以低买高评的方式完成注册资本的缴纳。但《公司法》（2023 年修订）第四十八条规定，对作为出资的非货币财产应当评估作价，核实财产，不得高估或者低估作价。

应对措施：①作为出资的知识产权应当与企业营业范围、主营业务相匹配。出资时应从公司的主营业务需求出发，保证企业所获得的专利资产可以提升企业产品市场竞争力，提高企业资产的质量，带来技术创新和实际效益。②虽然用单个知识产权也可以被评估为有较高的价值，但只要评估价值超出一定价额，评估出现虚高、评估不实的概率就会非常高。而且，专利等无形资产的价值也容易随市场变化，用单个知识产权出资的抗风险能力较低。在实践中，一般采用多个与公司主营业务相关的知识产权来共同作价出资，评估的价值更合理。而且在司法实践和法院的判例中，多个知识产权共同作价出资的资产评估报告也更容易获得认可。③企业应委托经验丰富、记录良好的资产评估机构，优先选择在当地财政局备案认证过的资产评估机构，出具的资产评估报告专业认可性更可靠。优质的资产评估机构，会运用全面适当的评估方法，合法合规履行法定评估程序，亲临现场进行考察，所有评估工作都会记录在工作底稿中，以备将来查验。之后，企业还应将资产评估报告上传至中国资产评估协会备案记录，确保资产评估报告真实可信。这些规范操作将有力保障股东切实履行了出资义务，确保资产评估报告最终获得认可。

第五，资产评估报告的知识产权可能与企业经营无关，部分企业为了快速完成资本实缴，通过购买知识产权来进行出资，但购买出资的知识产权与企业主营业务、经营范围不相符，出资合理性缺失，可能被认定为出资不实。

应对措施：作为出资的知识产权应当与企业营业范围、主营业务相匹配。

（三）企业可能面临的风险

第一，因未全面履行出资义务，出资股东需要向公司承担赔偿责任。

根据《公司法》（2023 年修订）第四十九条的规定，股东未按期足额缴纳出资的，除应当向公司足额缴纳外，还应当对给公司造成的损失承担赔偿责任。

第二，设立时的其他股东承担连带责任。

根据《公司法》（2023 年修订）第五十条的规定，有限责任公司设立时，股东未按照公司章程规定实际缴纳出资，或者实际出资的非货币财产的实际价额显著低于所认缴的出资额的，设立时的其他股东与该股东在出资不足的范围内承担连带责任。

第三，出资股东可能丧失未缴纳出资所对应股权。

根据《公司法》（2023 年修订）第五十二条的规定，股东未按照公司章程规定的出资日期缴纳出资，公司依照规定发出书面催缴书催缴出资的，可以载明缴纳出资的宽限期；宽限期自公司发出催缴书之日起，不得少于 60 日。宽限期届满，股东仍未履行出资义务的，公司经董事会决议可以向该股东发出失权通知，通知应当以书面形式发出。自通知发出之日起，该股东丧失其未缴纳出资的股权。

第四，因未全面履行出资义务出资股东对公司债务不能清偿部分的补充赔偿责任。

根据《最高人民法院关于适用〈中华人民共和国公司法〉若干问题的规定（三）》（2020 年修正）第十三条的规定，公司债权人请求未履行或未全面履行出资义务的股东在未出资本息范围内对公司债务不能清偿的部分承担补充赔偿责任，人民法院应予支持。

第五，出资股东的部分股东权益受限。

根据《最高人民法院关于适用〈中华人民共和国公司法〉若干问题的规定（三）》（2020 年修正）第十六条的规定，股东未履行或者未全面履行出资义务或者抽逃出资，公司根据公司章程或者股东会决议对其利润分配请求权、新股优先认购权、剩余财产分配请求权等股东权利有权作出相应的合理限制。如果该股东请求认定这些限制无效，人民法院不予支持。

第六，被投资方需要承担连带责任。

根据《最高人民法院关于适用〈中华人民共和国公司法〉若干问题的规定（三）》（2020 年修正）第十八条的规定，有限责任公司的股东未履行或者未全面履行出资义务即转让股权，受让人对此知道或者应当知道，公司请求该股东履行出资义务、受让人对此承担连带责任。

第七，因虚报注册资本可能面临行政处罚。

根据《公司法》（2023 年修订）第三十九条规定，虚报注册资本、提交虚假材料或者采取其他欺诈手段隐瞒重要事实取得公司设立登记的，公司登记机关应当依照法律、行政法规的规定予以撤销。

根据《公司法》（2023 年修订）第二百五十二条规定，公司的发起人、股东虚假出资，未交付或者未按期交付作为出资的货币或者非货币财产的，由公司登记机关责令改正，可以处以 5 万元以上 20 万元以下的罚款；情节严重的，处以虚假出资或者未出资金额 5% 以上 15% 以下的罚款；对直接负责的主管人员和其他直接责任人员处以 1 万元以上 10 万元以下的罚款。

第八，可能触犯《刑法》的虚报注册资本罪。

根据《刑法》第一百五十八条规定，虚报注册资本罪是指申请公司登记时使用虚假证明文件或者采取其他欺诈手段虚报注册资本，欺骗公司登记主管部门，取得公司登记的行为。如果虚报注册资本数额巨大、后果严重或者有其他严重情节的，将构成该罪。对于个人犯此罪，处 3 年以下有期徒刑或者拘役，并处或者单处虚报注册资本金额 1% 以上 5% 以下罚金。对于单位犯此罪，对单位判处罚金，并对其直接负责的主管人员和其他直接责任人员，处 3 年以下有期徒刑或者拘役。

第九，可能触犯《刑法》的虚假出资、抽逃出资罪。

根据《刑法》第一百五十九条规定，公司发起人、股东违反公司法的规定，未交付货币、实物或者未转移财产权，虚假出资，或者在公司成立后又抽逃其出资，数额巨大、后果严重或者有其他严重情节的，处 5 年以下有期徒刑或者拘役，并处或者单处虚假出资金额或者抽逃出资金额 2% 以上 10% 以下罚金。单位犯罪的，对单位判处罚金，并对其直接负责的主管人员和其他直接责任人员，处 5 年以下有期徒刑或者拘役。

第十，可能面临漏税、偷税的责任。

对于用知识产权出资可以享受税收优惠政策，例如享受免征增值税、可以免征或减征该部分的企业所得税、该部分企业所得税还可以申请递延纳税或 5 年内分期缴纳。采用知识产权实缴到位后，会计上计入了"无形资产"，通过摊销来扣除企业所得税，一旦知识产权出资出现问题，可能面临偷税、漏税的严重责任。

六、实践问题总结

（一）实践中是否可以100%用知识产权出资

专利评估价值不是想评估多少就能评估多少，它会结合很多因素去评估，最后得到一个评估的金额。如果注册资金是1个亿，都拿专利去做实缴，再怎么评估也很难达到1个亿的要求。因此，知识产权作价入股要根据实际情况来决定，包括注册资金等多方面因素。

实践中，科创企业应当合理控制知识产权出资所占注册资本比例，如果知识产权出资占比过高，当知识产权价值下降时会严重影响到公司资本充足和股东利益。尤其是到了上市阶段，中国证券监督管理委员会也会重点问询科创企业用于出资的知识产权是否扎实，除了审查是否已进行权利转让变更、是否经专业评估机构估值，还会核查用于出资的无形资产是否属于职务发明、无形资产是否产生预期效益、无形资产评估值是否合理等有可能构成出资瑕疵的问题。科创企业发行人论证其知识产权资本是否夯实是有一定难度的，这致使很多企业在申报材料阶段，选择用货币资金补足或置换其知识产权出资。

（二）以专利使用权出资，是否会违反《公司法》（2023 年修订）的资本维持原则

资本维持原则的规定主要体现在《公司法》（2023 年修订）第二十七条、第二十九条、第三十六条、第九十条、第一百六十七条和第二百零一条。这些条款规定了公司在存续过程中应保持与其资本额相当的财产，防止公司资本的实质性减少，从而维持公司的偿债能力，保护债权人的利益。

第一，专利权期满终止，不违反资本维持原则。

股东以专利使用权出资，实际是用专利使用权在一定期间内的整体价值进行出资，和专利权的剩余保护期限、被投资公司的营业期限无直接联系。因此，专利权在被投资公司营业期间内正常期满终止，不违反资本维持原则。

第二，专利权期满前终止，违反资本维持原则。

专利权在期满之前终止，例如因专利权人未依法缴纳年费或放弃专利权而终止，专利使用权出资违反资本维持原则。但是，专利使用权是否可以出资和是否符合资本维持原则，是两个层面上的问题，违反资本维持原则并非阻却专利使用权可以出资的理由。

第三，专利权被宣告无效，违反资本维持原则。

专利权被国家知识产权局专利局复审和无效审理部宣告无效，专利使用权出资违反资本维持原则。但如上所述，专利使用权是否可以出资和是否符合资本维持原则，是两个层面的问题，违反资本维持原则并非阻却专利使用权可以出资的理由。同时，只要无法证明出资人出资时有恶意，就不需要承担相应责任。

第四，专利价值发生贬损，不违反资本维持原则。

股东以专利使用权在一定期间内的整体价值出资，而非专利使用权于某个时间节点的瞬间价值。《资产评估准则——无形资产》第十八条规定，注册资产评估师执行无形资产评估业务，应当关注评估对象的产权因素、获利能力、成本因素、市场因素、有效期限、法律保护、风险因素等相关因素。

《资产评估准则——无形资产》第二十七条规定，注册资产评估师使用成本法时应当合理确定无形资产贬值。即在对专利使用权评估时，已考虑相应的贬值因素。

贬值系出资财产不可避免的固有属性，亦非资本维持原则的内在要求。

《最高人民法院关于适用〈中华人民共和国公司法〉若干问题的规定（三）》（2014 年修订）第十五条规定，出资人以符合法定条件的非货币财产出资后，因市场变化或者其他客观因素导致出资财产贬值，公司、其他股东或者公司债权人请求该出资人承担补足出资责任的，人民法院不予支持。但是，当事人另有约定的除外。该规定系司法实践对出资财产的价值贬损并不影响资本维持原则的明确回应。

（三）实践中如何确认有关政策规定

虽然在法理上，知识产权使用权具备可出资性，但是由于缺乏明确的法律依据和具体的操作规则，对于可否以知识产权使用权出资、哪些知识产权使用权可以作为出资、可以以何种许可方式的使用权出资，各地市场监督管理部门的态度各不相同，对于普通许可、排他许可、独占许可是否均可以作为出资形式也存在不同规定，因此应提前和当地市场监督管理部门确认。

（四）如何确定知识产权出资的关键难点

由于知识产权作价评估是知识产权出资的关键，因此一定要开展合法合规的专业评估工作。在知识产权使用权评估过程中，最大的难题就是如何公允恰当地评估价值，让出资股东与被投资公司对此价值都认可。《资产评估准则——无形资产》第十八条规定，注册资产评估师执行无形资产评估业务，应当关注评估对象的产权因素、获利能力、成本因素、市场因素、有效期限、法律保护、风险因素等相关因素。但是，相关的规定描述都比较宽泛，没有明确的知识产权评估标准，不同评估机构使用不同评估技术可能对于同一知识产权得出差距巨大的评估结果。实践中建议出资股东、被投资公司及其他股东共同选择在当地财政局备案认证过的资产评估机构进行委托、签署委托协议。

（五）如何签署严谨的出资协议、许可使用协议和保证函等出资文件

第一，协议应明确约定各出资主体，明确约定知识产权使用权许可方式，包括独占许可方式、排他许可方式、普通许可方式或其他方式，需防范仅仅约定"允许使用相关权利"等笼统说法，否则可能会被认定为约定普通许可方式。

第二，各出资方在协议中应明确约定知识产权使用权许可的期限及范围。针对知识产权所有人，需明确被投资公司使用该知识产权的期限、地域。针对被投资公司，被投资公司应明确出资人在合同中许可使用的权利范围和期限。

第三，协议应明确约定是否允许被投资公司对该知识产权拥有使用权分许可、基于该知识产权使用而衍生的新知识产权权利归属等内容。

第四，约定出资人对出资知识产权使用权有效性、权属无争议等问题作出以下承诺。①可以约定出资人在许可使用期间内持续持有该知识产权并保证权属有效。例如，被投资公司可以要求出资股东在约定期限内应保持该知识产权有效，需按期缴纳费用等。可以约定在约定期限内不得转让该知识产权，若以独占许可和排他许可出资不得再允许任何第三方使用，若以普通许可出资，各方可协商约定限制未来许可的相关约定。②可以约定若知识产权使用权存在争议、瑕疵或无效时，出资股东须承担补足和赔偿责任。在用于出资的知识产权使用权无效、该权利存在负担限制、存在第三方对该权利主张权利且导致出资人不再拥有该权利时，出资人承诺以符合法律规定的其他出资形式补足或者进行出资置换，并就出现上述问题导致被投资公司或者股东受到的损失进行赔偿。③可以约定知识产权侵权的维权问题。被投资公司在后续使用该知识产权过程中，若发生被侵权问题，协议应约定谁可以就侵权行为实施维权。例如，明确约定由被投资公司或出资人提起法律诉讼，在一方不作为的情况下，另一方是否有权代为提起诉讼。

浅谈软件专利价值

赵晓斌[*]

一、软件专利保护现状

由于软件较为特殊，因此针对软件知识产权怎么进行保护，学术界一直有不同的观点。第一种观点认为，软件的组成是代码，其本身属于一种特殊的作品形式，应该通过软件著作权保护。第二种观点认为，由于软件著作权无法很好地保护软件功能或技术中的思路，而软件中的代码可以反映作者的创造性思路，因此应该通过专利进行保护。更有甚者，认为软件应该另辟蹊径，独立立法，或者通过商业秘密进行保护。

从现行的软件知识产权保护现状看，我国基本采纳了第一种观点。针对软件的整体或者部分创造性的代码表达，通过软件著作权进行保护，阻止盗版或抄袭行为对软件著作权人的侵害。而针对软件中的技术或功能，甚至一个系统的构成，则会采用软件专利的保护形式，以保证其竞争优势。

随着软件知识产权保护的深入探讨，国家也在逐步调整软件专利这一特殊形式的客体要求及审查标准。《审查指南 2001》首次区分计算机程序本身和涉及计算机程序的发明，确定保护主体为"方法"，方法的技术特征为涉及计算机程序的发明的执行步骤。《审查指南 2006》，保护主体增加

---

* 作者单位：广州中望龙腾软件股份有限公司。

"虚拟装置"，即装置中不必须包含对计算机硬件的改变，允许采用与"方法"保护主题对应的"功能模块"撰写方式。以至于在笔者初入知识产权行业时，软件专利往往会作为一个整体一个系统进行申请，隐藏其代码逻辑的部分，其步骤更多是作为一种"机器中虚拟的装置"，不关注具体的改进，而是宏观描述不同模块中的功能、作用。

随着软件专利保护研究的进一步深入，国家也开始推动软件专利的申请与发展。在 2017 年修改的《专利审查指南 2010》中，国家首次在保护客体中增加"计算机硬件＋软件程序"的"实体装置"，以及"可读存储介质"。软件专利不再需要作为计算机中的一个虚拟的装置，而可以以程序的形式体现。

至此，软件专利中开始出现单纯以软件技术作为表现形式的技术方案、针对软件内特色功能的步骤描述，以及为解决特定工业场景而加入的算法。但此时针对软件专利的创造性依旧局限在现实中技术、场景的改进，当一件专利描述的是一个提高计算精度，进而降低计算机能耗的特定的算法，其往往会因为客体问题很难获得授权。

2023 年，随着 AI 行业的兴起，以及国内对于软件专利，特别是其中算法改进的重视程度提高，真正意义上脱离了硬件的软件专利开始登上台面。

2024 年施行的《专利审查指南 2023》明确指出，"涉及计算机程序的发明专利申请只有构成技术方案才是专利保护的客体"；该指南同时认为，如果权利要求中的算法与计算机系统的内部结构存在特定技术关联，实现了对计算机系统内部性能的改进，提升了硬件的运算效率或执行效果，包括减少数据存储量、减少数据传输量、提高硬件处理速度等，那么可以认为该算法特征与技术特征功能上彼此相互支持、存在相互作用关系。在进行创造性审查时，应当考虑所述的算法特征对技术方案作出的贡献。该指南认可了算法特征在创造性评价中的贡献，这也进一步为后续软件专利的发明申请给出了明确的方向性指引。

二、软件企业需要软件专利价值评价指引

软件专利逐步被认可，相关的政策支持也在推动其发展，但企业没有

因此迈开其申请软件专利的脚步，反而显得过于谨慎，甚至有点畏缩。理论上，软件技术通过专利进行保护，可以更好实施对外的赋能，可以限制竞争对手的发展，从而为专利权人带来市场竞争的优势以及足够的利益。但实际上，软件专利并没有符合大家的预期，2024 年几乎没有明确记录的软件诉讼。笔者通过 incoPat 数据库进行检索发现，以 "LGIYEAR（诉讼年）＝2024" 进行查询，中国专利 2024 年涉诉专利为 504 件。其中，软件专利大类 "G06F" 下只有 4 件，如果进一步去查看其内容则会发现，实际上 1 件都没有。同样是 2024 年，软件著作权权属、侵权纠纷的案件存在判决的则有 151 件。专利申请成本居高不下，在产出与投入不成正比的前提下，企业主就会更倾向于减少甚至停止专利的申请。这也是笔者在工作中所遇到的核心问题，企业知识产权管理人员难以向领导层阐述软件专利申请的重要性，因为其实在难以在实物中体现其应有的价值，或者说因为没有有效的价值倾向，所以企业并不清楚其应该如何开展其软件专利工作。

在这种背景下，如何设置一个可行的软件专利价值评估的标准，指引企业软件专利保护的发展方向，向企业说明应该申请什么形式的专利、何种专利更有价值，成为企业首要探究的课题。

三、现行专利评估指南与软件专利的不完全匹配

2023 年 8 月，《专利评估指引》（GB/T 42748—2023）发布，国家正式在官方层面向大众展示了专利的价值组成以及其评价维度方法。

根据《专利评估指引》，专利的价值包括法律价值、技术价值及经济价值。具体来说，法律价值包括技术稳定性、权利保护范围、侵权可判断性、依赖度；技术价值包括技术先进性、技术替代性、技术适用范围、技术独立性、技术成熟度、技术领域发展态势；经济价值包括剩余经济寿命、竞争态势、市场应用情况、专利运营情况。在此之上，《专利评估指引》甚至还设置了更细致的三级指标。

《专利评估指引》对于专利价值的评价，符合每一个知识产权人对于专利价值追求的看法。为企业推动专利保护工作，提供一个清晰、可量化的思路及指引。

《专利评估指引》发布后，笔者尝试将其应用于企业的专利价值评价体系的建立。但笔者在将其细化修改的过程中发现，部分问题依旧难以被解释，部分类型的软件技术如果按照《专利评估指引》中某一个维度的评价标准，其价值极低，甚至不应该进行申请。但如果按照另一个维度进行评述，则其价值又会变得很高，很值得进行申请并维护。原则上，《专利评估指引》的不同评价维度相辅相成，即使存在此高彼低的情况，也应该不会产生实质冲突。

如果将此标准应用于软件中，对应的是"一项可以适用于多种类型多种用途的软件，对上述软件的某个或某几个方面存在提升的技术"。

此类技术多为一种算法，用于提高内部任务处理效率，可以使进程间高效运作而相互间不会产生冲突；可以有效降低计算机的资源消耗，有效提高程序运作的精度及速度。同时由于其属于软件内核中负责进程管理类的部分，因此基本可以适用于在同一平台环境下的不同软件。很明显，这一类技术符合技术适用范围广的要求，可以据此获得较高的评价。

这一类技术因其接近软件的核心，一方面没有任何功能层面的展示，另一方面也不会给用户带来明确的使用流畅性改变。如果其技术可以外化影响用户感知的，可能只有通过进程管理器才可以看到的软件所占内存的降低，或者体感上的软件运作错误的次数降低。也就是说，假如此时权利人的一个竞争对手通过非合规手段获得该技术并予以实施，权利人也仅能感知其竞争对手产品的性能有所提高，而无法判断是否有人实施了侵权行为。

这意味着该专利基本不存在侵权可判断性。具有同类属性的专利，往往都会产生这个冲突，也就是当其技术适用范围越宽，则其专利侵权可识别性就越低。

四、软件专利的不可感知性

如果进一步分析，则会发现该类软件技术的步骤对于用户均是难以感知的，无论其权利要求如何书写，用户也无法在软件的一般使用中有所感知。而该软件技术的效果，用户只能存在一定程度的感知，但因为该效果可以由多种类型的技术单独或协同作用触发，所以也无法与该技术产生明确关联。

据此可以推论，部分软件专利存在一定程度上的不可感知性。这或许也是软件专利明显区分于硬件技术的固有特点。

软件专利的"不可感知"，通过笔者在实践中的观察，具体可能会体现在以下三个方面。

第一，步骤不可感知的表现。实践中可体现为，该软件专利的步骤，没有外显在用户界面，不可被用户直接或通过常用工具进行肉眼观测，包括但不限于其运作中出现的加载过程、命令语句、进程增加减少、算法计算等。用户无法得知其何时生效，也无法得知其何时结束。

第二，效果不可感知的表现。实践中可体现为，用户无法获知明确该专利实施的结果或用户无法确认相关效果来源于该项软件专利。

第三，步骤实施方法不可感知的表现。实践中可以体现为，通过专利的权利要求书，用户可以很清晰地在软件中发现该专利的痕迹，也可以清晰描述其步骤的过程及形式。但对于如何实现该步骤，以及如何通过该步骤实现最终的效果，无论是通过专利文本，还是通过对软件使用过程的肉眼观测，均无法获知。

五、软件专利不可感知性的来源

软件专利的不可感知性，是软件结构的复杂性以及软件技术的多样性共同作用的产物。

一个软件的结构是复杂的，其包含有负责交互的功能、图形运行界面部分，也包含有负责计算、内部定义、与系统平台交互、进程管理等的内核部分。而如果进一步细分，内核中也会包括多个层级，每个层级间会有多个不同的功能模块，相关的功能实施，往往是软件中不同层级的不同功能模块协同的结果。

用户可以感知的，仅仅是其最终为了实现与用户交互，而呈现至用户面前的交互界面。可以认为，如果将软件产品比作一个极其复杂的机器，那么作为无法接触到底层代码的其他人群，可以感知或者接触的，仅仅只有那个操作界面，其余部分是完全无法知晓的。

举个例子，当在软件的界面通过鼠标、键盘去使用点击某个功能按钮，进而在图形主界面上进行操作的时候，用户所能感知的就是其点击了按钮，移动了鼠标，输入了数字，最后在显示器上看到了图形发生了改变或者算式得出的一个结果。

实际上，这可能会触发针对鼠标、键盘输入的识别、将相关动作识别翻译成软件内部可识别的命令，进而进行任务的分配与核心信息的计算，最终将计算结果实时反馈到渲染引擎并最终呈现在显示器上等一系列用户无法感知的内部动作，包括任务的分配、不同模块间的数据交互、模块内部的任务工作流、运算模块的相关计算等。

当将上述的软件技术进行专利申请时，既可以申请其外显的操作步骤，通过输入及输出，来界定该功能的边界，以构成一个技术方案。也可以深入其功能内部，阐述在用户执行功能指令时，计算机的运作、判断，以及其工作流构成一个技术方案。甚至可以将计算机内部，识别到用户指令后，任务分配的逻辑，或者某个功能中的核心计算算法，申请为专利。

其软件技术的不可感知性，也会进一步影响对应的专利方案。

例如，美国欧特克软件公司在其基于其城区设计以及城市更新技术，在中国申请的两个同族专利中，就使用了这种技巧。其中，专利号为CN201880085462.4 的专利申请生成了一种用于城区设计项目的具有特征拓扑的设计的技术，侧重于使用几何引擎和评估引擎来生成和优化设计选项。其中几何引擎负责根据设计准则和目标生成候选设计，而评估引擎则评估这些设计并提供反馈，以便几何引擎可以进一步优化设计。而另一件专利号为 CN201880085475.1 的专利申请用于城区和社区规划的生成式设计管线，着重介绍了实现该生成和优化设计能力的系统。根据其描述，该系统可以自动为城区设计项目生成设计选项。该专利强调了如何基于设计准则和目标函数生成候选设计，并通过评估引擎评估这些设计的性能，以生成度量集。

六、软件专利不可感知性所带来的影响

（一）专利难以实施

根据《专利审查指南 2023》的规定，专利申请上要求申请人充分披露技术，以展示该专利符合授权所需要的"三性"（新颖性、创造性、实用性）。但从实务经验看，即使是符合专利"三性"从而获得授权的专利方案，其方案披露程度实际上仍无法使行业内的技术人员可以实施其方案。因为其方案中含有大量不可感知的底层逻辑因素，所以一定程度上降低了同行独自复现该专利技术效果的可能性。

例如，欧特克软件公司在其一件名为变换机械手控制的基础专利中，通过其独立权利要求，展示了该"夹点"功能的能力。

第一，显示变换机械手（夹点的控制器）。在三维（3D）建模系统中选择第一物体，显示一个变换机械手。变换机械手包括一个二维（2D）控制平面对象以及位于 2D 控制平面对象上的一个或多个夹点。

第二，激活夹点。激活一个或多个夹点中的一个。

第三，使用激活的夹点操作物体。使用激活的夹点来操作第一物体。

第四，2D 控制平面对象的功能。变换机械手的 2D 控制平面对象可以用于在 3D 空间中对物体进行平移、缩放和旋转等操作。

第五，自动选择控制平面。变换机械手可以根据用户的主导视角方向自动选择控制平面，使得操作更加直观和方便。

第六，物体间的关系定位。变换机械手可以实现物体间的相对定位，如通过"触摸"检测控制平面与另一个物体的边界框的接触，从而辅助用户进行精确的物体位置调整。

从权利要求上看，该专利十分通俗易懂，基本上稍微对画图软件有所了解的人，都能由此形成针对该功能的形象。但知道是一回事，如何开发出来又是另一回事。该专利背后需要何种模块间的配合，怎么保证相关的操作可以产生正确的效果，单凭技术说明文档并不容易实现。需要说明的是，由于电脑辅助设计（CAD）技术发展早期产生了大量的技术联盟，因此相关技术上的共享度会更高，这也是为何该技术后来成为 CAD 软件的基础功能的重要原因。

可见，当软件专利技术或者专利包需要对外赋能营利，但没有配套的相关的成熟系统或开发包类产品时，会变得十分困难。受让人往往会知道步骤，却无法获得专利中所描述的结果，或者明明知道步骤以及结果但就是无法实施。

（二）维权需要通过软件著作权实现

不可感知性除了会对专利实施产生影响，也会对维权产生影响。

当一个软件专利方案披露足够充分，使行业内技术人员存在复现可能。而该技术又恰好无法被用户感知的时候，即使发生了侵权行为，权利人也无法获知，更别说是维权。为了解决此类问题，权利人往往需要在软件中设置隐秘但可供识别的技术措施，或者在代码上加上防盗专用代码提高其专利技术的可感知性。进而可以在发现竞争对手产品出现了侵权可能后，通过相关的措施识别出其侵权证据，最终启动维权起诉。

这也是实践中，明明是软件专利的侵权，很多时候却不得不通过软件著作权侵权之诉进行维权的一个重要原因。

七、软件专利类型（以不可感知作为分类标准划分）

由于软件专利存在的不可感知性，使其与现行专利价值评价体系不相符，因此可以推论，当一件软件专利可以被完全感知或被部分感知，则其可以被现行的价值体系所评价，那么其理论上就不会影响软件专利的实施和价值实现。

据此，为了更好推进讨论，笔者以不可感知性作为基准，大致将软件专利归纳为以下四种类型。

第一种，步骤和结果可感知，其代表为功能类。

第二种，步骤和结果可部分感知，其代表为功能、算法类。

第三种，步骤不可感知、结果可感知，其代表为算法类、输出结果改进类。

第四种，步骤和结果均不可感知，其代表为底层算法、任务流管理类。

其中，笔者将步骤可感知定义为用户可以清晰感知其权利要求中所描述的专利步骤，可以轻易通过其权利要求的描述，复现其步骤过程。相对的，如果步骤不可感知，那就意味着该步骤无法被形象描述，或者其权利要求因难以被理解掌握而难以复现。结果可感知，则代表该专利的效果是明确可见的，例如输出一个结果、实现一个功能目的，或者其改进的程度非常明显以至于用户可以清晰感受到变化。而其中所出现的部分可感知，主要是想涵盖在软件运行中可能出现的其步骤本身不可感知，但步骤可能为软件中带来特定的可感知的变化，例如在运行中可能会打开一个进程从而可以被进程管理器捕捉到，或者其可能引起内存的特定变化而被捕捉到等。

八、不同类型软件专利的价值可评价性

为了明确找出影响软件专利的价值实施的原因，需要进一步探讨不同类型软件专利能不能被现有的专利价值体系所评价。

软件专利评价分析如表3所示，将步骤和结果可完全感知，步骤和结果可部分感知，步骤不可感知、结果可感知，步骤和结果均不可感知这四类专利类型对应的具体技术情况置于专利价值评价指引的各个评价维度下，分别记录其是否能够被评价。

表3 软件专利评价分析

价值分类	评价内容	步骤和结果可完全感知	步骤和结果可部分感知	步骤不可感知、结果可感知	步骤和结果均不可感知
法律价值	技术稳定性	可评价	可评价	可评价	可评价
	权利保护范围	可评价	可评价	可评价	可评价
	侵权可判断性	可评价	可评价	难以评价	无法评价
	依赖度	可评价	可评价	可评价	可评价
技术价值	技术先进性	可评价	可评价	可评价	难以评价
	技术替代性	可评价	可评价	可评价	可评价
	技术适用范围	可评价	可评价	可评价	可评价
	技术独立性	可评价	可评价	可评价	可评价
	技术成熟度	可评价	可评价	可评价	难以评价
	技术领域发展态势	可评价	可评价	可评价	难以评价
经济价值	剩余经济寿命	可评价	可评价	可评价	可评价
	竞争态势	可评价	可评价	难以评价	无法评价
	市场应用情况	可评价	可评价	可评价	难以评价
	专利运营情况	可评价	可评价	可评价	难以评价

此处参照《专利评估指引》附录 A（资料性）专利价值分析评估指标示例。其中，对于不具备评价可能的，例如由于专利无法被感知，因此基本无法判断他人是否存在侵权行为，使用"无法评价"进行记录。而对于可感知部分少，或因无法知晓他人技术而导致难以对比，以至于难以得出某一个维度的评价结论的，使用"难以评价"进行记录。

通过比对可以发现，当步骤或结果任一存在部分可以被感知的要素时，其可被现行评价标准所评价。

九、不可感知类软件技术的知识产权保护

（一）强制公开源代码的可行性

除去不可感知类的软件技术，其他类型软件技术中难以被感知的部分，也同样会增加价值评价的难度和不准确性。

软件专利的许可、转让、维权工作受限于不可感知性，不但难以为软件专利的赋能及保护提供足够的支撑作用，反而抑制了其申请和发展。所以要进一步推进软件专利的发展，针对其不可感知的特点进行约束。

针对软件中算法不可被感知的问题，吴汉东教授呼吁强化源代码公开的法定义务，认为计算机软件的专利保护，其价值目标在于保护程序算法创新，促进源代码数据公开，"以公开换保护"，由此来构建专利权利益平衡的制度工具。❶

在源代码数据公开的前提下，软件的不可感知特性将被消除，则此时软件与硬件可适用于同样的价值评价体系，而软件专利的转让及许可也不会有明显障碍，这将有效提高软件专利的市场价值。

但同时，软件专利通过公开其源代码以换取保护，而侵权人并不需要公开其源代码。当该技术步骤或结果无法被感知时，软件专利的权利人根本无法获知该侵权行为的发生。尽管公开源代码可以在诉讼中帮助识别侵权，但当权利人都无法感知侵权行为发生，那诉讼更是无从谈起。可以认

---

❶ 吴汉东. 计算机软件专利保护问题研究 [J]. 当代法学，2022，36（3）：3–16.

为，除非社会上的软件均向某一个负责评价记录的权威第三方公开其代码，否则公开源代码换保护非但无法为专利权人带来竞争优势，反而会使其迅速丧失竞争优势。

笔者认为，专利的本质是通过创设并授予部分人垄断获利的权力，促使部分人因此对技术进行创新，并最终通过专利权的保护期限的限制，以及市场的竞争，迫使专利技术本身得以回归到社会，从而实现社会技术的进步。

专利权是通过以赋予专利权人竞争优势的方式，来促使其进行技术发展的。竞争以及其带来的利益，是促使社会主体积极进行技术创新的核心驱动力。如果为了提高专利价值的手段，反过来破坏了其价值核心，那可能意味着这个手段本身存在问题。

（二）不可感知类软件技术的商业秘密保护

既然软件专利的不可感知的特点难以被解决，那么对于完全无法被感知的软件技术，例如效果均无法被感知类的、基本无法与现行的价值评价相匹配的软件技术，该如何保护其知识产权呢？

此类技术的特点是核心且重要，同时无法被用户感知，实施也无法获知。这意味着，如果企业不将其对外披露，则企业外的人员基本不存在知晓其方案的可能性。假如其技术本身价值足以申请专利，那企业依旧可以凭借其效果保持较长时间的竞争优势，即通过商业秘密进行保护。

除此之外，笔者认为，如果要进一步引导企业提高软件专利的实际价值，可以考虑针对软件专利的不可感知的特点。国家知识产权局可以在专利审查中针对该特点加入审查要求，例如要求在其权利要求或说明书中明确体现其可感知的技术特征。针对完全没有任何可感知特征，也就是没有任何侵权可判断性的技术，可以考虑控制其年授权率。尽管会因此影响该部分技术的创新积极性，但是对于整个市场而言，或许属于两害取其轻的更好做法。

只有当软件专利的整体价值提高了，可以让企业主看到切实的利益，那么软件专利才可能被企业推崇进而获得发展。

十、结　语

笔者认为，针对软件专利的研究有些偏离最初设计的方向。行业内谈及软件的知识产权保护工作，也集中在公益、权利、法理的范畴进行分析。但企业是专利最大的申请主体之一，不从企业的角度出发讨论这个问题，最终只会导致这个问题被束之高阁，成为纯粹的学术主题，而无法落到实处。作为一个软件行业的知识产权人，比起讨论 AI 或权利义务对等，笔者更希望让社会关注软件专利尴尬的现状，让研究不再停留于表面。

专利许可人与专利被许可人对专利开放许可的意愿分析

田俊峰[*]

《专利法》在 2020 年修正时增加了关于"专利开放许可"的条款，其目的是促进专利技术的实施与运用，打通专利技术供需双方的"堵点"，鼓励专利技术的传播和交易，降低专利许可的难度和成本，促进科学技术进步和经济社会发展。

专利开放许可，又称专利当然许可或专利公开许可。简单来讲，就是专利权人自愿以书面方式向国家知识产权局声明愿意许可任何单位或者个人实施其专利，并明确专利许可费支付方式和标准，由国家知识产权局予以公告，实行开放许可。任何单位或者个人有意愿实施开放许可专利的，以书面方式通知专利权人，并依照公告的专利许可费支付方式和标准，支付专利许可费后即获得专利实施许可。

国家通过立法的方式推行专利开放许可制度，主要是希望利用专利开放许可制度打造一个尊重创新、保护创新、诚信公平的专利技术转移、转化、运用平台，通过标准、便捷的许可流程，来大幅降低专利许可谈判周期和成本，提高专利运用能力和效率，降低企业专利侵权风险，提高企业的自主经营安全性。

但是，专利许可的实际情况真的会如上述场景那么美好吗？专利权人真的愿意专利实施开放许可吗？被许可人真的会主动支付专利许可费、获

得专利许可吗？经验告诉我们，到达任何成功的巅峰，都需要经过一条任重而道远、蜿蜒而曲折的艰辛之路，专利（开放）许可也不例外。

笔者将从许可人与被许可人角度对专利开放许可的意愿分别进行分析。

一、许可人愿意主动进行专利开放许可吗？

（一）进行专利开放许可的原因

对专利权人来说，尤其是拥有大量授权专利，且正在积极寻求专利许可的权利人来说，如果利用专利开放许可制度，就可以轻松实现专利许可目的，收取不菲的专利许可费。此外，还可以有效降低普通专利许可前的准备工作，包括专利是否被侵权的分析论证工作、专利被侵权的证据收集工作、专利许可谈判工作、专利诉讼（可能是全球范围）工作，以及促成专利许可的其他必备前序工作，实现企业生产经营中降本增效这一核心要求。根据《专利法》第五十一条第二款规定："开放许可实施期间，对专利权人缴纳专利年费相应给予减免。"

（二）专利权人的哪些专利可开放许可？

专利权人如果希望进行专利开放许可，就必须筛选出相应的专利用来开放许可，以及确定合适的许可费收取标准。

筛选用于许可的专利，对知识产权从业者来说，是一个非常考验个人专业能力和综合能力的工作。大家都明白，高价值专利才有许可市场。低价值专利即使免费许可依然缺乏吸引力，结局基本上是无人问津（基于特殊原因或目的的专利许可除外）。

那么专利权人是否应该拿高价值专利来开放许可呢？对于创新型企业来说，核心专利属于企业商业秘密。例如在通信行业内，大多数企业都申明企业自身拥有多少项标准必要专利，但鲜有企业公布自己标准必要专利清单，这就充分证明核心专利属于企业商业秘密这一企业管理通则。因此，专利权人如果真的将高价值专利拿出来开放许可，可能专利许可费还没收到，就提前收到竞争对手对高价值专利的无效宣告受理通知书，进而出现高价值专利被宣告无效、许可费无法收取的双输结局。有人认为，权利不稳定的专利就不是高价值专利，就不应该进行开放许可。这显然是理想主义者，看看众多跨国通信巨头企业被宣告无效的标准必要专利，就应该明白，很多高价值的标准必要专利也一样存在稳定性问题；但这些高价值专利如果被保护起来，包装到几十件甚至几百件的专利包中，利用专利许可谈判，进行专利打包许可，就可以收到金额可观的专利许可费。

另外，即使高价值专利没有被宣告无效，专利权人开放许可高价值专利（例如，保护专利权人市场主要销售产品的专利）依然存在一定的经营风险。竞争对手按照专利权人的专利开放许可条件，支付专利许可费后即可获得专利技术的实施许可，开放许可的专利权人是不能拒绝任何被许可方（包括竞争对手）的许可请求的。基于专利开放许可这一约定前提，专利权人可能会在市场竞争中较为被动。具体来说，如果专利权人的许可费收取方案不合适，就存在以下可能：①竞争对手在获得专利许可后实施专利技术，在市场上因使用该专利技术而获得的收益大于或远大于支付的专利许可费；②竞争对手获得专利许可后，通过营销、渠道、资本等方面的优势快速提高市场占有率，专利权人因市场占有率下降造成的损失大于或远大于通过专利许可收取的许可费。这两种情况都相当于直接帮助了竞争对手，降低了专利权人的自身竞争力和市场控制力，对企业经营来说都是非常危险的。

（三）如何收取专利开放许可的专利许可费

专利许可费的收取标准，是专利许可谈判过程中谈判的关键因素，也是专利能否达成许可的关键因素。虽然绝大多数专利权人都会在专利许可中声明遵循公平、合理、无歧视（FRAND）原则，甚至一些专利许可的主要企业都会主动公布自己的专利许可政策以及专利许可费的收取标准，这些专利权人的操作貌似与专利开放许可制度是相映成趣，互为一体。但是，行业内以获取专利权许可为本质目的，有实际参考价值的专利许可合同基本上都是保密的，几乎没有主动公开的情况。可以推断出专利权人在许可谈判过程中会针对不同的被许可人采用不同的策略和标准，专利许可费的收取标准也会有所不同。因此，专利许可只有相对的公平、合理、无歧视，而没有绝对的 FRAND。

专利权人开放许可的目的是制定专利许可费的主要依据。专利权人如果希望达成更多的专利许可，可以收取更多的专利许可费，其制定的许可费收取标准就必须平衡许可人与被许可人的双方利益，促成专利许可。如果专利权人在专利开放许可之前，就存在较多的专利许可行为，那么专利开放许可的许可费收取标准的制定就需要更加谨慎，要考虑前后的一致性、合规性，避免因公开专利开放许可的许可费收取标准，对专利权人自身造成不利影响。

另外，专利权人进行专利开放许可，是希望将专利许可费收取标准作为未来专利被他人侵权的司法判决中的判赔参考标准，那么专利许可费就需要制定对自身更加有利的方案。笔者不建议专利权人免费许可或者许可费标准收取过低，这样有可能造成专利权人的重大损失。

基于上述分析，专利权人虽然有专利开放许可的动力，但是也应具备专利开放许可的操控能力，才可以有效控制专利开放许可的效果向自己预设的方向发展。只有深刻认识企业知识产权策略，企业进行专利开放许可的行为符合企业当前商业竞争需要，且企业具备筛选出适合专利开放许可专利的能力，以及制定出有利于企业发展和提高竞争力的专利许可费收取标准，才可启动专利开放许可的工作。

二、被许可人愿意主动接受专利权人的开放许可吗？

对于被许可人来说，主动接受许可人（专利权人）的专利开放许可，就意味着公司需要对外支付（大额）专利许可费，以及企业经营成本显著增加、经营压力大幅上升。企业如果愿意主动支付专利许可费，那么企业要么是为了避免损失更多的钱，要么是为了获得更高的收益。例如，企业可以降低因专利涉嫌侵权造成的企业经营风险（例如禁令）和/或高额的专利侵权赔偿风险，或者进行技术的转移转化，实现技术投资或快速转型、发展，获得更高的营业收入和利润。

就通过获得专利许可降低专利侵权风险来说，企业只有在确定其销售的产品或使用的技术必然侵犯他人专利权的前提下，才会主动寻求专利许可。但是，专利侵权判定（尤其是发明专利或实用新型专利的侵权判定）

相对比较复杂，可变性强，结果存在不确定性，企业是否专利侵权并不能快速准确地确定。因此，对于一些企业来说，通过司法途径来明确专利侵权是否成立是判定侵权风险的途径之一，企业在专利侵权诉讼中可以审时度势，利用法院审判过程中的证据，例如用判决书作背书或参考，及时做出对企业自身利益最大化的决策。这也解释了为什么很多专利许可是在专利诉讼过程中达成的。

对涉嫌专利侵权的企业来说，即使在专利侵权诉讼过程中被判定专利侵权风险较大，大多数情况也是可以与权利人达成和解，通过接受专利许可来获得专利技术的自由实施，降低企业经营风险。对企业来说，在诉讼中被动接受专利权人的专利许可，与提前主动接受专利权人的专利开放许可有所区别。如果许可费收取标准差别不大，那企业为什么要主动接受专利权人的专利开放许可呢？此外，如果司法判决侵权不成立，侵权人也无须向专利权人支付专利许可费。

基于上述分析，作为被许可人，大多数企业很少会有主动寻求专利开放许可的意愿，即使专利权人主动发起专利许可谈判，也不会轻易接受专利许可，更多是积极应对和反击，只要确保司法诉讼中不会被认定为恶意侵权即可（避免惩罚性赔偿）。因此，大多数专利许可都需要经过专利谈判、专利无效宣告、专利诉讼等多个程序，是一个许可方与被许可方不断角力、不断平衡的过程，是双方不断攻守切换、不断见招拆招的过程；是一项马拉松式的、艰苦卓绝的工作，是很难进行精简化和标准化的工作。

当然，一些企业希望在市场上找到与企业自身发展相匹配的技术，实现企业快速发展，弯道超车；一些投资人希望主动寻求一些可以投资的技术，其利用专利开放许可平台进行技术匹配和技术筛选，以达成其目的，这些企业具有主动寻求专利开放许可的意愿。但是，其背后更多是技术转移转化的动力。另外，企业如果在专利开放许可平台上发现比较有价值的专利，而许可条件又合理，甚至有较大利益空间（例如免费许可或者许可费较低），可以通过专利开放许可获取自由实施专利技术的权利，增加企业收益，提升自身竞争力。在这种情况下，企业也具有主动寻求专利开放许可的意愿。

三、如何推动专利开放许可的落实

对专利权人来说，由于专利开放许可制度具有很多优点，因此具有主动实施专利开放许可的意愿。但是，对于被许可人来说，如果被许可人通过专利开放许可程序主动缴纳的专利许可费，与经过专利谈判甚至诉讼后达成的专利许可协议约定缴纳的专利许可费，总体金额差别不大，那么被许可人主动接受专利权人的专利开放许可的意愿就会很低；甚至被许可人还可以通过专利无效宣告程序无效掉专利权人的专利，或者在专利诉讼中胜诉（判决专利不侵权），这样就无须缴纳专利许可费。因此，被许可人可能不愿意接纳专利开放许可制度。

对于如何推动专利开放许可制度的落实，最大限度上发挥专利开放许可制度的优点这一问题，笔者认为，被许可人愿意接受专利开放许可是专利开放许可制度落实的关键，只有被许可人主动接受专利开放许可会有利可图，未主动进行专利开放许可会风险加倍，被许可人才会真正考虑是否接受专利开放许可。

（一）被许可人主动接受专利开放许可会有利可图

对于通过专利开放许可制度达成专利许可协议的，专利权人可以大幅降低相关准备工作，包括专利是否被侵权的分析论证工作、专利被侵权的证据收集工作、专利许可谈判工作、专利诉讼（可能是全球范围）工作，以及为促成专利许可的其他必备工作。因此，专利权人通过专利开放许可签署专利许可协议，相比专利权人主动发起专利许可程序并最终签署专利许可协议，专利权人节约大量的成本，这部分成本如果用来"奖励"被许可人，则可以有效提高被许可人主动接受专利开放许可的意愿。换句话说，专利权人在专利开放许可条件中，给出一定的优惠条件，且如果因这种优惠条件造成的不同被许可人之间形成的专利许可费差异，可以视为专利权人遵守了 FRAND 原则。

因此，专利权人可通过设置专利开放许可的"奖励"条件，来提高被许可人主动接受专利开放许可的意愿，进而推动专利开放许可的落实。

（二）被许可人未主动接受专利开放许可会风险加倍

法院在专利侵权审判过程中，如果判定专利侵权成立，且满足以下两个条件的，适用惩罚性赔偿原则，且加重惩罚。

第一，被许可人知道（双方已经沟通过）或应当知道（具备获取专利权人进行专利开放许可信息的能力）专利权人已经对相关专利进行了开放许可，且专利权人在专利开放许可中承诺的专利许可费收费标准符合FRAND原则，是合理的。

第二，被许可人未主动接受专利权人的专利开放许可，且持续进行专利侵权行为的。

在加倍风险的情况下，被许可人就必须认真研判主动接受专利开放许可的必要性和风险性，这样才会提高被许可人主动接受专利开放许可的意愿，进而推动专利开放许可的落实。

四、结　语

我国专利制度已经实施多年，虽然取得了巨大的进步和丰硕的成果，但是仍然存在较多问题。知识产权意识和运用能力在各行各业中渗透不充分，企业管理者知识产权意识不强，专利质量不高，大多数企业通常没有主动支付专利许可费、获取专利许可的意愿。专利开放许可制度才刚刚起步，还有很长的路要走，还需要不断完善和成熟，特别是司法领域的确认和支持，才能有效推动专利开放许可的真正落地。

技术成果的专利保护与商业秘密保护的比较研究

郭 庆[*]

技术成果的保护通常涉及两种形式：专利保护和商业秘密保护。实践当中，这两种保护方式各有利弊，专利保护是赋予权利人一项排他性的权利，但是要求将技术成果公开，并且只能在法定保护期限内获得保护。商业秘密保护侧重于保密性，并且没有法定保护期限的限制，不具有排他性，即无法制止后来者通过合法手段获取同样的技术成果，例如自主研发、反向工程。

因此，基于技术成果的应用形态、保护范围、举证责任、保护时间、侵权后果等评价指标，如何分析两种保护方式的利弊，合理选择专利方式或商业秘密以实现技术成果的最大化利用和保护，仍是一个亟待解决的问题。

一、技术秘密采取专利或商业秘密保护的选择策略

（一）满足商业价值实现的需求

无论专利还是商业秘密，都是知识产权资产，其资产运营的意义在于

---

[*] 作者单位：长沙华夏泰和知识产权有限公司。

满足企业商业价值实现的需要。因此，技术成果采取专利或者商业秘密保护的方式，首先应当评估的是企业实现商业价值方面的需求，具体主要涉及企业日常经营活动和商业竞争方面的需求。

1. 常见的专利保护需求场景

（1）技术研发与创新成果展示

内部研发评估：在企业内部，当对研发部门的工作成果进行评估时，专利是衡量技术创新能力的重要佐证。

外部技术合作：当企业与其他科研机构或企业进行技术合作时，专利是展示自身技术实力的有力证据。

吸引投资与政府资助：对于创新型企业，专利是吸引风险投资和政府科研资助的关键因素。

（2）产品市场竞争与差异化营销

产品宣传与推广：在产品推向市场时，专利可以作为产品独特卖点进行宣传，能够让消费者认为产品具有先进的技术含量，增强产品的吸引力和竞争力。

建立品牌形象与技术声誉：专利有助于企业建立高端、创新的品牌形象。不仅有助于提高产品的售价和市场份额，而且能长期培养消费者对品牌的忠诚度。

应对竞争与防止侵权指控：在激烈的市场竞争中，专利可以作为企业自我保护的武器。同时，企业自身在产品研发和生产过程中，也可以通过对专利的梳理来避免侵犯他人的知识产权，降低法律风险。

（3）知识产权交易与商业化运营

专利转让与许可：当企业进行专利转让或者许可他人使用专利时，专利本身就是交易的核心资产。同时，专利文件作为法律凭证，明确了双方的权利和义务，保障了交易的顺利进行。

技术入股与合资企业：在企业以技术入股的方式成立合资企业时，专利是评估技术价值的重要依据。同时，专利的价值评估将决定该企业在合资公司中的股权比例和收益分配，为技术的商业化应用提供了一种有效的合作模式。

2. 常见的商业秘密保护需求场景

（1）新产品研发与创新

产品设计与规格：如果企业研发出了一种具有独特设计或规格的新产

品，这些设计细节作为商业秘密可以证明企业在技术创新方面的投入和成果。

研发过程中的技术诀窍：包括在研发过程中发现的特殊工艺、配方或技术方法。

（2）客户关系管理

独家合作协议与客户服务方案：与重要客户签订的独家合作协议、为特定客户制定的独特服务方案等也适于商业秘密保护。

（3）生产工艺与制造流程

高效生产工艺：企业自主研发的高效生产工艺、自动化生产流程或节能生产技术等可以作为商业秘密。

质量控制方法：企业内部的独特质量控制方法和标准也是商业秘密的一部分。

（4）软件与信息技术

软件算法与源代码：企业自主开发的软件产品所使用的核心算法、源代码等适于商业秘密保护。

数据安全与隐私保护技术：企业在处理客户数据和企业内部数据时所采用的数据安全和隐私保护技术也适于商业秘密保护。

（二）保密的必要性和可行性评估

1. 必要性指标

关键核心技术所属专业领域现有技术发展水平不高、更新不快时，或当技术秘密不易被破译或被对手经过重复开发而取得时，应采取商业秘密方式予以保护。

（1）技术重要程度

关键核心技术通常是那些对企业的核心竞争力有着至关重要影响的信息，这些信息的泄露可能导致企业在市场竞争中失去优势。常见的可能涉及企业关键核心技术的领域主要包括以下四类。

第一，配方类技术，主要包括食品饮料配方、药品配方和制药工艺等。

第二，算法与软件源代码，主要包括搜索引擎算法、金融软件的风控算法和交易算法等。

第三，制造工艺中的特殊技术环节，主要包括半导体制造工艺、高端机械制造的精密加工工艺等。

第四，客户数据挖掘与分析技术，主要包括电商平台的用户画像技术、金融机构的客户信用评估技术等。

（2）技术生命周期

在技术更新速度较快的领域，例如电子消费品行业，企业通常会申请大量专利并以"专利池"的形式进行保护，这种方式可以确保企业在技术快速迭代的环境中保持竞争优势。而对于技术更新速度较慢的领域，例如传统制造业、医药、化工材料行业，商业秘密保护往往更为必要。

第一，传统制造业。

重型机械制造：技术原理和基本结构稳定，研发改进成本高、周期长。

汽车制造：整体架构和核心技术变革慢，但在新能源、自动驾驶等领域有新发展。

第二，教育行业。

学校教育：教育理念和教学方法更新慢，课程体系和教学大纲相对稳定。

职业教育：专业设置和教学内容与职业技能需求紧密相关，更新速度取决于行业需求变化。

第三，医疗行业。

临床医学：医学理论和临床实践发展渐进，新治疗方法和药物研发周期长。

医学检测：常规检测技术原理和方法成熟，技术更新主要在仪器设备精度和自动化程度方面。

第四，金融行业。

银行核心业务：存贷款业务、资金清算等运作模式和技术基础稳定。

证券交易：基本流程和规则稳定，交易系统核心技术架构变动少。

第五，农业。

传统种植养殖：依赖自然条件和传统经验，新技术更新速度慢且受地域、气候限制大。

农产品加工：加工工艺和技术设备更新换代速度慢，生产流程相对固定。

第六，建筑与土木工程行业。

建筑设计：建筑风格和设计理念变化慢，对安全性、耐久性等因素考虑多，新技术应用谨慎。

土木工程施工：施工技术和工艺成熟，大规模工程建设中传统方法占主导。

2. 可行性指标

通常，如果企业有提供保密措施的经济实力，其商业秘密本身也适合保密的，采取商业秘密方式予以保护才具有可行性和持续性，即实施商业秘密方式进行保护的过程中应评估保密的成本和保密措施的实施难度。

（1）保密的成本

管理成本：由于针对商业秘密设置了专职人员，因此需要支出专职人员的劳动报酬；由于针对商业秘密设置了保密机构，因此需要支出保密机构的保密办公经费；由于对涉密人员需要支付保密费用，因此签署竞业限制的还需要支付竞业期间的经济补偿费用。

设备成本：保密措施往往还需要购买专业的设备和软件，这是初期成本，更新、维护是后续成本。

服务成本：购买商业秘密保护服务，包括已有保密制度、措施的完善，建立新的配套保密措施，开发商业秘密运用的战略规划等。

小企业和创新型企业在资金有限的情况下，可以通过制定严格的保密制度、与员工签订保密协议等方式来保护商业秘密，这些措施虽然不需要大量的资金投入，但同样可以起到一定的保护作用。而大型企业则需要更多的资金投入，包括专职人员的薪酬、设备的购置和维护等。

（2）保密措施的实施难度

第一，秘密性界定与识别难度。

模糊的边界：商业秘密的范围较广，包括技术信息、经营信息等多种类型。对于一些企业人员来说，很难精准地界定哪些信息属于商业秘密。

动态变化的内容：商业秘密的内容会随着企业的经营活动和市场环境动态变化。企业需要不断地重新评估和识别商业秘密，这增加了保护的复杂性。

第二，保密措施实施的复杂性。

流程复杂性：完善的保密措施会使企业的业务流程变得更加复杂。例如，在文件管理方面，从文件的创建、存储、使用到销毁，每一个环节都需要遵循严格的保密程序。员工可能需要经过多层审批才能访问某些敏感文件，这在一定程度上会影响工作效率，也增加了员工不遵守规定的风险。

第三，人员管理挑战。

员工流动风险：员工是企业商业秘密的重要载体，人员流动可能会导致商业秘密的泄露。当员工离职时，很难保证他们不会将掌握的商业秘密带到新的工作岗位或用于其他目的。特别是对于掌握核心技术或关键客户信息的员工，企业需要采取多种措施来防止离职员工泄密，例如竞业禁止协议，但这也可能会引发法律纠纷和员工的反感。

员工意识与忠诚度差异：不同员工对商业秘密的保护意识和忠诚度不同。即使企业进行了保密培训，部分员工可能仍然会因为疏忽、利益诱惑等原因泄露商业秘密。

第四，外部合作与信息共享风险。

合作伙伴保密能力参差不齐：企业在与供应商、经销商、合作研发机构等外部合作伙伴进行业务往来时，需要共享一些商业秘密。然而，不同合作伙伴的保密能力和诚信水平不同。

行业交流与竞争情报收集：在行业交流活动、展会、研讨会等场合，企业一方面希望展示自己的优势和成果，另一方面又要防止竞争对手收集商业秘密。

第五，法律保护的不确定性与复杂性。

法律界定模糊性：商业秘密的法律界定在某些方面还不够明确。这使得企业在判断自己的信息是否符合商业秘密的法律保护标准时存在困难，也增加了在侵权诉讼中胜诉的不确定性。

侵权认定与举证困难：商业秘密侵权行为往往具有隐蔽性，企业很难发现侵权行为。即使发现了，要证明其侵权行为也非常困难。

二、专利保护与商业秘密保护的动态管理

当商业秘密面临泄露风险，例如关键员工离职、合作伙伴关系变化等情况时，企业可以考虑将商业秘密转换为专利保护。另外，当企业面临商业策略调整，希望通过专利授权获取经济收益，或者需要利用专利来提升

企业形象和市场竞争力时，也可以进行转换。

此外，如果企业发现专利技术的某些细节在市场竞争中有更大的商业价值，且可以通过保密措施有效保护这些细节，也可以进行转换。例如，一种药品专利到期后，企业可以对药品生产过程中的特殊工艺及其改进采取商业秘密保护。

不过，为有效实现专利保护与商业秘密保护的动态管理，企业应该关注以下三个方面的内容。

（一）专利保护范围的合理限定

在确定专利保护范围时，企业需要考虑其商业秘密的保护策略。如果企业有强大的商业秘密保护体系，对于一些难以保密或者容易被反向工程的核心技术，企业可能会倾向于在专利保护范围中重点体现，而对于那些可以通过商业秘密有效保护的技术环节，可以适当缩小专利保护范围。例如，在制药企业中，对于药物的主要成分和基本的合成路线可能会申请专利，但对于药物生产过程中的特殊结晶工艺等商业秘密，可以在专利保护范围中避开详细描述，从而实现专利和商业秘密的协同保护。

此外，商业秘密的价值和可保护性也会影响专利保护范围的确定。如果商业秘密具有很高的市场价值且能够长期有效保护，企业在专利保护范围限定上可以更加灵活，甚至可以考虑放弃一些次要的专利保护，将资源集中在商业秘密保护上。例如，对于一些传统手工艺企业，其独特的制作工艺作为商业秘密能够带来持续的竞争优势。在这种情况下，企业可能仅对产品的外观等一些非核心技术进行专利保护即可。

（二）商业秘密的解密

在商业秘密的动态管理过程中，解密是一个重要的环节。商业秘密的动态管理包括对商业秘密的持续评估、保护策略的调整等。当市场竞争需求、商业秘密的价值与风险、法律法规和政策等因素发生变化时，解密可能是一种合理的策略调整。例如，在企业的产品生命周期管理中，处于衰退期的产品相关的商业秘密，如果已经没有太大的保密价值，就可以考虑解密，以便更好地管理企业的资源；在医药行业，药品审批过程中可能需要提供药物的成分、临床试验数据等信息，企业需要在遵守监管政策的前提下对商业秘密整体策略进行调整。

同时，动态管理也要求企业在解密之前充分考虑其对整体知识产权战略的影响，解密不能孤立地进行，而应该与专利申请、商标管理等其他知识产权管理措施相结合。例如，如果企业决定解密一部分商业秘密，可以同时考虑将另一部分相关技术申请专利，以实现知识产权保护的平衡和延续。

（三）专利保护与商业秘密的时机

1. 从专利到商业秘密保护的转换

专利到期后的延续保护：当专利即将到期，但技术仍有市场价值时，企业可以通过加强保密措施，将部分技术细节转化为商业秘密保护。例如，某些药品专利到期后，企业可以对药品生产过程中的特殊工艺进行保密，以维持市场竞争力。

技术改进后再保护：如果企业在专利技术的基础上进行了改进，对于改进部分可以根据情况选择商业秘密保护。例如，在电子产品领域，企业对已授权专利的芯片设计进行了内部性能优化，这部分优化后的技术可以作为商业秘密，与原专利技术相结合，提供更全面的保护。

2. 从商业秘密到专利保护的转换

风险驱动转换：当商业秘密面临泄露风险，有关键员工离职、合作伙伴关系恶化或出现商业间谍活动时，企业可以将商业秘密转换为专利保护。例如，一家软件公司如果发现离职员工可能将其核心算法泄露给竞争对手，就可以迅速将该算法申请专利。

战略驱动转换：在企业战略调整，拓展市场、寻求合作或建立行业标准时，专利保护更具优势。例如，一家新能源企业想要参与国际标准的制定，将其关键的电池技术转换为专利，可以在标准制定过程中有更多的话语权。

三、结　语

技术成果的保护方式选择需综合考量：企业在面对技术成果保护时，

应全面评估商业价值实现的需求、保密的必要性和可行性等因素，以此决定采用专利保护还是商业秘密保护。在技术研发创新成果展示、产品市场竞争、知识产权交易等场景下，专利保护作用显著；而新产品研发的设计与诀窍、客户关系管理、生产工艺及软件信息技术等方面，商业秘密保护可能更合适。

动态管理至关重要：企业要依据不同情况实现专利保护与商业秘密保护的动态转换。当商业秘密面临泄露风险（如关键员工离职、合作伙伴问题）或企业战略调整（如参与标准制定）时，应从商业秘密转换为专利保护；当专利到期但技术仍有价值或专利技术改进后，可从专利转换为商业秘密保护。例如，软件公司应对员工离职风险、新能源企业参与标准制定、药品专利到期及电子产品技术改进等。

合理限定保护范围与适时解密：企业要确定专利保护范围要结合商业秘密保护策略，依据商业秘密价值和可保护性灵活调整，实现两者协同。同时，要根据市场竞争、价值风险、法律法规等因素的改变适时对商业秘密保护策略予以调整，并与其他知识产权管理措施配合，确保企业知识产权保护的平衡与延续，例如在产品生命周期管理和医药审批过程中的相关操作。

VR 技术领域知识产权保护概要

黄玉筠[*]

在这数字化时代，虚拟现实（VR）技术以其身临其境的沉浸式体验和精准流畅的人机交互性，正逐步成为推动社会进步和产业升级的重要力量。随着 VR 技术的日益成熟和广泛应用，知识产权作为保护智慧成果、激发创新活力、促进技术传播与应用的基石，在 VR 技术领域的重要性越发关键。让企事业单位与高校更有动力去创新，也让技术能更好地传播和应用。从基础算法的研发到硬件设备的创新，从软件平台的构建到应用场景的拓展，每一项技术突破和成果应用都离不开知识产权的保驾护航。深入研究 VR 技术领域的知识产权保护与管理机制，不仅关乎企业的核心竞争力与市场地位，而且是推动整个 VR 行业健康、持续发展的关键。

一、VR 技术领域知识产权保护的意义

VR 技术领域的知识产权保护，主要指的是对在 VR 技术领域研发、产品设计、应用推广等过程中所产生的各类智力成果及其相关的法律权利的确认和保护。这些智慧成果包括软件代码、硬件设备设计、图形图像、交互设计、用户界面、品牌商标等。随着 VR 技术的不断提升，其应用场景日益丰富，VR + 跨界融合、VR 将虚拟与现实无缝对接，为军事、教育、医疗、娱乐、工业设计等多个领域带来革命性的融合体验。

---

[*] 作者单位：广州卓远虚拟现实科技股份有限公司。

企业通过加强 VR 技术领域知识产权保护，不仅能够确保自身创新成果不被非法复制或模仿，而且能通过专利许可、技术转让等方式，实现技术的商业化应用与价值最大化，进而促进整个 VR 行业的繁荣发展。

二、VR 技术领域知识产权保护的方向

（一）著作权保护

VR 技术里的著作权保护，是个既复杂又关键的课题。它包括 VR 作品里的方方面面，例如复杂的软件代码、漂亮的图形图像、动听的音频视频，还有那些让人眼前一亮的交互设计、用户界面等。只要它们是独创，还能被复制下来，那它们就能受到著作权的保护。开发者在进行开发设计时，需要谨慎考虑游戏中的创意，避免侵犯他人的著作权。

而著作权保护的前提，必须满足两个条件：第一个是独创性的，不能是抄别人的，是独一无二；第二个是可以被复制的，VR 虽然"虚"但得有"实"体形式，才能被大众使用，才能传播出去，也才能创造出经济价值和社会价值。

以 VR 游戏为例，其可能涉及著作权的方面包括以下两个方面。

第一，游戏整体构成。

VR 游戏作为一个整体，其设计理念、故事情节、角色设计、音乐音效、程序代码等元素共同构成了游戏的独特性和吸引力，这些元素都是它最吸引人的地方，也是它最有价值的地方。它们如果具有独创性，并能够以某种有形形式复制，就可以受到著作权的保护。

第二，具体保护内容。

VR 游戏著作权具体保护内容包括场景设计、角色设计、音乐音效、程序代码、故事情节等。

（二）专利权保护

专利权保护在 VR 技术领域的知识产权保护体系中占据着举足轻重的地位。以 VR 游戏行业为例，若一个游戏开发者在 VR 技术领域取得了独

创性的创新成果时，可以通过申请专利来为自己的技术提供法律保障。

专利权的核心除了独创性，还有排他性，即一旦某项技术被授予专利权，那么别人想要使用、制造、销售或进口该专利技术的权利，必须经过专利权所有人的授权。这种独占权利为创新者提供了强大的法律保护，使他们能够从中获得合理的经济回报，进而激励更多的创新活动。

在 VR 技术领域，可能涉及专利权的方面包括以下三个方面。

第一，硬件设备设计是 VR 技术领域专利权保护中的一个关键方面。例如，头戴式显示器、手柄等 VR 设备的创新设计，如果具有独特、新颖的性能和流畅的使用体验优势，就有可能成为专利保护的对象。

第二，软件算法，这也是 VR 领域专利权保护的重要方面。VR 技术中的渲染算法、碰撞检测算法等创新技术，如果让虚拟环境模拟得更逼真、更高效，同样可以申请专利保护。

第三，交互设计，例如独特的用户交互方式、界面布局这些巧妙的设计，如果能够提升用户的使用便捷性和舒适性，同样有可能成为专利保护的对象。以 VR 游戏为例，其中的交互设计，包括用户界面、操作流程、反馈机制等，这些交互设计如果具有独创性，并能够提升玩家的游戏体验，就可以作为图形用户界面申请外观设计专利权。

（三）商标权保护

商标权保护在 VR 技术领域中是重头戏。VR 内容及产品往往具有独特的名称、标志和品牌形象，这些都能受商标法的保护。

第一，商标就像产品或服务来源的身份证，其核心价值在于避免消费者产生混淆。在 VR 领域，开发者需要精心设计和选择商标，确保其独特性和显著性，这样才能让自己的产品从一堆同类里脱颖而出。这对消费者来说也很重要，他们通过商标得以认准并信赖某个品牌，这直接关系到企业的市场份额和品牌形象。因此，开发者在推出新产品或服务前，应充分进行商标查询和评估，确保所选用商标不会与现有商标产生混淆，避免侵犯他人的商标权。

第二，商标权保护对于防范恶意抢注和搭便车行为具有不可替代的作用。在 VR 市场日益繁荣的背景下，企业可能会遇到商标被侵权的问题，这不仅损害了企业的形象和利益，而且还可能误导消费者，搅乱市场秩序。因此，加强商标权保护，严厉打击恶意抢注和搭便车行为，对保护企业的核心利益和公平竞争的市场环境至关重要。

（四）商业秘密保护

除了上述三种知识产权保护方式，商业秘密是 VR 技术领域知识产权保护的重要手段之一。在 VR 技术领域，可能涉及商业秘密的方面更加广泛而复杂。

第一，硬件设计与架构，包括图像渲染、运动追踪、空间定位、音频处理等核心算法技术，这些技术影响 VR 系统的响应速度、图像质量、延迟等。

第二，软件代码与算法，包括用于面部识别、情绪分析、表情生成等功能的算法，这些独创的算法和程序代码构成企业的商业秘密。

第三，用户数据和行为分析，涉及用户偏好、使用习惯等敏感信息的数据分析和处理，这些数据对企业非常重要，对企业优化算法、改进产品具有重要意义。

第四，经营策略，包括企业制定的产品策略、价格策略、渠道策略、促销策略、客户服务策略、人力资源管理策略和供应链管理策略等多方面策略。这些策略相互关联、相互支持，对企业的长期发展与经营目标至关紧要，须进行商业秘密保护。

三、VR 技术领域知识产权管理面临的诸多挑战

（一）技术复杂性与创新性挑战

随着 VR 技术领域不停发展，使得知识产权的识别、保护和管理变得尤为困难。一方面，VR 技术的不断创新和发展，使得企业知识产权管理人员需要具备高度的专业知识和敏锐性，以便及时发现并保护这些知识产权。另一方面，由于技术复杂性的增加，侵权行为的手段也更加隐蔽和多样化，因此给知识产权的保护和打击带来了更大的难度。

（二）法律法规滞后性挑战

针对 VR 技术领域的知识产权保护法律法规仍然存在一定的滞后性。一方面，有关知识产权法律体系可能无法完全覆盖 VR 技术领域的所有方面，导致一些新的知识产权类型无法得到有效的法律保护。另一方面，由于 VR 技术领域的快速发展和不断创新，现有的法律法规可能无法及时跟上技术发展的步伐，一些新的侵权行为无法得到有效打击和制裁。

（三）权利归属与利益分配挑战

VR 技术领域的开发、创作往往需要集合多名创新主体与合作伙伴一起完成，例如程序员、设计师、作曲家等。这在保护知识产权时，就需要考虑多名创新主体的权利归属和保护问题。一方面，由于 VR 技术领域的开发、创作过程复杂且涉及多个环节，因此不同创新主体之间的权利归属和利益分配往往难以明确，容易导致纠纷和争议。另一方面，由于 VR 技术领域的商业化应用日益广泛，不同利益主体之间的利益分配问题也日益突出，因此需要建立公平合理的利益分配机制来保障各方的合法权益。

（四）侵权行为隐蔽性与跨地域性挑战

在 VR 技术领域，开放性和匿名性就像两把双刃剑，让侵权行为变得更加隐蔽，追踪起来也更为棘手。一方面，VR 技术领域的用户群体庞大且分布广泛，侵权行为往往发生在不同的地域和平台上，给维权工作带来了极大的困难。另一方面，VR 技术领域的匿名性使侵权者往往难以被追踪和识别，导致侵权行为得不到有效的打击和制裁。此外，一些不法分子还可能利用虚假广告、仿冒游戏和滥用知名品牌等手段进行侵权行为，进一步损害了正版游戏的销售和声誉。

（五）管理与执行难度挑战

在 VR 技术领域，知识产权管理还面临着管理和执行两个方面的挑战。一方面，VR 技术快速发展与跨界融合要求知识产权管理机构不断更新和完善自身的管理体系和技术手段，适应新的技术发展趋势与市场需求。另一方面，VR 技术领域的跨地域性和复杂性要求知识产权管理机构加强与不同国家和地区的合作与交流，联合打击跨国侵权行为与维护市场秩序。这些工作都需要大量的资源和精力投入，并面临着诸多不确定性和风险。

四、VR 技术领域知识产权管理面临挑战的对策

（一）技术复杂性与创新性挑战的对策

1. 提高管理人员专业素养

创新主体可加强知识产权管理人员的培训和教育，提升其对 VR 技术领域的理解和认识，提高其对行业与技术高度的专业知识和敏锐性，及时发现并保护新的知识产权。

2. 建立技术监测机制

创新主体可利用大数据、人工智能等技术手段，建立 VR 技术领域知识产权的监测和预警系统，犹如"雷达"随时探测发现潜在的侵权行为和技术创新点。

3. 加强技术创新保护

创新主体对新技术应及时进行知识产权申请和保护，确保智力成果得到法律的有效保护。

（二）法律法规滞后性挑战的对策

1. 推动法律法规完善

创新主体可积极参与和推动相关法律法规的制定和完善，使 VR 技术领域的知识产权保护全方位有法可依。同时，企业应遵循合法、正当、必要的原则收集用户数据，并确保数据的准确性和安全性；对数据进行合理的处理和分析，以提取有价值的信息和知识。

2. 加强司法解释

在现有的法律框架下，需通过司法解释等方式，对 VR 技术领域知识产权的保护范围和侵权责任进行清晰的定义和解释，为维权提供法律依据。

3. 借鉴国际经验

借鉴其他国家在 VR 技术领域知识产权保护方面的成功经验，结合我国的国情，制定更加适应我们实际情况与技术发展的法律法规。

（三）权利归属与利益分配挑战的对策

1. 明确权利归属

明确各位创新主体的权益归属，通过合同、协议等方式确定权利分配，避免纠纷和争议。

2. 建立利益分配机制

建立公平合理的利益分配机制，确保不同利益主体之间的权益得到保障，促进市场推广以及商业化应用。

3. 加强合作与沟通

建立创新主体、投资者和运营者之间的沟通桥梁，使三方加强沟通与合作，共同制定和遵守利益分配规则，维护市场秩序。

（四）侵权行为隐蔽性与跨地域性挑战的对策

1. 加强监管与执法

有关管理部门可加强对 VR 技术领域的监管和执法力度，及时发现和打击侵权行为，维护市场秩序。

2. 建立跨国合作机制

有关管理部门应加强与其他国家和地区的合作与交流，共同打击跨国侵权行为，形成国际强大合作力量。

3. 提升技术手段

创新主体可利用当下区块链等先进的技术手段，让追踪和识别变得容易，降低维权难度。

（五）管理与执行难度挑战的对策

1. 完善管理体系

企业可建立健全知识产权管理体系，明确各方管理职责和流程，提高管理效率。

2. 加强资源投入

企业可加大对知识产权管理的资源投入，包括人力、物力和财力等方面，确保管理工作的顺利进行。

3. 推动信息化建设

企业可利用信息化手段，推动知识产权管理的数字化转型，提升管理效率和准确性

五、VR 技术领域知识产权管理实践案例分析

（一）侵害著作权及不正当竞争纠纷案❶

该案涉及《穿越火线》与《全民枪战》两款射击类游戏的著作权及不正当竞争问题。A 公司作为《穿越火线》在中国的独家代理运营商，起诉 B 公司，认为其开发的《全民枪战》在游戏地图、道具枪械等方面抄袭了《穿越火线》，并进行了一些虚假宣传。

法院在审理过程中，认定射击类游戏地图的空间布局结构为其创作核心，应作为图形作品予以保护。通过比对，法院发现《全民枪战》中的部分游戏地图与《穿越火线》构成实质性相似，判定 B 公司等构成著作权侵权及不正当竞争。

此案的裁决结果不仅保护了 A 公司的合法权益，也为游戏行业的著作权保护提供了重要参考。它强调了游戏地图作为图形作品的保护范围，并明确了借鉴与抄袭的边界，对于促进游戏产业的健康发展具有重要意义。

（二）专利侵权纠纷❷

该案与 AR 技术和 VR 技术有关。最高人民法院裁决时，详细分析了专利权的保护范围和被告的技术方案与技术特征，最终判定被告的产品未

---

❶ 广州知识产权法院. 2021 年度广东法院知识产权司法保护十大案件［EB/OL］.（2022 - 12 - 30）［2025 - 01 - 06］. http://www. gipc. gov. cn/front/content. action? id = 30a768daebc34d95b67ed481fbb1bc4c.

❷ 参见最高人民法院（2022）最高法知民终 2820 号民事判决书。

落入原告专利权的保护范围。

　　该案体现了专利权侵权纠纷案件中专利权的保护范围与技术特征的详细比对的重要性。它提醒原告在处理专利侵权纠纷时，不仅需要准确理解专利权的保护范围，而且需要对被告技术方案与技术特征进行详细分析，以确保判决的公正性和准确性。

　　综上所述，无论是著作权纠纷还是专利权侵权纠纷，都需要创新主体对相关法律法规理解全面与透彻，对权利的保护范围进行准确界定，并对争议的问题进行细致分析。这些案例不仅为如何解决知识产权纠纷提供了重要参考，而且为有关管理部门如何完善、加强知识产权保护制度提供了有益启发。

六、未来趋势与展望

（一）知识产权保护意识增强

　　随着 VR 技术的快速发展和广泛应用，知识产权保护的重要性日益提高。未来，企业和个人将更加重视 VR 技术的知识产权保护，通过申请专利、著作权等方式，给自己穿上"防弹衣"。同时，有关管理部门也会加大对 VR 技术领域知识产权的保护力度，完善相关法律法规，提高执法效率，为 VR 技术的健康发展撑起保护伞。

（二）专利布局日益重要

　　VR 技术涉及硬件、软件、接口、内容、应用场景等。未来，随着技术的不断成熟和应用场景的不断拓展，VR 技术的专利布局将日渐广泛。企事业单位与高校将积极申请与 VR 技术相关的专利，以抢占技术制高点和市场份额。同时，专利交叉授权和合作开发也是 VR 技术领域发展的重要趋势。

（三）技术创新引领知识产权保护

　　VR 技术作为一门复杂的多维学科，其快速发展基于技术创新。未来，随着技术的不断创新和升级，其知识产权保护也将面临新的挑战和机遇。

一方面，企事业单位与高校需要不断研发新技术、新产品和新应用，以满足市场需求和提升消费者的良好体验；另一方面，创新主体也需要加强知识产权保护，确保自己的智慧成果不被侵犯。技术创新将成为 VR 技术领域知识产权保护的动力与方向。

（四）知识产权运营成为重要盈利点

随着 VR 技术越来越成熟，其应用领域不断扩展，知识产权运营将成为 VR 技术领域的重要盈利点。企业可以通过专利许可、技术转让、合作开发、品牌赋能等方式，实现知识产权的商业化和市场价值最大化。同时，知识产权运营也有助于将 VR 技术普及和推广出去，促进产业的快速发展。

（五）国际合作与交流加强

VR 技术是一个全球性的话题、热点产业，国际合作与交流将成为 VR 技术领域知识产权保护的重要方向。各国政府、企事业单位和高校将加强合作与交流，共同推动 VR 技术的创新与发展，促进知识产权的保护与利用。同时，开展国际上的知识产权合作也将有助于推动 VR 技术的全球化应用和市场拓展。

七、结　语

在 VR 这个充满奇思妙想与探索乐趣的大世界里，知识产权犹如指南针，不仅给创新者指明了方向，而且使得整个技术生态蓬勃发展。随着 VR 技术的日新月异，从深度沉浸的内容体验到革命性的人机交互，再到引领潮流的工业级应用，每个进步都离不开知识产权的智慧光芒。

随着 VR 技术的边界越来越开阔，知识产权的保护与运营的路上也充满未知与挑战。新兴的应用场景、跨界融合的趋势，以及全球化的竞争趋势，都对我们如何精准界定知识产权的边界、如何高效管理和灵活运营提出了新的要求。为此，我们需要加强知识产权保护意识，建设坚实全面的法律与政策防护网，同时，积极推动技术创新与知识产权运营的双轮驱动，为 VR 产业的蓬勃发展打好地基。

船舶产业链知识产权风险问题研究

魏 剑 何 新[*]

  船舶工业是现代综合交通运输体系的重要组成部分，也是一个国家科技水平和综合国力的重要体现。随着以造船完工量、新接订单量、手持订单量为标志的造船三大指标连年增长，我国船舶产业在国际市场份额保持领先，产品逐步覆盖主流全部船型，表明我国正从造船大国向世界造船强国迈进。

  当前，新一轮科技革命和产业变革正加速发展，绿色技术、信息技术、智能技术加快与船舶设计制造融合，为我国船舶产业由大变强带来重要机遇。专利作为创新成果的重要载体，在引领创新方向、保障创新成果方面至关重要。同时，专利的法律性、地域性也决定了其在国际船舶市场竞争中扮演越来越重要的角色。

  船舶产业链涵盖设计、配套、建造和营运等诸多环节，涉及船东、设计院所、配套设备供应商、总装建造厂、修理厂、船检机构等上下游主体。

一、船舶产业链知识产权风险点及防范措施

  船舶产业链常见的知识产权风险有专利风险、技术秘密风险和著作权风险，风险多发生于船舶的设计、配套和建造环节。

---

  * 作者单位：中国船舶集团有限公司综合技术经济研究院。

（一）船舶设计中的知识产权风险

船舶设计通常包括初步设计、详细设计、生产设计，按技术来源可分为自主设计、委托设计和合作设计。

1. 自主设计侵犯在先知识产权的风险

风险点：船舶自主设计过程中与他人在先的专利权或著作权（设计图纸）发生抵触，构成侵权，从而影响船舶建造周期。

防范措施：船舶设计前通过购买、委托开发等方式获得知识产权所有人的许可；对于无法获得许可的技术，寻求规避设计等措施，对技术加以改进并申请外围专利，以降低未来发生侵权诉讼的风险，增加谈判筹码。

2. 委托设计中知识产权侵权责任约定不清的风险

风险点：对于由船东指定设计院所，船厂与设计院所签订合同的情形，当设计院所的基础设计或详细设计侵犯他人知识产权，导致船厂与船东之间的合同无法正常履行，根据造船合同的约定，船厂需向船东承担因设计而导致的损失。

防范措施：①审核船东指定的设计院所的资质，开展知识产权分析评议，对于设计院所提交的基本设计和详细设计，审查其是否侵犯他人的知识产权；②在与设计院所签订的合同中约定船厂有追偿的权利。在与船东的合同中约定，因船东指定的设计院所出具的基本设计或详细设计侵犯他人知识产权的，由船东负责。

3. 委托设计中过程不受控导致知识产权流失的风险

风险点：船厂未全程参与委托方的设计，不能及时知悉掌握过程中的技术创新，造成与委托船型有关的部分技术创新被委托方占有并申请专利。如此，既为今后相关图纸的使用埋下知识产权风险，也不利于船厂后续详细了解项目成果并进行改进创新。

防范措施：在合同中约定"委托方需定期向船厂提供设计进展报告和每日项目研发记录"。

4. 合作设计中权属约定不明导致的知识产权纠纷风险

风险点：由于船舶设计合同中未明确约定知识产权归属，或者只有一个概括性的约定但不明确，因此在后续的知识产权使用和改进设计中可能会出现纠纷。

防范措施：在合同中明确约定该船型开发设计过程中产生的知识产权归船厂所有，或船厂与设计院所共同所有。

5. 知识产权申请过程中过度公开导致技术秘密泄露的风险

风险点：船舶设计过程中涉及设计院所、设备配套商、总装建造厂的技术秘密，包括基本设计、详细设计、生产设计的图纸，这些技术秘密的泄露将给相关方带来不可预估的损失。

防范措施：①确定单位内的技术秘密范围，并采取必要的技术手段予以保护；②在单位内部建立和完善保密相关制度体系；③与员工签订竞业禁止协议；④有效运用法律武器反击技术秘密侵权行为；⑤加强技术秘密保护相关培训，完善内部协作、图纸送审、参会参展时的技术秘密保护要求。

（二）配套设备或技术引进中的知识产权风险

船舶配套是装配船舶所需的各类设备的总称，包括动力装备、舱室设备和甲板机械、通信导航系统、电力电气设备等。

1. 超出许可范围使用知识产权的侵权风险

风险点：源自专利或者设备厂商的限制性商业条款中对许可使用范围的限制，一旦船厂在许可使用范围之外的船型上使用相关产品技术，则可能面临知识产权侵权风险。

防范措施：①船厂在引进专利技术或设备时，应注意其许可使用范围，确保与船东要求的使用范围一致；②在船舶建造合同中明确所建造的船型及其应用场景，在承接订单之前，审查船东指定的设备供应商所提供的技术或设备的使用范围是否与建造合同的使用范围相匹配。

2. 限制改进创新产生的知识产权归属导致的风险

风险点：签订合同时，对后续改进技术的知识产权约定归许可方所有，或者许可方在合同中不合理地限制被许可方使用知识产权的行为。这些条款为船舶企业后续使用改进型技术埋下了隐患，并且将严重影响企业的技术创新，导致船舶企业在船舶建造技术上长期处于被动状态。

防范措施：①在合同签订时，要进行知识产权条款审查，对所涉技术的后续改进产生的知识产权权属利益分配进行约定，争取改进技术的所有权。即使无法完全归企业所有，也要争取改进技术的后续使用权利，或者约定"双方共同所有";②采取适当的知识产权申请策略,合理布局不同类型的知识产权。

3. 技术打包引进中未开展尽职调查的知识产权风险

风险点:打包引进的技术中含有存在权属纠纷的知识产权,或含有与拟引进技术无关或关系不大的专利,这都将增加企业的引进成本或带来知识产权纠纷。

防范措施:在技术引进前,对拟引进的知识产权开展检索和分析,确认该知识产权的权利人、法律状态、保护范围等信息,避免权属不清、无权处分、过期专利等情形的发生。

4. 技术应用中的知识产权风险

风险点:对于首次建造某一船型的企业来说,有些核心技术并不能完全掌握,在应用阶段发现还需要其他技术秘密或专利予以支撑,此时再与许可方协商,企业将十分被动,可能会增加造船成本,甚至影响船舶按时交付。

防范措施:①在合同中约定配套设备供应商对设备或引进技术的辅助义务,即帮助企业建造团队掌握技术的使用方法或设备的安装方式;②约定引进的设备或技术适合、可用,例如在不依赖其他技术或产品的情况下可以实施。若依赖其他技术或设备则由许可方免费提供,或承担由此增加的成本。

5. 引进技术连带的知识产权侵权风险

风险点:专利权人的技术本身存在侵权风险,在该引进技术的后续使用过程中,技术引进方存在承担连带侵权责任的风险,而无法继续使用该项技术,可能导致延期交船,给船厂带来损失。

防范措施:对拟引进技术进行专利侵权风险评估,如果存在潜在的专利侵权风险,可与技术提供方约定"因该技术侵权而给技术引进方造成的损失,由技术提供方承担",制定侵权应对预案。

(三)船舶建造过程中的知识产权风险

1. 建造工艺方法过度公开导致技术秘密流失的风险

风险点:船舶建造工艺方法通过申请专利进行保护时,由于船舶建造过程的相对封闭性,不易发现他人的侵权行为,且难以取证,因此无法保护自身权利。

防范措施：①采取不同的方式保护船舶建造工艺方法，对于专用于某一类型船舶建造的技术，采用专利予以保护；②容易反向工程的建造方法也通过申请专利予以保护；③对于不易反向工程，且存在其他替代技术的船舶建造方法，则作为技术秘密予以保护。

2. 建造过程中落入已有知识产权保护范围的侵权风险

风险点：船企在建造或待交付过程中，发现落入他人的知识产权保护范围中，这将增加知识产权侵权的可能性，并提高技术开发的难度和成本。

防范措施：①建立知识产权相关动态监测机制，对与国际标准规范变化相关的专利申请进行及时发现和处置；②建立快速有效的知识产权应对机制，构建起涵盖船舶行业主管机构、知识产权管理机构、船舶行业创新主体、知识产权专业服务机构等各有关部门迅速响应的应对机制，将知识产权风险消灭在萌芽状态。

二、船舶产业链的专利数据分析

笔者通过对智慧芽专利数据库进行检索和筛选发现，2000 年 1 月至 2024 年 11 月涉及异议、诉讼和无效宣告程序等法律事件的专利共 1668 件。其中发明专利有 1162 件，实用新型专利有 431 件，外观设计专利有 75 件。从申请（专利权）人的国家或地区来看，以中国、韩国、美国、德国、法国、日本、挪威为主。

此外，相关专利在获得授权后，随着技术应用推广以及价值凸显，往往还伴随着异议、诉讼、无效宣告、复审等法律事件。

在上述专利权人中，排名靠前的国外专利权人有大宇造船海洋株式会社、曼恩能源方案集团、三星重工业株式会社、现代重工业株式会社、三菱造船株式会社、西门子股份公司、贝克船舶系统有限公司、马里布游艇公司、康斯伯格海事瑞典股份公司、维斯塔斯风力系统有限公司、布伦斯维克公司、三菱重工业株式会社、罗尔斯－罗依斯海运有限公司、通用电气能源能量变换技术有限公司、法国海底技术公司、韩国海洋科学技术院、西门子歌美飒可再生能源公司、克里奥斯塔股份有限公司等。排名靠前的国内专利权人有南通中集太平洋海洋工程有限公司、射阳远洋船舶辅机有限公司、南京高速齿轮制造有限公司、德能泵业（天津）有限公司、唐山航岛海洋重工有限公司、旭卡机电（启东）有限公司、山东鲍尔浦塑胶股份有限公司、锦州北方航海仪器有限公司、臻迪科技股份有限公司、珠海市美蓝游艇有限公司、北京神州远望科技有限公司、海星海事电气集团有限公司、江苏道达风电设备科技有限公司、叠风新能源科技（天津）有限公司等。

从专利申请的技术分类来看，船舶产业链的专利主要集中在船舶动力推进系统、低碳减排技术、LNG 运输船、集装箱船等高价值船型，智能船舶控制技术等领域，高频主题词有船舶动力推进系统，例如螺旋桨、发动机、电动机、潜水泵、风力涡轮机、压缩机、发电机、驱动器，以及智能控制装置、低碳零碳燃料应用。

综上所述，国内外主要造船企业的专利创新动态表明，低碳零碳燃料发动机、LNG 运输船、智能船舶等领域专利创造持续开展，随着环保法规的不断严苛和信息技术与船海工程的深度融合，新兴技术专利数量快速增加，我国船舶企业面临传统领域专利壁垒持续加固、新兴领域风险逐渐增大的现实威胁。

三、船舶企业知识产权风险防范联动机制

（一）总体思路

船舶企业知识产权风险防范联动机制应结合船舶产业链绿色、智能和高端化的发展趋势，以增强知识产权强链护链能力为目标，以企业、科研院所为创新主体，提升知识产权创造、运用、保护、管理和服务水平，构筑知识产权攻防工作体系，有效应对船舶产业链知识产权风险，提升市场竞争力。

（二）重点工作

1. 推动专利分级分类管理，支撑市场竞争力提升

积极开展创新主体专利分级分类管理研究，制定专利质量分级分类标

准，构建形成高价值专利组合和专利池，推动专利由规模数量型向质量效益型转变。实施专利申请前评估制度，结合船舶产业链发展趋势与专利分级分类结果，减少保护范围小、创新水平低、市场前景差的低质量专利申请，积极挖掘培育高价值专利。对于存量专利，实行专利分级分类管理和专利开发许可，调整优化专利结构，减轻专利运营成本，实现专利管理提质增效。

2. 开展知识产权预先研究，发挥专利保驾护航作用

开展知识产权预先研究有两个方面，一方面，支撑创新主体提前洞悉技术发展生命周期，明确研究的必要性和创新性，避免重复投入；另一方面，相关研究成果能够帮助技术人员明晰重点技术发展趋势和主要竞争对手，掌握产业竞争形势，确定核心技术攻关方向，提升研发起点。同时根据现有专利布局情况，提前系统谋划专利布局体系，实现创新成果产出与专利保护体系构建同步推进，为未来相关产品上市销售提供高效的知识产权保护。

3. 建立专利风险预警机制，完善知识产权攻防能力

建立专利风险预警分析评议制度，将分析评议结果纳入项目验收体系，与项目成果一体化考核，推动研发主体在项目推进过程中主动开展专利风险预警，实现创新技术成果的实时保护。同时，研发主体根据项目专利风险预警评议结果，及时查漏补缺，积极完善专利布局体系，避免创新保护出现空白点，提前治理专利侵权风险点，搭建技术－产品－产业全链条的专利保护网，形成攻防兼备的知识产权保护能力。

（三）保障措施

1. 健全管理机制，加强组织领导

进一步强化对知识产权工作的重视，健全知识产权工作管理机制。将知识产权工作列入年度工作计划，分产品分领域分阶段落实知识产权工作全覆盖的要求。

2. 强化考核评价，优化绩效指标

提高知识产权在科技创新考核中的分值，重点关注专利分级分类、高质量专利培育、重大项目全过程管理、专利风险排查与治理等工作的开展情况和实施效果。

3. 加大投入力度，做好经费保障

提高各层级知识产权经费投入，设立专项资金预算。组织开展高价值专利培育、专利导航、知识产权分级分类、管理信息系统建设、专利数据库建设、知识产权保护与维权、风险评估等重点工作。

四、结　语

船舶产业作为以技术为主的出口导向型产业，相关产品和技术深度依赖全球市场。随着竞争程度不断加深，我国骨干船企与国外企业围绕订单和技术主导权的争夺日趋白热化，重点领域关键核心技术的知识产权纠纷风险逐渐增多。

我国船舶产业由于存在海外知识产权布局薄弱、专利风险预警机制缺失、纠纷应对手段不足等问题，单靠企业自身难以有效应对复杂问题，因此需要加强船舶产业链知识产权风险问题研究，依托知识产权专业服务机构开展全链条工作，保障船舶产业链供应链安全，护航船舶产业"走出去"。

格力公司与奥克斯公司关于"压缩机"专利诉讼评析

谢伟峰*

珠海格力电器股份有限公司（以下简称"格力公司"）与奥克斯集团有限公司（以下简称"奥克斯公司"）作为家电行业知名企业，二者之间的专利纠纷持续时间长、赔偿额度高、影响力大，备受关注。依据裁判文书网以"格力""奥克斯""专利"作为关键词检索，就能查到 100 多篇文书。

双方这些年的专利诉讼，笔者总结可以分为以下三个阶段。

第一阶段，双方专利相互诉讼，格力公司明显获胜。最典型的是格力公司通过其申请的"室内机"专利获赔 4000 万元，而奥克斯公司予以起诉的专利（例如电机转向安装座、一种 PG 电机故障自动检测的方法等）大多被宣告无效。

第二阶段，奥克斯公司绝地反击，购买株式会社东芝（以下简称"东芝公司"）"压缩机"专利（专利号为 CN00811303.3）起诉格力公司。奥克斯公司利用该专利分别在浙江省宁波市中级人民法院、杭州市中级人民法院，江西省南昌市中级人民法院针对格力公司不同型号空调提起了诉讼。在浙江省宁波市中级人民法院、杭州市中级人民法院的一审累计获赔高达 2.2 亿元。❶ 格力公司董事长董明珠曾指出：严厉打击恶意专利诉讼，

---

* 作者单位：九阳股份有限公司。

❶ 谢颖. 9 小时庭审，6 万人在线观看，奥克斯格力 2.2 亿元侵权索赔案烽烟再起 ［EB/OL］. （2023 - 04 - 24）［2025 - 01 - 16］. https://baijiahao. baidu. com/s?id = 1764060334501421572&wfr = spider&for = pc.

具体就包含"低价购买原权利人淘汰的、即将过期、具有严重瑕疵的专利，以索要高额许可费，滥用专利权"。❶

第三阶段，格力公司在 2023 年又起诉了奥克斯公司侵犯其商业秘密和专利权属纠纷，索赔 9900 万元。❷

笔者主要对第二阶段的一审判赔 2.2 亿元的"压缩机"专利诉讼进行评析。

一、"压缩机"专利简介

涉案专利（CN00811303.3）为东芝公司于 1999 年在日本申请，通过 PCT 途径进入中国。该专利申请 2004 年在中国获得授权，2018 年转让给了奥克斯公司，主要应用在空调中的压缩机上。该专利有效期为 20 年，奥克斯公司在购买该专利时确实"即将过期"，基于后面的判决可知，该专利也确实"具有严重瑕疵"。

涉案专利名称为"压缩机"，其摘要附图如图 3 所示。

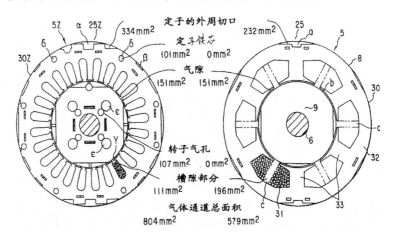

图 3　涉案专利附图

---

❶ 刘亚. 全国人大代表董明珠：惩治恶意专利诉讼保护创新发展 [EB/OL]. （2023-03-09）[2025-01-16]. https://www.spp.gov.cn/spp/2023qglh/202303/t20230309_607033.shtml.

❷ 陶凤，王柱力. 起诉索赔 9900 万元，格力与奥克斯十年"互撕"的背后 [EB/OL]. （2023-03-09）[2025-01-16]. https://finance.sina.com.cn/tech/2023-07-19/doc-imzcepnz7236059 shtml#.

在该专利压缩机的电机单元中，其通过增大槽隙部分 c 的面积，使得槽隙部分的面积与气流通道整体（$a + b + c$）的比值 $k = c / (a + b + c)$ 设定为 $\geqslant 0.3$。该发明目的为减少润滑油的泄漏，以保持预订量的润滑油。

该专利同时有一个技术背景是，电机单元包括了分布卷绕型和集中卷绕型。但是权利要求 1 没限定，在权利要求 10 中明确限定了电机单元为集中卷。

由于后续被控侵权和具有争议主要在权利要求 1、权利要求 8 和权利要求 10，因此笔者仅重点展示和解读上述 3 条权利要求。

权利要求 1：$k = c / (a + b + c)$，$k \geqslant 0.3$。技术效果：可以减少润滑油的泄漏，以保持预订量的润滑油。

权利要求 8：进一步给出 $k \leqslant 0.6$。

权利要求 10：进一步明确电动机单元为集中卷绕型，且给出定子槽数为 6 或 12。

继续看说明书，其给出了若 $k > 0.6$，会导致线圈占比减小，电机效率下降，压缩机性能恶化。理想的比率应该是 0.3 ~ 0.6（权利要求 8）。

二、"压缩机"专利的无效宣告决定

管辖异议和无效宣告是应对专利侵权诉讼的常规操作，该案格力公司不仅提出管辖异议，而且提出无效宣告请求。管辖异议可以将诉讼周期拉长，而无效宣告一旦成功，奥克斯公司就失去了起诉的权利基础。

在 2021 年 8 月作出的第 51688 号无效宣告请求决定书中，仅权利要求 3 被宣告无效，其余权利要求均维持有效。因为格力公司被控权利要求 1 侵权，所以这个结果对格力公司没有太大的价值。

具体来说，格力公司尝试了专利文献证据和使用公开证据，试图证明涉案专利没有创造性。对于专利文献证据 1 ~ 4 的使用，格力公司主张权利要求 1 相对于证据 1，或证据 1 与公知常识的结合，或证据 1 与证据 3 的结合不具备创造性。

证据 1 公开了集中卷压缩机，但是没有明确公开具体的 $k \geqslant 0.3$。格力公司主张从证据 1 的附图 1 中可以看出，槽隙部分面积大于转子和定子之间的气隙面积，即 $k > 0.5$，所以公开了权利要求 1 中限定的"0.3 或更大"。

如图4所示，涉案专利的气隙 c 在证据1中的也就是气隙（29），而涉案专利的主要发明点就是气隙 c 比较大，使得 $k = c/(a+b+c) \geq 0.3$。格力公司认为，由于证据1的附图可以看出 $c > (a+b)$，因此 $k > 0.5$。

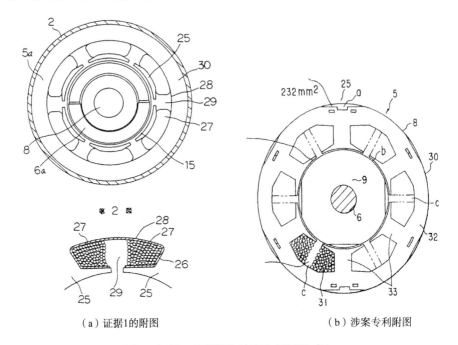

（a）证据1的附图   （b）涉案专利附图

图4 证据1的附图和涉案专利附图对比

通过图4可以看出，证据1的附图中气隙（29）较大，确实存在 $k >$ 0.5 的较大可能性，但是没有文字明确公开。

合议组认为，只有本领域技术人员能从附图中直接确定的技术内容才属于其公开的内容，需要从图示的内容测量得出的具体的数值不能作为证据公开的内容，也没有充分的理由和证据证明上述区别技术特征属于本领域的公知常识。

证据3为一种分布卷压缩机，公开了外周切口总面积与槽（14）总面积的比例关系以降低排油。

合议组认为，格力公司的证据1和证据3公开的压缩机为不同的线圈卷绕方式，二者没有结合的启示；证据3未公开该专利权利要求1中限定的"$k \geq 0.3$"，也未给出通过调整槽隙部分的总面积与所述气体通道的整个面积的比例关系，实现降低排油量的目的的技术启示。

在使用公开证据中,格力公司大概是找了多个拆解的旧空调,包括海尔(集团)有限公司、松下电器产业株式会社、格力公司等空调中的压缩机并测量相关数据(权利要求 1 中的 k 值),以证明申请日之前上述特征已经被公开,应当属于现有技术。

但合议组认为,首先,旧空调中压缩机的电动机单元属于分布卷绕式,不属于该专利权利要求保护的集中卷绕式。其次,对使用公开证据中切割测量的方式也不认可,该拆解测量方式会导致尺寸变形影响技术比对。最后,槽隙 c 的计算也不准确。因此,即使在不考虑被测量的实物是否能体现购买时的状态,合议组对上述使用公开证据均不认可。

因此,在上述国家知识产权局的无效宣告请求过程中,奥克斯公司应该算首战告捷。

三、奥克斯公司利用"压缩机"专利一审获赔 2.2 亿元

在无效宣告请求中获胜的奥克斯公司,在民事侵权诉讼一审中也几乎取得完胜。奥克斯公司利用同样的专利,针对格力公司,在不同的法院,针对不同的型号提起了诉讼。在浙江省宁波市中级人民法院(两起案件)和杭州市中级人民法院(两起案件)的一审中已经拿到了有利判决,这四起案件判赔总额超过 2.2 亿元。有意思的是,在江西省南昌市中级人民法院的诉讼中,法院委托的鉴定报告认为格力公司使用的是行业通用技术,不构成侵权,奥克斯公司撤回了在江西省南昌市中级人民法院的 8000 万元起诉。同一个专利的案件在不同地方的法院出现不同的结果也是该案的一个看点。

回到该案的民事诉讼一审,四起判决大部分事实理由类似,主要区别在于针对不同型号的空调,因为销量的不同导致最终的判赔数额不同,且存在一些焦点问题。❶

焦点 1:现有技术抗辩能否成立?

一审法院与国家知识产权局意见相同,该案权利要求中保护的应当理解为集中卷,而现有技术抗辩中的旧空调是分布卷,并不属于适用现有技

---

❶ 参见浙江省宁波市中级人民法院(2019)浙 02 民初 165 号民事判决书。

术抗辩比对对象。因此，格力的现有技术抗辩不能成立。

焦点2：专利贡献率为多少？

这也是该案的一大亮点，奥克斯公司请行业内知名专家出具了一份经济学分析报告，针对该案涉及的专利进行了分析，认为专利贡献率保守估计最低为29.26%。

一审法院参照该分析报告，最终酌定该案专利贡献率为20%，算出该案的判赔额为9600万元。加上其他三起案件，累计获赔2.2亿元。

四、奥克斯公司"压缩机"专利行政诉讼落败

从诉讼的时间脉络来说，奥克斯公司在四起民事诉讼一审案件和无效宣告口审中都取得了满意的结果，但是在针对无效宣告决定的行政诉讼一审中，却出现了较大反转，如图5所示。

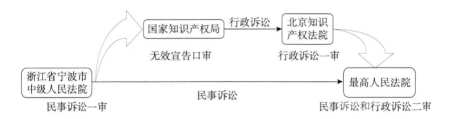

图5 "压缩机"专利诉讼流程

行政诉讼一审主要针对专利效力的判定，该案对权利要求的理解有以下两个争议焦点。

焦点1：权利要求1的范围是否仅包括集中卷。

国家知识产权局和民事诉讼一审中均认同该观点。这个观点也是直接导致格力公司的现有技术抗辩失败的重要原因。

行政诉讼一审认为，权利要求1并没有限定电动机类型（集中卷还是分布卷），该专利的发明构思是通过增大 c 的占比来减少润滑油的泄漏，并非改变卷绕方式来实现技术效果，故不应该将分布卷排除。此外，从属权利要求10进一步限定了集中卷，根据权利要求之间的逻辑关系可知，权利要求1的保护范围并未限定集中卷，而排除分布卷。

焦点 2：权利要求 1 能否得到说明书支持。

权利要求 1 的核心是 $k = c/(a + b + c)$，$k \geq 0.3$。行政诉讼一审认为，针对 $k = c/(a + b + c)$，$k \geq 0.3$ 的方案，有可能是增大 c，也可能是减小 $(a + b)$。但是根据说明书记载，a 为回油通道，在 a 减小后，也可能导致回油效果差，不能保证油槽中保持预订量的润滑油。因此，权利要求 1 存在不能实现该发明目的的情况，应该得不到说明书支持。

而且涉案专利说明书中记载了，k 值的合理范围应该是 $0.3 \leq k \leq 0.6$（权利要求 8 的范围），倘若该比率（k 值）超过 0.6，则线圈占比极度减小，电动机效率下降，压缩机性能恶化。这与涉案专利"提供一种高可靠性的压缩机"的发明目的是背道而驰的。

该专利的技术贡献就在于发现了 k 值的下限，但是将其延伸到趋近于 1，在知晓上述范围保护了无法实现发明目的的前提下，仍然不能通过获知 k 值的上限。

综上，权利要求 1 记载了不能实现该专利发明目的的技术方案，而且上述方案无法通过本领域技术人员在阅读说明书和附图后即予以排除。因此，权利要求 1 不符合法律法规有关规定，应被宣告无效。

潜台词就是权利要求 1 限定的 $k \geq 0.3$，该范围太大，得不到说明书支持，应被宣告无效，权利要求 8 为 $0.3 \leq k \leq 0.6$ 是有效的。

再分析累计获赔 2.2 亿元的民事诉讼一审，多个型号的空调测出来的 k 值大概是 $0.61 \sim 0.69$，权利要求 1 侵权，权利要求 8 是不侵权的。也就是说如果依据行政诉讼一审权利要求 1 应被宣告无效的结论，民事诉讼一审中权利要求 1 侵权获得的 2.2 亿元判赔额就要被推翻。

五、"压缩机"专利终审不具有新颖性❶

最高人民法院知识产权法庭在 2023 年 4 月 23 日公开审理了格力公司与奥克斯公司关于"压缩机"专利（CN00811303.3）的纠纷，并进行了庭审直播。

最高人民法院在探索同步审理涉及同一专利的确权行政案件和侵权民

---

❶ 参见最高人民法院（2023）最高法知行终 37 号行政判决书。

事案件，其是为了更好地查明案件事实，提高庭审效率，快速做到案结事了，同时也为了避免当事人在民事、行政两种程序通过不同的权利要求解释"两头获利"。

格力公司律师多次强调涉案专利对现有技术的贡献就是在玩一个数字游戏，并且强调了集中卷绕型电动机单元和分布卷绕型电动机单元并非该专利的贡献。

法院认为，关于含非常规参数特征的权利要求是否具有新颖性的判断规则，如果所述技术领域的技术人员根据该参数无法将权利要求保护的产品与对比文件区别开，除非专利权人或申请人能够根据申请文件或现有技术证明权利要求中包含性能、参数特征的产品与对比文件产品在结构或组成上不同，否则可以推定权利要求保护的产品与对比文件相同，权利要求不具有新颖性。

该行政判决书提到，为防止申请人或专利权人通过对现有产品特征以非常规参数特征形式重新定义来掩盖缺乏新颖性的事实，维护社会公众利益，应该由专利权人或申请人证明或充分说明二者存在不同，如果其无法证明或充分说明二者存在不同，则可作出对其不利的推定，认定该权利要求不具有新颖性。

六、结　语

笔者作为家电行业专利从业者，一直密切关注该案进展，并且观看了该案最高人民法院的庭审直播。

2023年9月7日，笔者在微信公众号"知识产权深度君"发布的文章《格力奥克斯专利诉讼连载13：奥克斯"压缩机"专利最高法终审》中，就曾大胆预测，权利要求1被宣告无效的可能性超过99.9%，至于无效宣告理由，不具有新颖性的可能性超过80%，不支持的可能性超过70%。

可以看出，最高人民法院在2023年12月7~8日就该系列案件作出二审终审裁判与笔者之前的预测基本相同。

涉案专利是一个含"非常规参数"特征的专利，国家知识产权局在无效宣告口审中认为其权利要求1有效；北京知识产权法院一审认为其权利要求1因为得不到说明书支持而被宣告无效；最高人民法院二审也认为其权利要求 1 应被宣告无效，既存在不具有新颖性的问题。

这属于一件"非常规参数无法与现有技术区分就推定不具有新颖性"的典型案例，案例结果有助于降低这类"非常规参数"专利申请数量，也有助于降低这类"非常规参数"无效宣告难度，让专利申请能够落到真正的技术创新上。

虽然该案以宣告无效结案，但知识产权的价值也体现得淋漓尽致。一件"压缩机"专利，通过侵权人获利的计算方式，能够判赔 2.2 亿元，即销量越大，判赔越高。一旦专利有效，还适用停止侵权，对企业的损失是不可估量的。当然，该案最后的结果是专利被宣告无效，让格力公司避免了这些损失。

对于企业知识产权工作者来说，能够拿出（即使是购买）有价值专利打击竞争对手，是知识产权价值的体现；同时，能够抵御对手的专利打击，也是知识产权价值的体现。

专利无效宣告案件中
关于使用公开证据的认定

李　聪[*]

在专利无效宣告请求程序中，公开证据起着关键作用。专利无效宣告请求旨在挑战已有专利的有效性，防止其滥用，维护市场竞争秩序和创新环境。专利无效宣告请求程序和专利行政诉讼在性质上有所不同，前者是一个行政程序，而后者则是司法程序。在专利无效宣告请求程序中，使用公开证据具有特殊重要性，因为这些证据能够证明专利申请日前已有技术的内容，从而直接影响专利的有效性。

使用公开证据在专利无效宣告请求中的应用主要体现在以下四个方面：①证明已有技术的存在和公开性；②支持对专利新颖性和创造性的质疑；③评估专利权利要求的保护范围；④对专利说明书和附图的准确性进行评估。

专利无效宣告请求中使用公开证据的法律依据主要包括《专利法》、《专利审查指南2023》以及相关司法解释和行政法规。这些规定明确了公开证据的种类和效力，以及在专利无效宣告请求程序中的应用要求。

笔者根据2024年国家知识产权局发布的第567474号无效宣告请求决定书，关于使用公开的证明和认定的调查问卷，以及笔者在近几年研究和自己处理过的相关案件中均有用到使用公开证据作为无效宣告的主要依据，发现在实际案件处理过程中，针对使用公开证据的认定还是存有诸多

---

* 作者单位：深圳市科曼医疗设备有限公司。

争议。因此，分析使用公开证据在专利无效宣告请求中认定的标准和规则具有现实意义。研究使用公开证据的认定，能够确保专利无效宣告请求的结果更加公正和客观，防止专利权的滥用，提升专利质量，促进技术创新和发展，保障社会公众的利益。此外，研究使用公开证据的认定标准，有助于提升专利无效宣告请求程序的效率和透明度，提供操作指南，并推动《专利法》的不断完善。

一、公开证据在专利无效宣告请求中的作用

（一）公开证据的法律地位

公开证据在专利无效宣告请求中至关重要，其法律地位和作用体现在：根据《专利法》及相关规定，申请日前公开的文献或信息可作为判断专利权有效性的依据。这确立了公开证据的权威性和基础性，确保了专利无效宣告请求的公正性和透明性。

在专利无效宣告请求中，公开证据主要用于证明专利不具备新颖性、创造性和实用性。对于不具备新颖性的专利，申请日前公开的相同技术内容构成直接证据；对于不具备创造性的专利，可作为对比文献证明其与现有技术的差异不大；对于不具备实用性的专利，公开证据可证明其实用性难以实现或效果不佳。

公开证据的法律地位对专利无效宣告判决结果有决定性影响。提供充分、合法、有效的公开证据是请求人提出专利无效宣告请求的关键，也是法院作出公正判决的基础。

（二）公开证据的种类与效力

公开证据在专利无效宣告请求中扮演着关键角色，其种类主要包括专利文献、非专利文献、技术手册、商业资料、官方出版物、技术会议资料和实验数据、图片、音视频及产品实物等。

专利文献包括说明书和外观设计专利图片或简要说明等，具有较高的技术信息含量和法律效力。非专利文献如学术期刊、技术报告、会议论文

等，虽技术信息含量相对较低，但在证明技术公开性和技术水平方面仍具有重要作用。

技术手册和商业资料能提供详细的操作指南和市场应用信息，具有实用性和市场参考价值。官方出版物，例如教科书、技术词典、国家标准、行业标准等，具有高度的权威性和法律效力。技术会议资料和实验数据能反映最新的技术进展和实验结果，具有较高的技术参考价值。

图片、音视频，例如互联网上存储的录音、录像，在外观专利无效宣告中是比专利文献类证据更重要的"武器"。

产品实物包括产品形状、结构，设备操作逻辑、步骤等这些都是能够作为公开某项技术内容的重要载体和依据。

公开证据的效力体现在证明专利无效的法定理由和程序公正等方面。在专利无效宣告请求中，请求人需提供真实充分、合法、有效的公开证据以证明专利无效宣告。法院将根据法律规定和实际情况对公开证据的法律地位和效力进行判断，并作出公正、合理的专利无效宣告判决。

二、使用公开概述

（一）使用公开的定义及法律依据

《专利法》第22条第5款规定了现有技术的概念。《专利审查指南2023》对现有技术的三种公开方式及其判定规则作了具体规定，其第二部分第三章第2.1.2.2节对"使用公开"给出了明确的定义。

使用公开是指因为使用了技术，导致技术方案被公开，或者使技术方案处于公众可知的状态。使用公开的方式包括能够使公众得知其技术内容的制造、使用、销售、进口、交换、馈赠、演示、展出和招投标等方式，只要通过前述方式使得有关技术内容处于公众想得知就能获得的状态，就构成使用公开，而不取决于是否有公众得知。但是，未给出任何有关技术内容的说明，以致所属技术领域的技术人员无法得知其结构和功能或者材料成分的产品展示，不属于使用公开。

如果使用公开的是一种产品，即使所使用的产品或者装置需要经过破坏才能够得知其结构和功能，也仍然属于使用公开。此外，使用公开还包括放置在展台上、橱窗内公众可以阅读的信息资料及直观资料，例如招贴画、图纸、照片、样本、样品等。

使用公开是以公众能够得知该产品或者方法之日为公开日。

（二）使用公开认定的难点

我国涉及使用公开的专利无效宣告案件以认定难、成功概率低著称，究其原因主要体现在以下四个方面。

第一，需要证明使用公开的证据时间在涉案专利申请日之前。往往涉及诉讼的提起专利无效宣告的案件均是在专利无效宣告案件审查前若干年或十多年以前，当事人取证会受到时间要求影响。

第二，使用公开证据真实性往往会受到权利人质疑。使用公开证据较为复杂，导致证明使用公开的证据链是否完整有效很难有经验值得借鉴。

第三，各种使用公开的形式法律属性难以界定，导致其是否可公开难以确定。

第四，国家知识产权局对使用公开证据认定总体上偏审慎的态度，会出现裁判认定标准不统一的情况，这样法律的指引性和教育性作用难以发挥功效。

三、专利无效宣告请求中使用公开证据的认定标准

（一）认定使用公开证据的法律证明标准

在专利无效宣告请求中，使用公开证据的认定至关重要。《专利法》和《专利审查指南 2023》是专利无效宣告请求中使用公开证据认定标准的主要法律依据。从使用公开的定义来看，其法律证明标准主要体现在以下三个方面。

第一，公众可获知状态。使用公开意味着技术方式处于公众可以获知的状态，即公众想得知就能够得知，而不考虑公众获知的难易程度。

第二，实质性的技术内容。使用公开的信息应该包含技术方案的实质

性的技术内容。

第三，证据三要素。使用公开的证据要符合证据三要素，即真实性、合法性和关联性。

（二）认定使用公开证据的实践标准

首先，在实际操作中，认定使用公开证据需要遵循严格的操作流程和标准。使用公开证据的合法性也是认定过程中的一个重要方面。其次，使用公开证据的充分性也是认定中需要考虑的因素之一。最后，使用公开证据的认定还需要考虑其证明力。笔者将通过以下两个案例来分析在实际无效宣告和诉讼案件中使用公开的裁判标准。

案例一涉及名称为"涂装后耐蚀性优异的热压成形的高强度部件及其制造方法"（CN201280016850.X）的专利申请，其要求保护的高强度部件主要涉及汽车领域用到的镀覆钢板。请求人针对该专利提交了一组使用公开证据，认为该专利相对于使用公开证据不具备新颖性和创造性。该组证据包括了在意大利对菲亚特（FIAT）500轿车进行购买、拆卸，以及有关检测的整个过程，并对上述各环节进行了公证。公证文件中记录了汽车登记日期、销售方对车辆保险记录的声明、汽车修理厂技术人员对车辆完整性的声明等，用以证明上述车辆在该专利优先权日前即已公开销售，且相关检测部件并未进行过更换。

专利权人对上述车辆的保险记录和技术人员的声明提出怀疑，认为车辆的维修不必然体现到保险记录中，且认为技术人员的声明证明力较低，不能由此认定车辆未进行过部件更换。

无效宣告请求审查决定认为，在针对使用公开证据的证明力进行判断时，需要对证据的真实性、证据链的完整性，以及反向证据的影响等多重因素进行综合判断。首先，上述证据的取证过程由公证人员全程见证，整个取证过程的真实性能够得到保障。其次，车辆销售方为专业从事车辆经销、租赁的第三方企业，没有证据表明其与请求人存在利害关系，并对车辆部件进行更换。再次，无论是保险记录还是专业技术人员的声明，都能够相互印证，共同证明了车辆在拆卸之前的完整性。最后，车辆拆卸和检测的部件包括前保险杠、防撞梁和B柱，这些部件属于车辆的主要结构部件，对车辆的安全起到重要作用，除非车辆发生重大事故，否则极少会对车辆的上述部件同时进行更换，即使更换也会留下明显痕迹。而从各个部件的检测结果来看，其微观结构、镀层成分、性能等基本相同，也从侧面证明了上述部件的一致性。综合考虑上述使用公开证据，各证据之间能够相互印证，共同构成一条完整的证据链，已经达到高度盖然性的标准。

专利权人对上述使用公开证据提出怀疑，不认可被检测车辆部件未进行过维修更换，但专利权人没有提交任何反向证据，其质疑理由仅局限于口头和意见陈述。而且，由于菲亚特 500 轿车具有较大的市场销量，其结构部件中通常会大批量地采用相同的镀覆钢板，专利权人有能力从公开市场获得支持其主张的反向证据，因此在没有相应证据的情况下，其质疑理由不足以对上述使用公开证据的证明力产生否定性影响。

案例二涉及名称为"监护仪"（CN201810904411.1）和专利"插件式监护仪和用于插件式监护仪的插件模块"（CN201821286746.3）的专利申请，请求人提供了一组使用公开的证据。请求人通过对现存于使用单位的专利权人在先销售的设备进行了现场拆解取证公证，现场提供购买实物仪器与公证拆解的过程进行相互印证，说明涉案专利相对于使用公开的证据不具有新颖性或创造性。专利权人对该主要证据的取得合法性提出怀疑，合议组针对该质疑认为，其公证取证过程符合《最高人民法院关于适用〈中华人民共和国民事诉讼法〉的解释》第 106 条和《中华人民共和国公证法》的有关规定，且专利权人也未提出相应相反证据，因此最终认可请求人提供的使用公开证据，并以此作出了全部无效的决定。

此外，在其他专利行政诉讼中，司法机关在裁判中也是遵循前述要求。在某发明专利无效宣告请求案中，法院认为未经公证的网页截图不符合证据要求，因此不予采信。在某实用新型专利无效宣告请求案中，由于法院认为请求人提交的证据不足以证明涉案专利在申请日前已被公开使用，因此不予采信。❶ 在某外观设计专利无效宣告请求案中，由于法院认为请求人提交的证据足以证明涉案专利与现有设计相同或相似，因此判决涉案专利宣告无效。❷

综上所述，在专利无效宣告请求案件中，专利无效宣告请求人在应用

---

❶ 参见国家知识产权局第 567474 号、567558 号、568046 号无效宣告请求审查决定书。
❷ 参见北京知识产权法院第（2019）京 73 行初 15734 号行政判决书、（2020）京 73 行初 10464 号行政判决书。

使用公开证据作为无效宣告主要证据时，需要重点考量的因素主要包括真实性、合法性、关联性、内容充分性和证明力等方面。

四、使用公开证据认定的常见问题及解决策略

（一）使用公开证据的收集与保存问题

在专利无效宣告请求中，使用公开证据的收集与保存至关重要。然而，实际操作中常遇到收集与保存的问题，包括获取使用公开证据的难度大、证据保存不规范和证据的完整性难以保证。

针对这些问题，可以采取以下三种解决方案。

1. 多渠道收集证据

请求人可通过多种途径获取使用公开证据，例如数据库、科技文献期刊、网页、技术展览会等。同时，通常请求人对于与产品相关的技术知识和标准更了解，代理机构对于文献类更为精准，通过双方共同努力通常能取得较好的效果。

2. 规范证据保存

请求人可建立规范的证据保存制度，确保使用公开证据的真实性和完整性。这包括对证据进行分类、编号、归档，以便在需要时能够快速找到相关证据。

3. 确保证据完整性

请求人可以对收集到的使用公开证据进行仔细审查，确保其完整性和关联性；可以通过比对不同来源的证据，查找缺失的信息或矛盾之处，使之成为一个完整的证据链条，提高其证明效力。

（二）使用公开证据的质证与采信问题

在专利无效宣告请求中，使用公开证据的质证与采信是关键环节。质证过程需要对证据的真实性、合法性和关联性进行严格审查。

国家知识产权局或法院在采信公开证据时，通常会考虑证据的原始性和可信度。为解决这些问题，可以采取以下三种措施。

1. 提供完整的证据链

请求人应确保使用公开证据的收集和保存过程符合法律规定，提供完整的证据链以证明证据的真实性。

2. 加强证据的合法性审查

请求人应确保所有使用公开证据的收集和使用符合法律规定，尤其是涉及商业秘密和个人隐私的证据。

3. 提高证据的关联性

请求人应通过质证过程的深入分析，强调证据与案件事实之间的关联性，以提高证据的采信度。

使用公开证据在专利无效宣告请求中具有重要的认定标准和实践操作指南。通过加强证据的收集与保存、质证与采信工作，可以提高专利无效宣告请求的效率和公正性，维护《专利法》的权威和实施效果。

五、结　语

笔者深入探讨了使用公开证据在专利无效宣告请求中的认定标准及其重要性。使用公开证据在专利无效宣告请求中具有关键作用，其法律地位和效力在《专利法》及相关法律法规中有明确规定。通过案例分析，笔者总结了认定使用公开证据的实践标准和操作指南。

然而，在实际操作中，使用公开证据的收集与保存、质证与采信等方面存在挑战。为应对这些问题，笔者提出了一系列策略和建议。

未来研究应进一步探讨使用公开证据在专利无效宣告请求中的认定问题，包括明确使用公开证据的定义和范围，细化收集与保存的标准，优化质证与采信流程；探讨如何利用新技术提高使用公开证据认定的效率和准确性。此外，还需完善相关法律法规和实践操作，确保公开证据认定的一致性和公正性。

总之，加强使用公开证据认定标准和实践操作的完善，将为专利无效宣告请求程序提供更科学、公正和高效的解决方案。

浅议美国和欧洲参数限定有效性审查

史大磊[*]

在有关专利权利要求中，参数限定的话题被讨论得越来越多，无论是无效宣告请求程序，还是其随后的行政诉讼程序，每当决定或判决对参数限定进行正面阐述时，都能引起业界的关注。其原因也很直接，参数限定的使用问题越来越多，例如，参数限定的泛滥，对参数限定有效性的认定，披着参数限定的外衣而行侵犯公众利益之实的违法行为等。因此，笔者认为有必要对参数限定有效性的审查进行专门研究，并以美国专利商标局（USPTO）和欧洲专利局（EPO）及其相关司法体系下的规定、决定及判决为研究对象，阐述美国和欧洲是如何对待和管理参数限定问题。

一、美国参数限定有效性的判断规则

美国专利审查操作指南（MPEP）虽然是美国专利商标局指导专利审查的内部文件，但是其上记载的各项规定源于对各种相关判例的归纳总结。对 MPEP 的研究，也反映出判例法层面的法律规范要求。

（一）新创性问题

MPEP 第 2131.03 部分关于新颖性的审查中给出了若干种通常情况下

---

[*] 作者单位：深圳市晨北科技有限公司。

·240·

不具有新颖性的参数限定的情形，但这种现有技术已经公开了相关对比文件的情况不在笔者的讨论范围内。

MPEP 的第 2144.05 部分规定了参数限定的创造性审查，具体给出了以下两种不具有创造性的情形。

第一，待审查参数限定与现有技术的参数限定相比出现重叠、接近，或者具有相似的范围、数值、比例；其中就包括了现有技术公开了较大范围的参数限定。同时，在某些具体案件中，也存在多个对比文件中的参数限定的结合导致待审查的参数限定失去创造性。

第二，常规优化，包括通过常规实验手段进行的优化。在应用常规优化来否定创造性之前，首先要面对的问题是优化动机，即本领域普通技术人员是否有动机进行常规优化。在涉及专利有效性的行政诉讼仍归美国联邦关税及专利上诉法院（Court of Customs and Patent Appeals，CCPA）管辖时，在 559 F. 2d 618，195 USPQ 6（CCPA 1977）一案中，CCPA 认为在判断是否为常规优化之前，首先要判断的是这个参数限定是否为结果有效变量（指本领域普通技术人员知晓，调整该变量可以影响相关的属性或结果），从而满足进行常规优化的动机；而不能以显而易见的尝试为依据来支撑创造性的驳回。但是，该观点在后续案件中被美国联邦最高法院否定，即在 *KSR International Co. v. Teleflex Inc.*，550 U. S. 398，82 USPQ 2d 1385（2007）一案中，美国联邦最高法院阐明了显而易见的尝试是创造性判断的有效基础，可以作为创造性的驳回理由，而不必以结果有效变量为前提。所谓显而易见的尝试是指从有限数量的确定的、可预测的解决方案中进行选择，并对成功抱有合理期望。例如，当存在设计需要或市场需求，而解决方案数量有限时，便可以满足显而易见的尝试。因此，能够满足常规优化动机的不仅有结果有效变量，还包括其他适当的显而易见的尝试。

2024 年 3 月 5 日，美国联邦巡回上诉法院（CAFC）作出了一个有关参数限定的创造性问题的判例，涉及参数限定的部分仅为权利要求 1：一种免疫原性组合物，包含肺炎链球菌血清型 22F 糖缀合物，其中所述糖缀合物的分子量为 1000 ~ 12500kDa，并且包含来自肺炎链球菌血清型 22F 糖的分离荚膜多糖和载体蛋白，其中多糖与载体蛋白的比值（w/w）为 0.4 ~ 2。

涉案专利首先在美国专利审判和上诉委员会（PTAB）遭遇了五起多方复审（IPR）程序对创造性的挑战。PTAB 认为权利要求 1 不具有创造性。

专利权人不服，向 CAFC 提出上诉，其认为 PTAB 关于创造性的认定错误，尤其是糖缀合物的分子量在 1000～12500kDa 的技术特征。其理由是，PTAB 在应结果有效变量方面出现错误，认为结果有效变量的认定只适用于现有技术参数限定的范围与所要求保护的参数限定范围之间存在实际重叠的情况。关于该问题，CAFC 认为确定一个参数限定是否为结果有效变量，只是参数限定分析中常规优化判断的情形之一。这种分析源于美国的一项法律原则：如果权利要求的一般技术特征被现有技术披露，那么通过常规实验发现最佳或可行的参数范围就不具有创造性。CAFC 同时解释道，要求保护的参数限定范围和现有技术参数限定范围之间的重叠只是产生了一种显而易见性的假设，这可以用证据来反驳，即给定的参数限定未被认为是结果有效变量。但是，这不意味着就可以确定一个变量是否为结果有效变量，只有在存在这种重叠的情况下才适用。常规的优化分析通常需要考虑本领域普通技术人员是否有动机，在合理的成功期望下，弥补现有技术中的差距，以完成所要求的发明创造。如果该差距包括在现有技术中不一定公开的参数，则考虑该参数是否将被认为结果有效是合理的。因此，该参数的优化通常是显而易见的，即没有创造性。

CAFC 认同没有对比文件教导特定的血清型 22F 糖缀合物的分子量，但是同时也认定，在某个对比文件中同时披露了血清型 22F 糖缀合物和其他 14 种肺炎链球菌血清型糖缀合物的分子量。上述其他 14 种糖缀合物的分子量的范围从 1303～9572kDa，与权利要求 1 中参数限定的分子量范围（1000～12500kDa）重叠。PTAB 认为上述对比文件披露了糖偶联疫苗保留较大的糖大小，对肺炎链球菌疾病可提供良好的免疫反应，这是一种动机与启示。两个对比文件都披露了已知的方法和技术可用于从细菌中分离多糖并将其偶联到载体蛋白上。由于专家证词进一步证实偶联技术和条件是常规技术，因此本领域普通技术人员会知晓所要求的分子量是"典型的免疫原性偶联物"，具有可预测性。偶联物的大小是一个结果有效变量，与偶联物的稳定性和良好的免疫反应相关，仅受过滤器大小的限制，从而使本领域普通技术人员有动机进行优化。

专利权人还主张 PTAB 忽视了相反的证据，这些证据表明糖缀合物的分子量是不可预测的，因为需要"逐案实验"或"个性化设计和测试"。

CAFC 并没有认同，反而指出专利权人的意见基于一个错误的前提，如果优化需要具体情况考虑，那么结果一定是意想不到的。但是，该案中制备糖缀合物的方法和条件的情况通常被认为是常规的，而不是意想不到的。CAFC 最后确认了 PTAB 的决定，涉案专利权利要求 1 被维持无效宣告。

（二）新创性之外的合法性

MPEP 的第 2173.05（C）部分针对权利要求清楚的问题，给出对有关数值范围和数量限制的一些特别规定，包括：①同一权利要求中针对同一技术特征同时包含较宽范围和较窄范围两种参数限定导致不清楚；②开放式参数限定导致的不清楚问题；③有效量的问题。对于第①种特别规定，否定结论较为确定；而对于第②种和第③种特别规定来说，则需要在个案中进行判断。

在 2011 年美国特拉华州地区法院关于 *Magsile Corp. v. Hitachi Global StorageTechnologies Inc.* 专利侵权诉讼一案作出的判决中，涉案美国专利的权利要求 1 因不符合美国专利法第 112 条关于可实施性（公开不充分导致无法重现的问题）的规定而被宣告无效，即说明书应当使用完整、清楚、简要且准确的术语以使本领域技术人员能够重现该发明创造，而无须过度实验。该案涉及开放式参数限定的有效性问题，具体为仅有下限的开放式参数限定。该涉案专利的独立权利要求 1 为，一种形成具有电阻的结的装置，包括：具有第一磁化方向的第一电极；具有第二磁化方向的第二电极，以及所述第一电极和所述第二电极之间的电绝缘体，其中向结施加少量电磁能会反转至少一个磁化方向并导致电阻在室温下变化至少 10%。

在侵权诉讼中，原告主张将电阻在室温下变化至少 10% 这一技术特征解释为涵盖电阻变化为 100% 或以上。该专利发明人也声称，1000% 的变化属于权利要求的保护范围，尽管他从未制造出这样的结果。被告认为，原告要求获得电阻在室温下变化 20%、200%、2000%，甚至无穷大的变化的保护范围，而说明书仅给出如何构造最大电阻变化达 11.8% 的结果，本领域技术人员据此无法实现高于 11.8% 的结果。原告则认为，说明书只需要给出一种实施方式，而不是所有可能的方式。但是，在专利申请之时，专利发明人并不知道如何实现超过 20% 电阻变化的结果。原告的专家作证表示，本领域普通技术人员可以根据涉案专利中披露的技术创建产生

100%～120%电阻变化的结果，而无须过度的实验。但是，该专家也承认，产生这种电阻变化水平的结果直到自申请日起大约12年后才开发出来，并且进一步承认，即使在申请专利时本领域的杰出技术人员也无法预测多年后实现120%电阻变化所需的确切工艺和材料。

对此，法院认同了被告的观点，认为发明人尽了最大努力才在室温下实现了11.8%的最大电阻变化。申请专利时，由于发明人也承认无法制造出电阻变化20%的结果，而专利中却声称能够制造出所有超过10%直至无穷大的电阻变化，却直到12年后才实现了100%～120%的变化，因此原告论述不能令人信服。法院认为，原告无法在不进行过度实验的情况下实现所主张权利要求参数限定的全部范围，这不符合美国专利法第112条规定的可实施性要求。

原告后又向CAFC提起上诉。CAFC认为，根据法律规定，为了使专利具有可实施性，专利说明书必须教导本领域技术人员如何制造和使用所要求保护的发明的全部范围，而无须过度实验。可实施性在专利制度中具有双重功能，既可防止发明披露不充分，又可防止权利要求过于宽泛。因此，如果专利权人选择用宽泛的范围来限定权利要求，那么也将面临可实施性的无效宣告请求挑战。根据 *Sitrick v. Dreamworks*，LLC，516 F.3d 993，999（Fed. Cir. 2008）一案，权利要求的范围必须小于或等于可实施的范围，以确保专利说明书至少在一定程度上丰富了与权利要求范围相对等的公知技术。而根据 *In re Fisher*，57 CCPA 1099，427 F.2d 833（CCPA 1970）一案，权利要求的范围必须与说明书向本领域普通技术人员提供的可实施范围具有合理的相关性。因此，CAFC最终维持了法院的无效宣告请求判决。

二、欧洲参数限定有效性的判断规则

（一）欧洲专利局审查指南的规定

关于参数限定问题，欧洲专利局在其审查指南（*Guidelines for Examination*）第F部分第4章关于权利要求的清楚和解释处有关于非常规参数

（unusual parameters）的专门阐述。所谓非常规参数是指在相应技术领域中通常不使用的参数，主要有以下两种情形。

情形一：用非常规参数来限定产品或方法的属性，对于该属性，在本发明创造技术领域通常用其他一般性的公认参数来限定。

情形二：用非常规参数来限定产品或方法的属性，对于该属性，本发明创造技术领域以前从未通过参数限定过。

对于第一种情形，如果该非常规参数不能通过简单的转换而变成本领域一般的公认参数，或者也没有常规设备可以测量该非常规参数，则会被欧洲专利局驳回。其中的原因是没有办法将其与现有技术进行有意义的比较。对于第二种情形，如果申请文件能够证明本领域技术人员能够比较容易实现给定的实验，进而能够明确该参数的确切含义，使得与现有技术进行比较变得有意义。

在欧洲专利局审查指南第 G 部分第 6 章关于新颖性中对隐含公开和参数问题进行了阐述。在现有技术中仅有不同的参数限定或者根本没有参数限定的情况下，如果现有技术产品与专利要求保护的产品在其他方面都相同，那么首先带来的问题是新颖性的缺乏。证明参数限定与现有技术之间的区别的责任在专利申请人一方，如果专利申请人没有提供充足的证据来支持其主张，则承担不利的后果。相反，如果专利申请人能够证明（例如通过适当的对比试验），在参数方面确实存在差异，那么可以认为其克服了新颖性问题。

（二）欧洲专利局上诉委员会的案例

关于谁负有举证责任来证明非常规参数限定与现有技术区别的问题，在欧洲专利局上诉委员会关于 T131/03 一案的判例中（该案为对专利授权后的异议决定不服所提出的上诉），上诉委员会认为，一旦相对方已经建立起一个有力的假设，即权利要求中采用非常规参数进行的限定在现有技术中隐含公开，那么专利申请人或权利人就不能只主张疑点利益。该案所涉专利的权利要求 1 为，电子照相用感光体，其特征在于，包括：导电基板；电荷产生层，形成于所述导电性基材上，含有作为电荷产生剂的有机颜料粒子和黏合剂；以及，在所述电荷产生层上形成的电荷传输层；其中，所述粒子的长轴的最大值不大于 1000nm，短轴的最小值不小于 10nm，且长轴的最大值与短轴的最小值的比值不大于3。

该案中，双方焦点之一在于粒子的几何形状。权利要求所采用的长轴及短轴的最大值和最小值的参数限定方式，被认为是明显的非常规参数限定，在任何现有技术中都没有公开这种参数。异议人提供了实验数据和专家的第一份声明被异议部门接受，该声明认为对比文件中隐含公开了粒子的几何形状。由于上诉人（专利权人）在上诉过程中提供了专家的声明，认为依照对比文件中的实施例得到的粒子光谱与该专利不同，并且认为研磨温度是重要参数，其可以影响粒子的几何形状，因此对比文件并非毫无疑问的可重复，具有不确定性。基于此，上诉人主张疑点利益。对此，被上诉人（异议程序的异议人）专家提供了第二份声明，表明研磨温度可以改变，并且仍然可以在要求的范围内获得粒子的几何形状；同时主张，上诉人的专家声明中遵循的实验条件与对比文件中的实验条件不同（研磨时间分别为20分钟和20小时）。

上诉委员会认为，在要求保护的主题是通过非常规参数定义的案件中，虽然当事人之间的诉讼中举证责任主要落在对手一方，但是专利权人有责任帮助确定这些参数在多大程度上真正将要求保护的主题与现有技术区分，而不能只主张疑点利益。上诉委员会同时认为，被告提供的第一份和第二份声明中建立了一个强有力的推定，即所要求的颜料粒子的几何形状在对比文件中隐含地公开。而对此推定，上诉人不能简单声称获得疑点利益。证明从对比文件的教导中获得的产品没有表现出所要求保护的参数的举证责任实际上已经转移至专利权人一方，其有责任提供令人信服的证据来支持其主张，但是专利权人没有做到这一点。

因此，上诉委员会最终认为权利要求1不具有新颖性。

与T131/03案不同，在T1666/16一案中，上诉人（异议人）试图援引T131/03案，以争辩因为在聚偏二氟乙烯（PVDF）中休止角是一个非常规参数，所以举证责任转移是合理的。但是，上诉委员会认为上诉人并没有给出令人信服的理由以表明非常规参数被现有技术隐含公开，因此举证责任转移的理由并不合理。可见，举证责任转移的前提是可以合理推定现有技术隐含公开了非常规参数这一强有力的假设，合理推定的尺度可以从T1666/16案中窥见，涉案专利权利要求1为，熔融成型用聚偏氟乙烯树脂粉末，有根据JIS K 0069通过干式筛分法测定，树脂粉末表现出（a）～（c）的粉末特性，其粒度分布特性如下：i）粒度累积分布中 50% 累积值（D50）表示的平均粒径未 80～250 微米；ii）粒径为 45 微米以下的树脂粉末的比例至多为重量的 3.0%；iii）粒径为至少 355 微米的最多为重量的 5.0%；并且 iv）值［（D80－D20）/D50］通过除以粒径宽度（D80－D20）表示为 80% 累积值（D80）和 20% 的累积值（D20）；（a）在粒径累计分布中按 50% 累积值（D50）至多为 0.8，（b）堆积密度为 0.40～0.70 克/立方厘米，根据 JIS K 6721-3.3 的体积比重的测量方法确定，并且（c）休止角最多为 35°，例如通过使用体积比重测量设备的说明书中描述的测量方法确定的使用 JIS K 6721 中规定的。

焦点集中在休止角最多为 35° 是否为现有技术中隐含公开的。对此，上诉人认为有三个理由支撑了隐含公开：①对比文件的粉末具有优异的流动特性；②对比文件中对该粉末的参数描述暗示了休止角；③对比文件中粉末的合成条件与涉案专利中用于制备满足该参数条件的粉末的条件相对应。

针对第一个理由，上诉委员会进行了质疑，认为对比文件中提到的优异流动特性来源于涂层工艺，对此上诉人没有给出解释，也没有提供证据说明为什么树脂在气流中的流动性近似于其自由流动的能力。因此，上诉委员会认为对比文件与权利要求 1 不同，不足以得出关于休止角的任何结论。

针对第二个理由，上诉委员会认为休止角取决于多种因素，例如面颗粒密度、大小和形状，以及摩擦系数等，这些是公知常识。可见，影响休止角的变量数量和复杂关系表明其预测难度很大，没有理由认为仅基于给定的体积密度和明确定义的粒度分布就一定可以预测休止角，即使颗粒呈现完美的球形。当粒度分布不完全清楚，而是以近似方式确定时，假设这种情况的依据就更少了。因此，对比文件中的粉末满足权利要求 1 中的参数（a）和（b），并不能证明其也满足参数（c）。

针对第三个理由，上诉人认为其都在涉案专利记载的框架之内，这些条件有利于高堆积密度和低休止角，但是上诉委员会不认为满足这些框架性的条件就足以获得权利要求 1 中定义的堆积密度和休止角。由于上诉委员会同意了专利权人的观点，即悬浮聚合的搅拌条件是影响粉末树脂特性的重要因素，因此不能得出权利要求 1 中定义的休止角范围。更为可信的是，需要通过实验调整各种聚合条件，才能获得权利要求 1 所要求的休止角的粉末。

此外，专利权人阐述对比文件中的聚合条件与涉案专利的聚合条件显著不同，其中涉及悬浮剂与单体的比例、聚合时间和温度曲线，尤其是聚合温度上二者做法相反。由于上诉人对于这些显著不同为何不会影响休止角并没有给出合理解释，加之二者都没有对搅拌条件作出限制，因此更难得出休止角的范围。

由于合理推定现有技术中隐含公开了该非常规参数限定的前提条件没有满足框架性条件，也就无法实现举证责任的转移，因此权利人没有义务自证新颖性问题。最终，上诉委员会认定权利要求 1 并不缺乏新颖性。

三、结　语

美国在参数限定的有效性问题上，相较于我国更加的严格，且可操作性更强，值得从业人员辩证地学习借鉴。其将参数范围接近、重叠、相似都明确列为不具有创造性的情形，甚至通过将多个对比文件中分别披露的参数范围结合起来评价整体范围的创造性。在涉及常规技术优化的创造性判断上，提出了结果有效变量的概念，并基于该概念来判断动机和启示，进而对创造性做出评价。结果有效变量的本质是对结果可预测性的判断，如果一个参数限定的技术特征部分的作用是现有已知的，调整该技术特征的取值范围可以影响相关的属性或结果也是已知的，那么就是一个结果有效变量。结果有效变量是常规技术优化中动机要件之一。除此之外，显而易见的尝试也被认为可以满足动机要件，其涵盖的范围更加广泛，用户需求、商业成功都可以被认定为满足显而易见的尝试。可见，在常规优化的创造性判断上，其给出了一套相对行之有效的分析路径，即先判断结果有效变量或显而易见的尝试。如果满足，则认为其技术还具有优化动机，进而判定不具备创造性。

在说明书公开不充分的问题上，美国方面的实践似乎也更加激进。这体现在当权利要求保护一个参数范围，而说明书在该参数范围内仅公开一个实施例时，会被认为缺乏书面描述或者可实施性，这些本质上都涉及公开不充分的问题。而我国在同样情形下以公开不充分为理由来无效宣告一个参数限定的专利是十分困难的。

欧洲的情况与美国和中国有较大的不同，主要体现在先对参数限定上进行了"区分"，将非常规参数限定界定出来，然后对其施加更加严格的规范。最典型之处是明确了举证责任转移的适用，即证明参数限定有效的责任转移至专利权人一方，其背后的法理是，由于非常规参数限定有效性判断比较困难而不被提倡，因此如果专利申请人在申请专利时决意采用非常规参数限定，那么其就应当承担使用非常规参数限定带来的不确定性，包括举证责任的变化。为了规范举证责任转移的适用，欧洲确立了举证责任转移的前置条件，一是区别技术特征仅在于参数限定上，二是相对方能够建立起一个有说服力的假设，即非常规参数限定在现有技术中隐含公开。对于实质审查程序，只需满足前置条件一，而对于双方程序来说，则需要同时满足。因此，举证责任转移不仅适用于新颖性的判断，而且适用于创造性的判断，这就变得更加严格。

可以看出，欧洲在规范参数限定上更加系统化，非常规参数的确立、有说服力的假设建立及举证责任转移这一套组合拳下来，可以对参数限定进行有效的规制。因此，欧洲较难出现参数限定滥用的情形。

从复审和无效宣告角度看区块链技术领域高价值专利培育

李晓静*

近年来，国家出台了一系列政策文件，推动区块链技术创新、应用落地、生态培育和基础设施建设。《中华人民共和国国民经济和社会发展第十四个五年规划和 2035 年远景目标纲要》（以下简称"十四五"规划）将区块链作为数字经济重点产业之一，提出以联盟链为重点发展区块链服务平台和金融科技、供应链金融、政务服务等领域应用方案。我国已有多个省市将发展区块链技术产业纳入地方"十四五"规划，多个省份制定了推动区块链发展的专项文件。

伴随着区块链技术的快速发展及其潜在的应用价值和巨大的发展前景，国内乃至全世界的众多创新主体，申请了大量的区块链专利，以求通过专利的形式来保护自身的创新成果。然而，在这一过程中，由于创新主体专利法律意识淡薄，因此出现了一批低价值的专利。笔者通过研究分析历经复审和无效宣告并结案的区块链技术专利，结合笔者在区块链行业多年的从业经验，就区块链领域的高价值专利培育提供一些建议，以期能帮助相关创新主体培育高价值区块链专利。

一、区块链技术的发展历程及基础架构

区块链的本质是一个去中心化、不可篡改的分布式账本。其起源于以

---

* 作者单位：杭州高新区（滨江）区块链与数据安全研究院。

比特币为代表的数字货币，这个阶段被称为区块链 1.0 时代。在这个阶段，区块链的主要功能是转账。随着以太坊的出现，智能合约的概念被提出，区块链进入可编程的时代，即区块链 2.0 时代。在这个阶段，区块链的应用不局限于数字货币，而是扩展到一个分布式的应用平台。随着区块链技术的进一步发展，区块链技术在各种行业应用场景下实现，区块链的应用场景如雨后春笋般涌现，区块链进入了 3.0 时代。在这个阶段，区块链构建价值互联网，充分发挥了信任机器的作用。区块链技术的基础架构如图 6 所示。

图 6 区块链技术的基础架构❶

区块链系统由数据层、网络层、共识层、激励层、合约层和应用层构成。其中，数据层封装了底层数据区块以及相关的数据加密和时间戳等技术；网络层则包括点对点（P2P）网络、数据传播机制和数据验证机制；共识层主要封装网络节点的各类共识算法，包括工作量证明（PoW）、股

---

❶ 朱建明，付永贵. 区块链应用研究进展 [J]. 科技导报，2017，35（13）：70 – 76.

权证明（PoS）、委任权益证明（DPoS）等；激励层将经济因素集成到区块链技术体系中来，包括经济激励的发行机制和分配机制；合约层主要封装各类脚本、算法和智能合约，是区块链可编程特性的基础；应用层则封装了区块链的各种应用场景和案例。❶

二、区块链高价值专利的客体问题

国家知识产权局将以下五种发明专利纳入高价值专利的统计范围：战略性新兴产业的发明专利、在海外有同族专利权的发明专利、维持年限超过 10 年的发明专利、实现较高质押融资金额的发明专利和获得国家科学技术奖或中国专利奖的发明专利。上述分类是从宏观层面进行界定的，具体到微观层面，高价值专利应是高质量的技术创新 + 高质量的专利撰写 + 高质量的审查答复 + 高质量的专利布局的结合体。笔者将从区块链技术的可专利性角度出发，选取区块链典型案例展开阐述，以对技术交底书的构建、专利文本的撰写和审查意见的答复三方面提出建设性意见，助力产生高价值的专利。区块链专利客体问题主要涉及《专利法》第二条第二款、第五条第一款及第二十五条第一款第（二）项。

（一）关于《专利法》第二条第二款

《专利法》第二条第二款规定，"发明，是指对产品、方法或者其改进所提出的新的技术方案"。对一项包含算法特征或商业规则和方法特征的权利要求是否属于技术方案进行审查时，需要整体考虑权利要求中记载的全部特征。如果该项权利要求记载了对要解决的技术问题采用了利用自然规律的技术手段，并且由此获得符合自然规律的技术效果，则该权利要求限定的解决方案属于《专利法》第二条第二款所述的技术方案。

1. 区块链计费模式

该专利申请（CN201610401318.X）的权利要求 1 如下。

区块链计费模式，其特征在于，一般用户在区块链上提交交易订单或

---

❶ 朱建明，付永贵. 区块链应用研究进展［J］. 科技导报，2017，35（13）：70 - 76.

发送信息时都需要用加密货币支付费用，这里区块链系统会自动计算出用户对区块链系统的贡献度（如按近期持有区块链加密货币的数量和时间的加权值），系统按贡献度估算用户可免费交易的笔数、免费交易额度、免费提交信息的字节数，换算成可减免的交易费用A，根据贡献度计算出的上述费用减免额度是有有效期的，不在有效期内使用就会自行作废。以下是计费流程；

步骤S1，每个地址按照近一段时间内计算贡献度，比如持有区块链上主要加密货币或加密资产的价值，或介绍进来的用户的贡献度等，这里近一段时间可以是近24小时、近一周等；

步骤S2，按贡献度计算一个可免费交易额度，或可减免的交易费A；

步骤S3，累计近期交易的数量或规模（不扣减可减免部分），换算成交易费B；

步骤S4，若$B-A$小于0，即在免费额度内，按免费模式记录交易内容，累计减免的费用D；

步骤S5，若$B-A$大于0，即超过免费的额度，对近期累计超过可免费交易额度部分收取费用C，将费用C支付到约定的地址，用于将来支付给区块链维护或开发等贡献者。

分析：上述专利涉及一种区块链计费模式，被国家知识产权局于2018年11月以不符合《专利法》第二条第二款规定驳回。❶ 后专利申请人于2018年12月提交了复审请求，国家知识产权局认为：权利要求1要求保护一种区块链计费模式，其计算用户对区块链系统的贡献度，根据该贡献度估算用户可免费交易的相关信息，并据此进行计费。该方案要解决的问题是如何使部分用户可以免费在区块链上交易，该问题并非技术问题；其采用的手段是根据人为定义的计算规则计算用户的贡献度、并进一步计算用户可享受的免费交易的内容，该手段也并非利用了自然规律的技术手段；所获得的效果是使用户可享受免费交易的体验，从而推动区块链交易的推广，该效果也并非技术上的效果，因此该方案不符合《专利法》第二条第二款的规定。❷

---

❶ 2020年修正的《专利法》，其第二条第二款未作变动，下同。——笔者注
❷ 参见国家知识产权局第192260号复审请求审查决定。

该专利申请使用区块链加密货币进行交易，虽然在支付费用的过程中会用到必要的计算机、数据库方面的支持，但是其方案不会对计算机等设备进行改进，不会产生对已有的计算机技术及其公知的内外部性能的改进，只是在区块链系统上完成交易活动的结算。

如果一项权利要求请求保护的方案无法同时具备技术手段、技术问题和技术效果三个要素，则该权利要求不属于专利法保护的客体。

2. 一种不同许可链之间的跨链交易

该专利申请（CN201710582562.5）的权利要求 1 如下。

设计一种不同许可链之间的跨链交易，其特征在于，不同用户在不同的许可链上有加密资产，且他们在另一条许可链上各自开设账户，则不同用户可以通过该许可链进行资产交易，并约定写入一种协议，该协议用于共识服务器校验跨链交易。

C 企业发行加密资产，A、B 企业在 C 企业所在的许可链（C 链）上设有账户，A、B 企业分别购买 C 企业的加密资产。A 企业购买价值为 X 的加密资产，B 企业购买价值为 Y 的加密资产。用户甲在 A 企业所在许可链（A 链）上设有账户，并向 A 企业购买价值为 M 的加密资产；用户乙在 B 企业所在许可链（B 链）上设有账户，并向 B 企业购买价值为 N 的加密资产；且，所述协议约定：若判定此次交易失败，用户乙没有收到 B 企业账户的加密资产，且 B 企业账户已销毁加密资产，那么即便用户乙获取 A 企业账户的相关私钥，也无法从 A 企业账户获取加密资产；此时用户甲希望向处于不同许可链的用户乙转移价值为 Z 的加密资产，以下是实现步骤；

步骤 S1，用户甲发出将价值为 Z 的加密资产从 A 链转移到 B 链的指令；

步骤 S2，用户甲将价值为 Z 的加密资产从用户甲账户转移到 A 链上的 A 企业账户，此时用户甲剩余价值为 $(M-Z)$ 的加密资产，A 链上的 A 企业账户拥有价值 $(X+Z)$ 的加密资产；

步骤 S3，A 链通知 C 链上的 A 企业账户向 C 链上的 B 企业账户转移价值为 Z 的加密资产，此时 A 链上的 A 企业账户剩余价值为 X 的加密资产，C 链上的 A 企业账户拥有价值为 $(X+Z)$ 的加密资产并准备向 C 链上的 B 企业账户转移价值为 Z 的加密资产；

步骤 S4，C 链上的 A 企业账户转移给 C 链上的 B 企业账户价值为 Z 的加密资产，此时 C 链上的 A 企业账户剩余价值为 X 的加密资产，C 链上的 B 企业账户拥有价值为 $(Y+Z)$ 的加密资产；

步骤 S5，C 链通知 B 链上的 B 企业账户向用户乙转移价值为 Z 的加密资产，此时 C 链上的 B 企业账户剩余价值为 Y 的加密资产，B 链上的 B 企业账户拥有价值为 $(Y+Z)$ 的加密资产并准备向 B 链上的用户乙转移价值为 Z 的加密资产；

步骤 S6，B 链上的 B 企业账户向用户乙转移价值为 Z 的加密资产，此时 B 链上的 B 企业账户剩余价值为 Y 的加密资产，用户乙拥有价值为 $(N+Z)$ 的加密资产。

分析：国家知识产权局在驳回决定和前置审查意见中指出，该方案要解决的问题是使不同许可链上的用户可以进行资产转移，不构成技术问题。采取的手段是不同的用户在不同的许可链上有加密资产，且他们在另一条许可链上各自开设账户，那么不同的用户可以通过该条许可链进行资产交易，其属于转账的操作流程，利用了公知的区块链中的跨链技术。现有技术中跨链的目的就是实现不同链之间的资产转移。这一系列的动作都是依托现有计算机系统和区块链技术实现的，没有给计算机本身的物理结构和内部性能带来任何改进。通过这一系列操作流程，使不同许可链上的用户可以进行资产转移，不构成技术手段，并且其获得的效果仅是使位于不同区块链上的用户可以进行资产交易，而不是技术效果。

国家知识产权局认为，权利要求 1 要求保护一种不同许可链之间的跨链交易，分别对第一、第二、第三许可链上的用户账户、加密资产、协议进行配置，并制定了在不同许可链之间进行加密资产转移的详细过程。许可链是基于区块链的技术，其涉及计算机系统的物理结构和内部性能，该专利申请为了克服现有的不同许可链的业务节点之间无法进行加密资产转移这一问题，需要对构成该不同许可链的计算机网络的各节点之间的逻辑关系、通信、共识等进行改变，以实现在不同许可链之间进行资产转移。可见，该专利申请解决的问题涉及计算机系统的物理结构和内部性能的变化，体现了自然规律，属于技术问题。权利要求 1 在限定的不同许可链之间进行跨链交易的过程中，采用了制定用于共识服务器校验的第一协议、终端发送指令、不同许可链间的数据通信的技术手段，获得了不同许可链的业务节点间加密资产可以安全转移的技术效果。因此，权利要求 1 属于《专利法》第二条第二款规定的技术方案。

如果专利技术特征与计算机系统的内部结构有某种特定的技术关联，基于这种特定的关联，通过优化系统资源配置使得其整体上能够获得计算机系统内部性能改进的技术效果，那么申请方案就构成技术方案。

（二）关于《专利法》第五条第一款

《专利法》第五条第一款规定，"对违反法律、社会公德或者妨害公共利益的发明创造，不授予专利权"。

中国人民银行联合相关部委发布了《关于防范比特币风险的通知》和《关于防范代币发行融资风险的公告》，明确指出各金融机构不得开展与比特币相关的业务活动，不得非法发行虚拟货币。

由于比特币等加密数字货币是区块链技术的重大应用之一，也是区块链技术的起源，因此有相当一部分区块链专利涉及加密数字货币，这极有可能因违反有关规定或者因妨害公共利益而被判定为属于《专利法》第五条第一款规定的情形。

1. 一种加密货币发行监督方法、设备和存储介质

该专利申请（CN201811214621.4）的权利要求 1 如下。

一种加密货币发行监督方法，其特征在于，包括：

接收购买方的第一客户端发送的申购信息，并根据所述申购信息确收所述购买方为申购若干第一加密货币所支付的若干资产；

将所述若干资产转账给发行方，以供所述发行方的第一服务端确收所述若干资产后，触发第一区块链上的第一合约，根据预配置的资产与第一加密货币的兑换比例，发行与所述若干资产对应的若干第一加密货币，并将所述若干第一加密货币从发行方的第一公钥地址分发到白名单机构的第二公钥地址；

将所述申购信息发送至所述第一区块链上的第二合约的合约地址，以触发所述第二合约将所述第二公钥地址上的所述若干第一加密货币分发到所述购买方的第三公钥地址；其中，所述发行方的储备资产和所述第一加密货币的发行量由若干审核方定时审核，并发布审核结果；

通过所述第一区块链上记录的所述第一加密货币的信息获取所述第一

加密货币的发行总量，根据所述第一加密货币的发行总量计算出所述第一加密货币的第一总价值；

通过所述审核结果获取所述发行方的储备资产的第二总价值；

判断所述第一总价值及所述第二总价值的差值，若所述差值高于预配置的第一阈值，则向所述发行方发送预警信息，以供所述发行方接收所述预警信息后增加所述储备资产。

分析：国家知识产权局认为，上述专利方案涉及企业发行加密数字货币等金融交易或货币管理操作，属于妨害公共利益的情形，属于《专利法》❶ 第五条第一款规定的不授予专利权的范围。

如果申请文件的技术方案涉及法币和加密货币的兑换，涉嫌扰乱金融秩序，则该申请属于《专利法》第五条第一款规定的"妨害公共利益"的发明创造。

2. 一种用于缓解节点存储压力的方法和系统

该专利申请（CN201610567480.9）的权利要求 1 如下。

一种用于缓解节点存储压力的方法，其特征在于，包括：

步骤 S1，确认高度低于特定区块的所有区块中未花费交易输出的比例；

步骤 S2，将未花费交易输出的比例与特定比例进行比较；

步骤 S3，在未花费交易输出的比例小于或者等于特定比例时，发起多次自动转入交易，自动转入交易与未花费交易输出一一对应；在自动转入交易中，输入地址和输出地址均为未花费交易输出的地址，输入金额和输出金额均为未花费交易输出的金额，以将该未花费交易输出转移至新的区块中；

步骤 S4，删除已将未花费交易输出转移的区块。

分析：根据说明书背景技术部分的记载可知，该专利申请以第一个区块链应用比特币为例，说明其所要解决的技术问题是如何缓解完全节点的存储压力问题。由该专利申请说明书公开的内容可知，为了在区块链中保持数据的完整性和可追踪性，需要缓解节点的存储压力。该专利申请通过以下技术方案实现了在保证未花费交易输出的来源可验证的前提下，缓解节点存储压力。具体地，该专利申请说明书记载了通过对未花费交易发起

---

❶ 2020 年修正的《专利法》，其第五条第一款未作变动，下同。——笔者注

多次自动转入交易，将该未花费交易输出至新的区块，以缓解节点的存储压力等实施方式。

上述专利申请被国家知识产权局认定为属于《专利法》第五条第一款所规定的妨害公共利益的情形，其涉及代币交易的技术方案，属于未经批准的非法公开融资行为，存在金融风险，使国家正常的金融秩序受到影响，妨害公共利益，不应被授予专利权。驳回后，专利申请人提交了复审请求，国家知识产权局认为：尽管从该专利申请说明书的文字记载中以比特币为例说明区块链技术中节点的存储问题，进一步说明如何对区块链技术中节点存储压力的缓解，从而保证数据的完整和可追踪。但该专利申请所涉及的缓解完全节点的存储压力的发明创造本身并没有妨害公共利益，只有在被用于比特币发行、融资、结算、清算等服务时才可能妨害公共利益，因此，不属于《专利法》第五条第一款限制的范围。

如果发明创造仅仅存在滥用而可能造成妨害公共利益的，则通常不应适用《专利法》第五条第一款排除其获得授权的可能。

（三）关于《专利法》第二十五条第一款第（二）项

《专利法》第二十五条第一款第（二）项规定了智力活动的规则和方法不属于专利法保护的客体。《专利审查指南2023》第二部分第九章第6.1.1节根据《专利法》第二十五条第一款第（二）项的审查规定，如果权利要求中除了算法特征或商业规则和方法特征，还包含技术特征，该权利要求就整体而言并不是一种智力活动的规则和方法，则不应当依据《专利法》第二十五条第一款第（二）项排除其获得专利权的可能性。

区块链专利可大致分为区块链应用类专利和区块链底层技术类专利。对于区块链应用类专利，包括诸如各类商业模式＋区块链结合而形成的技术方案。由于此类专利方案通常结合了具体的应用场景，因此不会被判定为属于智力活动的规则和方法。但对于区块链底层技术类专利，尤其是涉及区块链数据层和共识层的专利申请，例如加密算法、共识算法等，则可能会落入《专利法》第二十五条第一款第（二）项规定。遇到这类问题，申请人可尝试将该算法与区块链的其他技术特征相关联，或选择将该算法应用到具体的应用领域中，与其进行结合，则通常可以克服《专利法》第二十五条第一款第（二）项规定。

1. 一种选择共识节点处理方法、装置及服务器

该专利申请（CN201710736740.5）的权利要求 1 如下。

一种选择共识节点处理方法，所述方法包括：

获取股东节点对选择的期望节点的股权投票结果，所述股东节点包括拥有预设总股权中至少一份股权的节点；

根据所述股权投票结果确定股权投票后各个股东节点所拥有的股权的数量；

根据所述股权投票后股东节点所拥有的股权的数量确定共识节点的选择结果。

分析：上述专利方案未能体现出该方法在区块链领域的具体适用和关联，也没有体现出其与区块链技术之间的关联，其实质上仅是一种达成共识所涉及的单纯的规则，是基于权益证明的共识算法，不涉及技术特征。根据《专利审查指南 2023》第二部分第九章第 6.1.1 节的规定，该方法属于《专利法》第二十五条第一款第（二）项❶规定的智力活动的规则和方法，属于不授予专利权的客体。❷

2. 一种拜占庭容错共识（PBFT）协议动态增删节点的方法

该专利申请（CN201810906786.1）的权利要求 1 如下。

一种 PBFT 协议动态增删节点的方法，其特征在于，在该方法中，将在某一时刻提供共识服务的节点集定义为一个配置，将配置变更前的节点集定义为配置一，将配置变更后的节点集定义为配置二，该方法具体包括如下步骤。

S1：当需要进行配置变更时，配置一中的节点互相发送消息确定配置变更序列号。

S2：当配置一中的节点执行到确定的配置变更序列号的前一位时，配置一中的非拜占庭节点向配置二成员发送消息。

S3：配置二的节点收到来自配置一的节点的消息后，进行一轮视图变更，之后在配置一中不在配置二中的节点下线，配置二所有节点继续进行共识；如果视图变更失败，直接放弃此次配置变更。

---

❶ 2020 年修正的《专利法》，其第二十五条第一款第（二）项未作变动，下同。——笔者注

❷ 张雪凌，刘庆琳，区块链专利申请审查标准研究［J］. 知识产权，2020（2）：68 – 75.

分析：上述方法针对现有 PBFT 共识算法不能动态增加、删除节点的技术问题，通过采用在配置一和配置二中节点之间状态同步，视图变更实现 PBFT 动态共识，提升了 PBFT 协议的可扩展性，增加了其实用性。该方法体现了 PBFT 算法是如何应用到区块链领域中，及如何解决了现有区块链领域中存在的技术问题，因此不属于《专利法》第二十五条第一款第（二）项规定的智力活动的规则和方法。进一步地，该方法针对特定技术问题采用了利用自然规律的技术手段，获得符合自然规律的技术效果，属于《专利法》的保护客体。

在判断所要求保护的方案整体上不属于智力活动的规则和方法后，还需要进一步判断是否符合《专利法》第二条第二款的规定。

由于专利数据库中未记载依据《专利法》第二十五条第一款第（二）项进行复审或者无效宣告的专利案件，因此笔者选取的是一个负面的驳回案件和一个正面的授权案件。

三、结　语

（一）技术交底书层面

如果将区块链技术应用于某一具体的技术领域来解决问题，即技术方案和具体的应用场景相结合，那么通常不会被判定为属于智力活动的规则和方法；但还需判断是否符合《专利法》第二条第二款的规定。此外，还应关注区块链应用类专利的创造性问题，不能简单地将区块链技术和应用场景进行结合，而应体现出区块链技术在该具体的应用场景中的具体适用和关联。

如果技术方案既包含智力活动的规则和方法的内容，又包含技术特征，则该技术方案不属于智力活动的规则和方法。

此外，技术方案应至少是能由计算机设备自动执行，不需要人为干预。

（二）专利文本撰写层面

针对涉及数字货币的发明创造，在撰写专利文本时，可在说明书中避免使用比特币、以太币等虚拟货币的表述，建议将其上位为一种数字资源或其他等同表述，且记载该数字资源的发行是受监管的，该数字资源是在区块链下流通的真实资产的数字化形式，避免被认定为妨害公共利益或者违反法律规定。

当发明方法包括智力活动的规则和方法时，应特别注意在权利要求中写入相关联的技术特征，例如记载该方法运行的硬件环境或者记载该方法处理的数据类型等。权利要求应当体现为解决特定技术问题采用遵循自然规律的技术手段并达到符合自然规律的技术效果。

如果权利要求的撰写能够体现出区块链算法与计算机系统的内部结构存在特定技术关联，从而解决如何提升硬件运算效率或执行效果的技术问题，包括减轻数据存储压力、提高共识效率、提高硬件处理速度等，并能够获得符合自然规律的计算机系统内部性能改进的技术效果，则该权利要求限定的解决方案属于技术方案。

（三）答复审查意见层面

针对专利审查员依据《专利法》第二条第二款下发的审查意见，专利申请人应围绕该专利申请是针对特定技术问题采用了符合自然规律的技术手段，并达到了符合自然规律的技术效果进行论证。具体而言，专利申请人可将权利要求中的所有技术特征作为一个整体，着重分析该专利申请所要解决的问题是否为某一技术领域的现实技术问题，是否涉及对计算机系统的硬件结构或者内部系统的改进或者优化。此外，申请人还可以根据说明书的记载，将该专利申请与具体的应用领域结合，对权利要求做相应修改以克服该问题。

针对审查员依据《专利法》第五条第一款提出的审查意见，专利申请人应辩证地分析。如果发明创造仅仅存在滥用而可能造成妨害公共利益的，通常不应适用《专利法》第五条第一款排除其获得授权的可能。

从专利无效宣告请求看企业
IPO 之知识产权风险

党鹏飞 *

一、案件介绍

2019 年 11 月 25 日，上海证券交易所（以下简称"上交所"）发布《关于终止对安翰科技（武汉）股份有限公司首次公开发行股票并在科创板上市审核的决定》。同一日，安翰科技（武汉）股份有限公司（以下简称"安翰科技公司"）亦在其公司官网公布关于撤回上市申请的说明文件，详细解释了撤回的缘由。至此，围绕安翰科技公司的两次上市及其四轮问询所衍生的各种猜想尘埃落定。

时间回到 2019 年 3 月 21 日，安翰科技公司向上交所报送了科创板上市申请，正式开始了上市之路。2019 年 5 月 10 日，重庆金山医疗器械有限公司（以下简称"金山医疗公司"）、重庆金山科技（集团）有限公司（以下简称"金山科技公司"）在重庆市第一中级人民法院向安翰科技公司提起了专利侵权诉讼，涉及 8 件专利，详情如表 4 所示。

---

* 作者单位：深圳市资福医疗技术有限公司。

表 4　8 件涉案专利详情

序号	名称	申请号	申请日	授权日	专利权人	法律状态
1	胶囊内窥镜在生物腔体内的自动扫描方法	201611192694.9	2016 年 12 月 21 日	2019 年 2 月 12 日	金山医疗公司	部分无效
2	无线胶囊内窥镜	201820275046.8	2018 年 2 月 27 日	2019 年 3 月 29 日	金山医疗公司	全部无效
3	胶囊内镜	201220196431.6	2012 年 5 月 4 日	2012 年 12 月 12 日	金山科技公司	全部无效
4	胶囊内镜外壳结构	201320386725.X	2013 年 7 月 1 日	2013 年 12 月 25 日	金山科技公司	全部无效
5	一种消化道诊断仪及其胶囊内窥镜图像数据处理系统	201720947925.6	2017 年 7 月 28 日	2019 年 2 月 1 日	金山医疗公司	全部无效
6	一种胶囊内窥镜工作系统	201621444940.0	2016 年 12 月 26 日	2018 年 5 月 15 日	金山医疗公司	全部无效
7	一种具运动定位功能的胶囊内镜系统及其胶囊内镜	201420171032.3	2014 年 4 月 10 日	2015 年 4 月 29 日	金山科技公司	全部无效
8	一种具运动定位功能的胶囊内镜系统及其胶囊内镜	201410142372.8	2014 年 4 月 10 日	2016 年 9 月 28 日	金山科技公司	全部无效

可以明显看出，重庆这两家公司诉称被侵犯的专利权均与安翰科技公司的主营业务胶囊内窥镜有关，其中包括 6 件实用新型专利和 2 件发明专利。

重庆这两家公司开出了 5000 万元的索赔金额，除了起诉，还将相关材料寄送到上交所，举报安翰科技公司多处表述"全球首家"涉嫌虚假宣传。

对此，安翰科技公司随后采取了以下四个应对措施。

第一，2019 年 5 月 28 日，安翰科技公司发起反诉，控告重庆这两家公司"因恶意提起知识产权诉讼损害责任纠纷"，但重庆市第一中级人民法院在随后的判决书中均予以驳回，如表 5 所示。

表 5　安翰科技公司发起的反诉详情

序号	案号	案由	当事人
1	（2019）渝 01 民初 429 号	因恶意提起知识产权诉讼损害责任纠纷	原告：安翰科技公司 被告：金山医疗公司
2	（2019）渝 01 民初 430 号	因恶意提起知识产权诉讼损害责任纠纷	原告：安翰科技公司 被告：金山医疗公司
3	（2019）渝 01 民初 431 号	因恶意提起知识产权诉讼损害责任纠纷	原告：安翰科技公司 被告：金山医疗公司
4	（2019）渝 01 民初 434 号	因恶意提起知识产权诉讼损害责任纠纷	原告：安翰科技公司 被告：金山医疗公司
5	（2019）渝 01 民初 435 号	因恶意提起知识产权诉讼损害责任纠纷	原告：安翰科技公司 被告：金山科技公司
6	（2019）渝 01 民初 436 号	因恶意提起知识产权诉讼损害责任纠纷	原告：安翰科技公司 被告：金山科技公司
7	（2019）渝 01 民初 437 号	因恶意提起知识产权诉讼损害责任纠纷	原告：安翰科技公司 被告：金山科技公司
8	（2019）渝 01 民初 438 号	因恶意提起知识产权诉讼损害责任纠纷	原告：安翰科技公司 被告：金山科技公司

第二，2019 年 6 月 20 日，针对涉案的 8 件侵权专利，安翰科技公司向国家知识产权局提出无效宣告请求。

第三，2019 年 7 月 22 日，安翰科技公司出具长达 163 页的回复函，详细披露了涉及有关产品的销售情况、产品创新性、专利创造性等 10 个问题，并强调公司不存在欺诈发行的情况。

第四，2019 年 10 月 23 日，安翰科技公司向上交所报送中止审核的申请，以等待专利无效宣告请求的处理决定，进而判断专利侵权诉讼的审理结果。上交所批准了这个中止申请。

2019 年 11 月 20 日，国家知识产权局发布的无效宣告请求审查决定书显示，涉案的 6 件实用新型专利成功被宣告无效，而 2 件发明专利的结果则"维持专利权有效"。在 2019 年 12 月 17 日和 2020 年 7 月 3 日，安翰科技公司对剩余的 2 件发明专利权分别发起了第 2 次无效宣告请求，并分别于 2020 年 8 月 19 日和 2021 年 3 月 17 日收到了国家知识产权局的无效宣告请求审查决定书。其中，专利申请号为 201410142372.8 的专利被全部予以宣告无效，而专利申请号为 201611192694.9 的专利维持部分有效。随后，重庆这两家公司撤回了针对安翰科技公司的 6 件实用新型专利权的侵权指控。

二、以专利无效宣告应对募股上市的专利侵权纠纷

近年来，拟申请上市的企业，尤其是在科创板和创业板上市的企业，在上市冲刺阶段收到国内外同行、竞争对手关于主营业务产品的专利诉讼时有发生，这种专利诉讼实质上是一种做空机制。应对这种做空机制的核心原则是展示企业的硬实力，调整监管方和投资者的预期，增强监管方和投资者的信心，使监管方和投资者相信企业如实进行了信息披露、创新实力和持续经营能力未受影响。从发起专利诉讼的时间节点看，通常是企业 IPO 上市前夕的静默期。从发起专利诉讼的主体看，主要有两类：一类是拟上市企业的竞争对手，其目的是阻止拟上市企业上市，削弱其竞争力；另一类是非专利实施主体，即业界所认为的 NPE。其目的是通过诉讼促使被诉方接受许可条件进行和解，获取更多的许可费用。

企业上市之前，厘清专利纠纷，妥善处理潜在的专利纠纷，已经成为企业在 IPO 过程中刻不容缓的重要议题。对于高科技企业，上市融资是获得资金、发展壮大的最佳途径，企业通过资本市场融资能迅速发展壮大，同时也给竞争对手带来较大的生存压力。因此，科技型企业在科创板上市过程中往往会遭到来自同行竞争对手的专利诉讼，这也是知识产权直接参与商业竞争和知识产权价值的直接体现。

三、提前谋划专利布局，数量和质量并行

对于寻求科创板上市的企业来讲，知识产权布局的数量及其质量的重要性不言而喻。专利布局，是指为获得某种竞争性优势的战略目标，在技术领域、专利申请地域、申请时机、申请类型和申请数量等方面，进行有针对性、策略性和前瞻性的专利谋划和部署行为。在专利布局过程中，要特别注意以下四个要素。

（一）有意识布局与企业主营业务有关并能够产业化的专利

企业布局的专利要紧密贴合"科技创新能力突出、科技成果转化能力突出、行业地位突出"的价值导向。在专利布局规划初期，要提前做好发明专利的布局规划和储备。从技术结构上考虑，不仅要围绕技术的延续、纵深发展形成纵向专利布局（例如技术或产品的更新迭代、技术演进的专利布局），而且要围绕不同技术之间的关联支撑形成横向布局。企业要从产品结构、制造工艺、组装调试，以及安装使用等多个层次考虑对核心产品进行全方位的专利保护。

（二）加强知识产权管理，做好知识产权合规

在漫长的 IPO 进程中，企业的知识产权管理机构要建立健全各类知识产权管理制度，从员工入职到离职后一年内甚至竞业限制期的全周期进行有效的知识产权管控。定期对自身的知识产权资产进行梳理，以知识产权企业管理的视角，从管理、科研、人才、财务、营销、品牌等各个方面对企业进行全面梳理，从不同维度对知识产权资产进行盘点和组合，从而保证在招股书中披露的发明专利应用于企业主营业务、能够产业化，且稳定性较高，尽可能地降低后续被宣告无效的风险。

对于重庆这两家公司提起专利侵权诉讼的 6 件实用新型专利及 2 件发明专利经过安翰科技公司的无效宣告程序，最终仅有 1 件发明专利被维持部分有效，足以说明重庆这两家公司的专利质量稍显薄弱。

（三）提前做好知识产权风险管控和合规应对

企业应建立知识产权风险预案制度，当发现侵权风险后及时对相关产品进行生产、销售情况的排查，并提前对存在侵权风险的专利进行充分的稳定性检索和分析以储备证据，做好无效宣告的各项准备工作，待竞争对手提起侵权诉讼时迅速响应，从而对其中可能的恶意知识产权诉讼进行准确打击。以深圳光峰科技股份有限公司为例，该公司于 2019 年 7 月 29 日收到某电子工业股份有限公司的专利侵权诉讼，当天，深圳光峰科技股份有限公司反诉该电子工业股份有限公司专利侵权，并在第 2 天向国家知识产权局提出了 3 件涉案专利的无效宣告，足以说明深圳光峰科技股份有限公司的知识产权风险预案的有效性。这得益于其周全的专利自由实施（FTO）调查，值得业界思考。

（四）以标准引领知识产权合规

广东省尚未出台或发布有关针对拟上市或已上市科创板上市企业的知识产权合规管理规范，但上海市浦东新区和江苏省苏州市市场监督管理局已经在先行先试此类标准的制修订工作。其中，上海市浦东新区研发机构联合会发布《科创板拟上市企业知识产权管理规范 内控管理》（T/SPFRDI 001—2024）团体标准。该团体标准规范了科创板拟上市企业知识产权储备管理、重大知识产权风险应对、知识产权相关信息披露及创新成果与专利产业化的内控管理要求。江苏省苏州市的地方标准《科创板上市企业知识产权风险防控指南》（DB3205/T 1101—2023）则是全国首个服务科创板上市企业知识产权风险防控的地方标准。

四、关注政策走势，稳妥处理知识产权诉讼

2019 年 6 月 22 日，最高人民法院公布《关于为设立科创板并试点注册制改革提供司法保障的若干意见》，其第七条提出，加大对科创板上市公司知识产权司法保护力度。依法审理涉科创板上市公司专利权、技术合同等知识产权案件，对于涉及科技创新的知识产权侵权行为，加大赔偿力

度，充分体现科技成果的市场价值，对情节严重的恶意侵权行为，要依法判令其承担惩罚性赔偿责任。进一步发挥知识产权司法监督职能，积极探索在专利民事侵权诉讼中建立效力抗辩审理制度，促进知识产权行政纠纷的实质性解决，有效维护科创板上市公司知识产权合法权益。该意见是最高人民法院专门制定的系统性、综合性司法文件，为全国各级法院在审理涉及科创板上市公司知识产权纠纷指明了方向。

在企业 IPO 进程中，不可避免地出现某些恶意知识产权诉讼。针对拟IPO 企业的专利侵权诉讼能否被认为是专利恶意诉讼，需结合各种因素综合判断。但对于专利权人是否明知权利基础不存在或者明知不侵权而发起侵权诉讼这一最能体现主观"恶意"的因素看，可以根据专利无效宣告请求的审查结论结合权利人主张权利的过程、对技术的了解程度判断。

恶意诉讼，通常是指当事人以获取非法或不正当利益为目的而故意提起的诉讼，并致使相对人在诉讼中遭受损失的行为。根据《反不正当竞争法》第二条规定，经营者在生产经营活动中，应当遵循自愿、平等、公平、诚信的原则，遵守法律和商业道德。经营者在生产经营活动中，不应违反该法的规定，存在扰乱市场竞争秩序，损害其他经营者或者消费者的合法权益的行为。

从重庆市第一中级人民法院（2019）渝 01 民初 435 号民事判决书来审视，法院对恶意诉讼的认定秉承谦抑原则。恶意诉讼，是违反诚实信用原则的诉讼行为。鉴于诉权的性质、诉权行使的方式和诉讼结果的多因素，法院在认定特定诉讼是否构成恶意诉讼时，应当适当谨慎，避免简单地将败诉等同于恶意诉讼，避免因为恶意诉讼从而不当地限制当事人正当行使诉权。认定恶意的关键在于明知没有事实或者法律根据，恶意诉讼可从如下四个要件进行判断。①一方当事人提起诉讼时是否具有主观恶意；②一方当事人是否有客观行为，即向法院提起了诉讼；③另一方当事人是否因该诉讼而受到了财产或者非财产损害；④另一方当事人的损害是否与提起的诉讼有因果关系。

在专利权无效宣告请求审查实践中，关于当事人"明知是现有技术而申请专利"，将明知不应当获得专利保护的发明创造申请专利并获得专利权的行为，大致有下述六种情形。

第一，将明确知悉的国家标准、行业标准等技术标准中的技术方案申请专利并取得专利权的。

第二，国家标准、行业标准等技术标准的制定参与人，将在上述标准的起草、制定等过程中明确知悉他人技术方案申请专利并取得专利权的。

第三，将明知为某一地区广为制造或使用的产品申请专利并取得专利权的。

第四，采用编造实验数据、虚构技术效果等手段使涉案专利满足《专利法》的授权条件并取得专利权的。

第五，将域外公开的专利申请文件所披露的技术方案在中国申请并获得专利权的。

第六，行为人将申请日前已经公开销售的产品申请专利并取得专利权的。

其中对"现有技术"的认定，正是专利权无效宣告请求审查决定作出的基础。因此，一旦发现专利权是因上述理由被宣告无效，据此提出的侵权诉讼就有极大可能应归入专利恶意诉讼的范畴。当事人可以将这类无效宣告请求审查决定以及相关证据作为当事人行为"恶意"的佐证。

企业在 IPO 进程中，必须提前谋划，有效整合和利用各种外部法律资源。在面对潜在的专利侵权诉讼时，准确评估是否涉嫌恶意知识产权诉讼，有效利用法律规则，维护自身的合法权利，保证 IPO 进程顺利推进。

五、总结经验，完善自身知识产权合规体系

从宏观角度来看，企业在应对科创板 IPO 时，应该建立完善的知识产权管理体系，包括完善的专利、商标、著作权等知识产权布局；加强对关键技术的保护，包括技术秘密的保护和专利申请；与合作伙伴建立清晰的知识产权保护机制，确保知识产权的共同管理和收益分配。

从微观角度来看，企业在应对科创板 IPO 时应该进行知识产权合规审查，确保自身拥有的知识产权合法有效；加强内部员工的知识产权培训和保密意识，提高整体的知识产权保护意识；积极应对国内外的知识产权诉讼，维护自身的知识产权权益；逐步建立企业的知识产权战略，以提升企业在市场竞争中的地位和竞争力。

投资者在购买科创板企业股票的时候，不仅看企业现实的盈利能力，

而且关注企业未来的发展。对于寻求在科创板上市的企业来讲，一定要加强技术创新，持续进行研发投入，保持国内领先地位。只有这样，才能满足消费者对产品的需要，实现企业的商业价值。企业在上市之前，应做好知识产权保护，尽量避免相关的知识产权侵权风险，减少因专利纠纷对企业整体上市进程产生的不良影响。

综上所述，科创板重在考察企业的科创属性，知识产权又是企业科创属性的重要体现，企业要在科创板 IPO 过程中充分准备，真正做到知己知彼，才能从容地应对各类知识产权风险。

商标撤三的"攻与防"

张　鑫[*]

商标撤三制度的设立旨在节约商标资源，避免商标闲置不使用，同时维护公平竞争秩序。造成商标资源枯竭的原因：一方面是部分企业会布局防御性商标；另一方面，有不少商标注册是注册人为了获利而提前布局的。由于这些商标资源处于闲置状态，使商标资源越来越枯竭，因此商标撤三制度是有效释放商标资源必不可少的途径。

撤三制度中指出注册满三年连续未使用的商标，任何人都能基于法条向国家知识产权局商标局（以下简称"商标局"）提出撤销申请，这就可能会导致某些人恶意而为之，某些企业的品牌被撤销的案例也屡见不鲜。甚至是一个商标一连多次地被提撤三，企业疲于应对撤三答辩需要花费大量的人力物力，给企业的知识产权管理带来不小压力。

例如，阿里巴巴（中国）有限公司的"阿里妈妈"商标被撤销。该公司为了保护知识产权，注册了大量防御性商标，包括"阿里妈妈"等。然而，"阿里妈妈"商标在 2015 年被不知名个人提起撤销连续三年不使用申请。由于该公司未在规定时间内提供使用证据，因此该商标被撤销。

又如，腾讯科技（深圳）有限公司"企鹅"图形商标被撤销。该公司的企鹅图形商标在 2017 年被提出撤销连续三年不使用申请，尽管该公司强调该公司已被广泛使用，但由于提交的证据未能形成完整的证据链，因此商标被撤销。

---

* 作者单位：深圳华夏泰和知识产权有限公司。

再如，清华大学的"清华"商标被撤销。2018 年，不知名个人对清华大学的"清华"商标提出撤销申请，因为该商标在三年内未使用。清华大学未能提供有效的使用证据，最终该商标被撤销。

以上都是非常知名的企业和高校，相信他们对商标的管理已经相当成熟了。然而，其商标仍然可能因为未能遵守商标使用的相关规定而被提撤销，进而失去其商标权。因此，商标撤三的"攻与防"对于企业商标管理非常重要。

一、什么是商标撤三

依据《中华人民共和国商标法》（以下简称《商标法》）第四十九条第二款规定，注册商标成为其核定使用的商品的通用名称或者没有正当理由连续三年不使用的，任何单位或者个人可以向商标局申请撤销该注册商标。商标局应当自收到申请之日起 9 个月内做出决定。

从法条看，任何商标只要从核准注册之日起计算满 3 年，如未使用，任何单位或个人，均可向商标法提出撤销申请。具体流程如下。

第一，撤销申请人准备撤销材料向商标局提出撤销申请并缴纳相应费用，商标局自收到撤销申请后，审查申请材料，认为材料符合要求后，向申请人发出受理通知书，并向商标持有人发出答辩通知书，需要补正材料的，发出补正通知。申请人补正后满足申请条件的，继续发出受理通知，并向申请人发出答辩通知。未补正或补正不合格，则发出不予受理通知。

第二，商标注册人须自收到答辩通知之日起，2 个月内准备使用证据向商标局作出答辩。期满不提供或提供材料不能证明有效使用的，商标局将发出商标撤销决定。若商标持有人可以依据《商标法》第五十四条对撤销决定不服的可以自收到通知之日起 15 日内向商标评审委员会提出复审请求。如能有效证明有在正常使用的商标局发出继续有效决定。若撤销申请人对决定不服的，同样可以依据《商标法》第五十四条自收到通知之日起 15 日内向商标评审委员会提出复审请求。

第三，若撤销申请人对商标局作出维持有效的商标向商标评审委员会提出复审请求，并可以提交质证意见，向官方指出其证据瑕疵。以期达到撤销目的。若商标持有人对因多方原因导致商标局发出撤销决定不服，向商标评审委员会申请复审的，可重新准备充分证据，向商标评审委员会证明有在使用系争商标，力争维持商标继续有效。最后等待商标评审委员会作出最后撤销复审决定书。

第四，最后救济途径。撤销申请人或商标持有对商标评审委员会作出的撤销复审决定书结果不服的，自收到决定书之日起 30 日内向北京知识产权法院起诉。后面进入诉讼环节。一审诉讼完结后还可能会有二审环节。

而现实中作为商品通用名称而被撤销的情况较少，例如"优盘"商标，深圳朗科科技股份有限公司于 1999 年注册了"优盘"商标，商标评审委员会于 2004 认定为行业通用名称缺乏显著性撤销了该注册商标。

二、商标撤三的证据

如果企业商标被提撤销申请，自收到答辩通知起，该准备哪些证据，才能证明商标的有效使用？

商标的使用是指商标的商业使用，包括将商标用于商品、容器或商品交易文书上，或者将商标用于广告宣传、展览或其他商业活动中。商标的使用人既包括注册人，也包括注册人许可的他人。

能够证明商标使用在指定商品或服务上的具体表现形式的证据材料如下。

第一，产品、产品包装、标签，商品附加标牌、产品说明书、介绍手册、店铺招牌、店堂装饰、工作人员服饰、招贴、菜单、价目表、奖券、办公文具、信笺等。

第二，商品交易文书，包括：①产品销售合同及对应发票、收据；②商品进出口检疫证明、报关单；③产品收发货单、其他单据。

第三，广告宣传、展览及其他商业情况，包括：①广告宣传或推广合同及对应发票；②墙外户体、报纸、期刊、地铁、网络、公共汽车、电视、电影、广播等广告宣传的照片或截图。

第四，商标在展览会、博览会上的突出使用情况，包括：①同会议主办方往来邮件、参会确认函、付款证明等；②所制作的宣传页及其他资料；③展会上所拍摄的照片等。

第五，行政审批文件，包括：①产品质量监督报告、检测报告；②产品认证证书；③产品获得的荣誉证书等。

第六，媒体报道及网络销售情况截图，包括：①网络销售店铺开店资格证明及店铺截图；②销售记录；③销售记录对应的收款证明；④发货记录和订单物流信息；⑤销售评论等截图。

第七，商标许可使用合同及被许可人使用证据材料，包括：①单一的商标使用证据，如广告物品、包装物等往往并不能充分证实注册商标的使用情况；②商标申请人向商标局提交商标使用证据时，可以出示多种证据，让这些证据相互印证、彼此关联，形成证据链条。

三、撤三的"攻"

在商标注册过程中如果遇到阻碍和障碍商标，该如何判断，以及如何对障碍商标发起进攻，清除在先障碍呢？

第一，确认系争商标注册公告日到撤销申请的时间是否已满三年，若已满三年，则符合《商标法》撤销的首要条件。

第二，判断系争商标注册主体情况。

系争商标注册主体为个人的，由于一般个人在商标使用过程中很少有保留使用证据的习惯，因此个人申请商标可以撤销的概率较大。同时，也可通过其他网络等第三方平台调查该个人是否为企业法人或老板，初步调查筛查其是否有商标许可行为。另外，还可根据该商标持有人名下商标持有量的多少来判断其是否有囤积商标行为。

系争商标注册主体为国内企业，则可通过企查查或天眼查等第三方平台查看该企业状态，看企业是否已注销或被吊销，以及企业的经营情况等。

状态一：若该主体已经注销或被吊销，证明企业主体已经不再继续经营，商标也就不存在继续使用，那么该系争商标毋庸置疑为闲置商标，理应被撤销，那撤销的成功率较高。

状态二：若该企业继续存续，则继续分析该企业经营范围，结合其是否有官网、是否为高新技术企业、商标是否为该公司主商标，以及最近是否有专利申请，专利申请的技术对应的产品是什么等。再通过其他平台，如天猫、京东等查看该公司的产品是否在网络销售，具体出售的产品类型。再结合系争商标的具体类别、具体产品等，可以综合判断该企业是否继续使用商标。

状态三：若该企业继续存续，但公司名称已经变更为其他名字，抑或是经营地址变更，而商标联系地址未做相应变更等。如有上述情况的，商标使用情况存疑，撤销成功率也较大。

系争商标主体为外国的公司或个人持有的。如果是个人申请的，同样，被撤销的概率相对也比较大。如果为企业，这时候可以先判断是否商标使用在该公司核心产品上，如若不是，且较难提供证据证明商标在有效使用，被撤销概率也较大。

第三，判断系争商标是商品商标还是服务商标。

根据《商标注册用商品和服务国际分类尼斯协定》，第 1 ~ 34 类为商品商标，即实际存在看得见摸得着的产品，如服装、手机等产品。第 35 ~ 45 类为服务类商标，如广告服务、餐饮服务等。

商品类商标比较好提供使用证据，例如销售合同、发票等。而服务类商标，证据可能较难准备，甚至有的企业只出售产品，没有提供相关服务，但仍然出于防御等考虑申请了服务类商标。此时，服务类商标相对于产品类商标被撤销的概率较大。

第四，确定撤销的策略是只撤销部分商标还是全部撤销。

商标注册之时，可以包含 10 个产品小类，本着喜多不喜少的原则，即不使用的产品或服务也可能会因凑数而被选上。注册后这些产品和服务基本未实际使用。此时，如非该商标未用在公司的核心产品上，那么被撤销的可能性极高。

因此，按审查原则，每个产品的群组都应该提供证据证明商标在使用，若某些产品和群组不能提供商标使用证据，则会被撤销。

四、撤三的"防"

在商标撤三日趋常态化的情况下，站在商标持有者角度，有什么方法能避免商标被撤销呢？而已满三年的商标如若不幸被他人提撤销，该如何应对呢？

（一）按需注册，规范使用

企业在注册商标之时应围绕企业自身经营范围、覆盖销售产品和服务为原则，尽量贴合产品实际选择合适的类别和产品小项。待商标核准注册后，按核准情况规范使用，例如商品包装、广告宣传等，避免闲置。

（二）动态监控，及时更新

企业应形成定期商标监控机制，如若监控到企业有公司名称、地址等变更情况，应及时将相应商标一并变更，避免因变更不及时，不能收到相关通知，导致商标被撤销的情况。

随着企业不断发展，若产品拓宽，超出商标核准范围，企业应及时递交新的商标注册申请。若品牌升级，商标实际标样与注册时标样不一致，企业应及时提交新的商标注册申请，避免因不规范使用，导致商标有被撤销风险。若发现商标被撤销的事项已经发生，企业也应积极应对。

（三）证据保留，建立档案

未雨绸缪，有备无患，方能立于不败之地。因此，企业应在日常经营活动中，定期检查档案，并及时更新，确保涵盖最新使用证据，建立完善的商标档案。

可根据直接附着、交易文书、广告宣传等证据进行分类整理，或按时间顺序或根据商标类别、产品、服务归类整理。

（四）提前应对，积极响应

由于企业的防御商标实际使用证据较难准备，因此在其动态监控即将年满三年时，重要的商标可以考虑再递交新的申请。

如若不幸被别人提了撤销，自收到通知后，企业应及时准备相关证据，明确答辩期限，避免错过答辩时间。需要注意的是，单一的销售合同或发票不能形成完整的证据链，尤其单一合同，审查员会认为合同系自制证据，缺乏公信力。

　　此外，还可以寻求专业帮助，委托商标代理机构或律师，寻求专业的法律建议，避免走弯路。尝试协商和解，尝试与撤三申请人沟通，探讨和解可行性，例如许可、共存等。如果该商标企业确实闲置，亦可以考虑直接出售。

针对"关于中药领域发明专利申请审查的若干规定"的分析见解

刘　猛[*]

中医药是我国医学科学的特色,与其相关的发明创造不仅具有化学领域发明的特殊性,而且具有独特的辨证论治的中医理论,这使得在审查该领域的发明专利申请时,需要专利审查员以中医理论为指导,以临床价值为导向进行客观的审查。《专利审查指南 2023》对该领域的审查标准和要求进行了完善。笔者就《专利审查指南 2023》中"关于中药领域发明专利申请审查的若干规定"进行解读并提出一些针对性观点,以便引导创新主体在中药领域发明专利申请时有更好的应对策略。

一、中药发明专利保护的客体

(一)可授予专利权的申请

与《专利审查指南 2023》一般性的规定相同,中药发明专利保护的客体也分为产品类和方法类,而方法类包括化学领域中特殊的制药用途类。

产品类的保护客体一般包括:①经过产地加工得到的中药材;②经过炮制加工得到的中药饮片;③中药组合物,也称中药组方或者中药复方;

---

* 作者单位:北京华夏泰和知识产权代理有限公司。

④中药提取物；⑤中药制剂。

其中，从实际申请的中药发明专利类型看，申请数量最多的是中药提取物和中药组合物。由于中医独特的医学理论，因此中药组合物和中药提取物往往可以凭借不同药味组合来体现治疗效果和应对病症类型，进而体现创造性。这也是中药组合物和中药提取物申请量较多的主要原因。同时，这两项产品保护客体在很多时候其实是相同的，因为中药组合物很少是直接由原料药物理混合而成，绝大多数的中药组合物都是经过溶剂提取后的中药提取物。而剩余的三项，由于已经有十分成熟的加工、炮制、制剂的工艺，因此其创造性风险较高，但它们可以依托中药组合物和中药提取物作为扩展进行一同申请，扩充保护范围。

方法类的保护客体一般包括：①中药材的栽培或者产地加工方法；②中药饮片的炮制方法；③中药组合物、中药提取物、中药制剂等产品的制备方法或者检测方法；④中药产品的制药用途。

在方法类的保护客体中，中药产品的制药用途一般在创造性的体现上要比其他三项更好一点，它通常会和产品类保护客体中的中药组合物和中药提取物一同申请；其他三项的保护客体由于已经有了很成熟的工艺，很难有更进一步的创新，因此其保护客体在审查上的通过率不高。

（二）不可授予专利权的申请

在中药领域发明专利申请中，不可授予专利权的申请通常会涉及两个法条的规定，分别是《专利法》第五条和第二十五条。前者主要涉及违反法律、法规，危害公众健康，妨害公共利益。例如涉及法律法规中禁止入药的中药材（珍稀和毒性药材）、涉及中药配伍禁忌（十八反等）、涉及用法和用量不符合规定的中药材。但是，如果通过中医的合理方法能够将上述不安全的因素消除，并有相关的毒性试验测试证明，那么，即便出现了中药配伍禁忌和毒性药材，相关的发明专利也是可以作为保护客体的，而且这一点还可以体现出发明专利的创造性。

后者主要涉及科学发现、智力活动规则、诊断和治疗方法方面。其中，科学发现主要是指在自然界找到以天然形态存在的物质，并将其作为中药进行保护，这属于一种发现行为，故不属于专利保护的客体。但是如果对其进行加工或者炮制形成一种中药制品，由于其使用了科学技术手段进行人为的创造，因此属于保护客体。此外，还有中医药理论，例如中医阴阳五行学说、藏象学说，是对自然现象及变化过程的归纳和总结，其也不属于保护客体。

智力活动规则主要是人为制定的一些中药口诀，例如中药七情歌等，其没有采用任何技术手段，只是单纯的人的智力活动的体现，不属于保护客体。而诊断和治疗方法主要指中医采用的望、闻、问、切的诊断方法，以及针灸、艾灸、刮痧、正骨、拔罐、膏药贴等治疗手段，这些出于人道主义以及医生有选择任何手段诊断和治疗病人的自由的考虑，涉及诊断和治疗方法的技术方案都不可授予专利权。

二、说明书和权利要求书的一些注意事项

（一）说明书的注意事项

第一，需要明确所采用的中药名称是否规范和正确，尽量使用大家常用的名称，别名、俗名等可以写到说明书中作为补充。如果说明书中的中药材名称在现有技术中没有明确记载或者有多个相关记载以致不能区分，则应当在说明书中记载足以使得本领域的技术人员能够确认该中药材的相关信息，如植物基原、拉丁名、药用部位、性味归经、功效等。

第二，如果所采用的中药材经过了特有的处理方法，且该特有方法不是本领域常规技术手段，则需要对处理工艺进行完整、详细的说明。对于中药领域涉及的一些专有名词，比如文火、武火等，建议在说明书中给出一个宽泛的、客观的说明，防止部分专利审查员认为不清楚时有进一步修改的依据。

第三，中药组方原则为"君臣佐使"，由于中药组合物的用量和配比关系决定了中药组合物的组方结构和主次作用，因此必须标注清楚各中药的用量配比，否则会产生公开不充分的问题。一般中药组合物的用量都是采用重量分数，或者采用各中药之间的重量配比来进行限定。

第四，中药领域的发明申请主要有医药用途，而医药用途的效果需要实验数据（动物模型、生理生化等），或者临床病例治疗效果数据来加以

佐证。一般来说，前者的实验数据更加客观，也容易被专利审查员接受，申请中药方面的专利时要优先补充这方面的效果数据。虽然后者也是《专利审查指南2023》所接受的实验数据，但是从实际答复审查意见的经验来看，这类数据需要有严格的规范要求方可被接受，例如披露病例来源、患者分组标准、疾病的诊断标准、疗效判定标准等。

如果按照以下方式来证明效果，容易被专利审查员质疑。①经临床诊断治疗某疾病患者共200例。200例患者中症状逐渐消失或痊愈的100例，有效的50例，无效的50例；总有效率达75%。②患者张某患某疾病3年，久治不愈，使用某发明中药组合物3个月，相关症状完全消失。③患者李某患某疾病1年，虽经治疗缓解但易复发，使用某发明中药组合物5个月，相关症状痊愈并3个月内无复发。

第五，由于君臣佐使在中药组方中的重要作用，因此在申请中药相关发明时，建议发明人将相关的组方原则和配伍原理进行详细说明，这在后续的实质审查中有利于阐述和对比文件的区别和作用，区分相同或相似的组方。如果各中药在组方中的作用或者地位不同，那么整个药剂的主治病症将会出现不同，这也是整体判断是否显而易见的切入点。

（二）权利要求书的注意事项

权利要求书中对于中药产品或中药方法的限定除了遵循《专利审查指南2023》的一般性规定，对于中药产品，其通常应该按照"由……制成"的方式进行限定。这是考虑中药产品基本上都是经过工艺提取的物质，而非单纯的原料药直接混合。这样限定更加准确和贴近事实。如果中药产品就是直接的物理混合，则可以采用组合物的方式进行开放式或封闭式的限定。

同时，权利要求书中需要有关于中药组方的用量限定并且要与说明书中记载的相一致。上位概括需要适当，避免过分扩大保护范围导致得不到书名书支持。例如一种中药组合物，实际的组方为50份中药A，2份中药B，10份中药C，500份中药D。但在独权概括时，限定为1～500份中药A，1～100份中药B，1～100份中药C，1～1000份中药D。这种概括的用量配比范围包含了与说明书公开的药味配伍关系实质不同的技术方案，容易使君臣佐使的配伍关系发生变化，导致本领域的技术人员根据说明书公开的内容，不能预测权利要求的概括均能解决发明所要解决的技术问题并达到相同的技术效果，则权利要求得不到说明书的支持。

三、新颖性的判定

中药领域发明专利的新颖性判定比较简单。对于涉及组方的技术方案，首先看药味是否相同或者实质相同，其次看每一味中药的用量是否有重合。对于涉及工序步骤的，直接比对技术手段是否相同或实质相同，工序和工艺参数是否一致，如果完全一致或等同即有新颖性的问题。

需要特别注意的是有关中药组合物的相关医药用途方面的新颖性认定原则。辨证论治是中医治疗疾病的基本原则。通常，同一疾病在不同的发展阶段，可以出现不同的证型，而同一证型可以发生在不同的疾病中。在中药产品的制药用途新颖性的判断中，应当注意中医的病与证，以及其与西医的病或药物作用机理之间的关系，考量其是否相同。

从根本上讲还是看中医的病与证之间的上下位关系，以及中医与西医在疾病治则上是否实质相同。例如，某发明专利申请提供的是某种中药组合物在制备治疗肾虚的药物中的应用，现有技术是一种相同组方在治疗肾阳虚的制药用途。由于肾阳虚是肾虚的一种具体证型，是其下位概念（肾阳虚、肾阴虚、肾气虚、肾精不固），因此该发明专利申请缺乏新颖性。如果该发明专利申请具体到一种肾阴虚的制药用途，根据中医理论，肾阳虚和肾阴虚虽同属于肾虚疾病，但治疗法则不同，症状有差异，属于不同的证型，故而不能破坏其新颖性。

又如，某发明专利申请提供的是某种中药组合物治疗"脑中风"的医药用途，而现有技术公开的中药组合物可用于脑卒中治疗。由于脑卒中又称"脑中风"，二者属于同一种疾病，因此该发明专利申请存在新颖性的问题。如果该发明专利中有明确记载说明针对的是某一具体证型的中风，能够与现有技术的疾病类型有所区分，则具有新颖性。

四、创造性的判定

对于中药领域发明专利申请的创造性判定，较为特殊的是有关中药组方或中药组合物的保护客体，其他保护客体的创造性评定可以按照一般性原则进行。在中药组合物创造性的专利审查中首先要准确站位本领域技术人员。作为中药领域的技术人员，应当具备中药的基本知识，掌握中医基础、诊断、治疗等各种基本理论，熟悉组方配伍的常见规律和变化原则，以及中医药现代研究的基本技能等。其次，在判断中药组合物发明是否具备创造性时，还应结合现有技术整体水平和说明书充分公开的技术信息综合考量。

创造性的判定仍然需要按照《专利审查指南2023》的三步法原则进行，但需要考虑中药组合物自身的特点。

（一）确定最接近的现有技术

由于中药组合物的药味通常同时采用多种中药，因此确定最接近的现有技术时应从发明实质的角度出发，以发明目的、技术领域、技术问题或技术效果的相似程度，以及最相关的药味或起主要作用的药味的相关性为关键，选择本领域技术人员更有动机对其进行改进，从而得到发明专利所述技术方案的对比文件，并将其作为最接近的现有技术。笔者认为，技术领域和所要解决的技术问题，以及起主要作用的药味应当被列为第一关注因素，过分关注中药药味重合度的对比文件往往并不适合作为最接近的现有技术。

如果发明专利明确说明其是在某已有中药复方基础上进行调整获得的中药组合物，那么这种现有的中药复方通常应该作为发明专利最接近的现有技术。

如果没有明确现有中药复方的发明专利，可以根据发明专利披露的君臣佐使配伍关系进行筛选，那么最接近的现有技术应当是君药相同或君药功效相同的，且所用的药味重合较多的现有组方作为最接近的现有技术。

如果既无明确的基础组方，也无明确的配伍关系，那么确定的原则往往就是选择技术领域最相关、所要解决的技术问题最相似、技术效果或用途最接近，并且相同药味数量最多的现有技术作为最接近的现有技术。

（二）确定发明的区别特征和发明实际解决的技术问题

中药组合物发明与现有技术的区别特征常常表现为诸多药味及其用量

的不同。一般而言，中药组合物的药味区别在创造性的体现中是最重要的，而用量通常无法带来明显的创造性（专利审查意见基本上都是以经过有限次试验即可获得为理由评定），除非用量与现有技术存在相反技术启示。

从药味上确定区别技术特征，在《专利审查指南2023》实施之前，专利审查意见通常是按照组合发明对中药组合物进行确立，主要是从药味的功效或作用上进行划分，例如清热类、解毒类、补益类、化湿类、行气类等，根据最接近现有技术以及发明中所用药味的药味相同或相似程度进行划分，以找出区别的药味作为区别技术特征；而在《专利审查指南2023》实施以后，增加了对中药组合物的特殊考量，指出中药组合物是以中医药理论为指导形成的，通常具有一定的组方结构，各中药原料或药味之间存在主次关系例如君臣佐使，在功能上相互关联、相互配伍而发挥作用。

如果发明专利有明确的君臣佐使的配伍关系，可以根据药味在组方中的主次地位进行划分，从而比对出与最接近的现有技术的区别技术特征。但是，在实际操作过程中，最接近现有技术和发明专利同时能够知晓配伍关系的情形较少，采用功效划分区别技术特征仍然占多数。

在确定区别技术特征后，需要根据发明专利中该区别技术特征所能够起到的作用来重新确立技术问题，只要是能够从发明专利中证实的技术效果，都可以作为重新确立的技术问题。此时需要注意的是，专利审查意见往往会将区别技术特征的固有属性作为重新确立的技术问题，而忽略了其在发明专利中的作用，但有的时候实验数据可能会让该区别技术特征获得非常规的作用，例如提高其他药效、降低副作用等，从而体现发明的创造性。而这些通常需要有经验的专利代理师提前进行检索，并根据检索结果有预判地设置不同组方的对比实验，这样才能够在将来的专利审查意见中获得有利的答复点。

同时，作为中药组方的一大特点，还应整体上考虑区别特征与组方中其他药味等特征之间的关系在要求保护的发明中所达到的技术效果，可以理解为各药味之间的适配性。

（三）判断是否显而易见

判定中药组合物发明专利的显而易见性，首先要以重新确立的技术问题为实际需要，站在本领域技术人员的角度，对发明和现有技术所述技术方案的"理、法、方、药"进行分析和比较，确定区别特征在不同技术方案中的地位和作用，看两者是否存在明显的相关性或者可推导性。如果存在相关技术启示则发明专利具有显而易见性；反之，发明专利不具有显而易见性。一般而言，相关的技术启示包括：加减药味的技术指导、药味的药理作用、药味的一般性用量和用法、药味的适用证型、常用的基础方、病因病症信息等。

上述的这些技术启示可以是在最接近现有技术中披露，也可以在其他现有技术、图书、网络信息、期刊、论文等中公开。

1. 加减方类中药组合物

该类发明主要是在已有基础方上进行加减药味的改进，那么判断是否显而易见就需要看加减的药味在发明专利中的作用是否常规、是否为简单的效果叠加。如果是，则发明专利具有显而易见性；反之，则具有创造性。同时还需要考虑其是否达到了预料不到的技术效果。

例如，使用功效相同或相似的其他中药替换发明专利中的组分，如果没有实验数据证明其达到了预料不到的技术效果，那么这种替换不具备创造性，反之则具备创造性。

又如，发明专利在原有基础方上增加药味，如果只是其他同功效药味的补充，或者只是为了需要增加药味的固有功效，那么一般情况下不具备创造性，除非有实验数据证明其达到了预料不到的技术效果。

对于药味用量上的加减，除非能够证明用量的变化产生了预料不到的技术效果，否则一般情况下很难有创造性。而对于用量减少的中药组合物，如果能够证明其在用量减少的前提下依然保证原有的效果，那么也属于预料不到的技术效果。

2. 合方类中药组合物

合方运用是指将两个及两个以上的已知基础方合并使用而形成的中药组合物，目的在于加强或扩充功效、扩大适应证。

如果发明专利所治疗的疾病的主证明确，那么以治疗主证的已知方为基础方，根据兼证加入相应的已知方组合而成的中药组合物是显而易见的，除非发明专利产生了预料不到的技术效果。

如果发明专利所治疗的疾病的主证不明确，而说明书也没有记载合方运用产生了何种预料不到的技术效果，那么可以认为这种合方运用的组合物发明属于常规的已知方随意组合，不具备创造性。

3. 自组方类中药组合物

自组方，即自行拟制组方，是指没有用已知中药组方为基础，而是依据中医药理论知识和成方运用的经验进行直接遣药组方形成的，或者改变了已知中药组方的主要药味形成的中药组合物。

对于改变了已知中药组方的主要药味而形成的中药组合物，如果该技术方案的获得无法从现有技术中找到技术启示或教导，并且申请人通过实验数据证明发明专利取得了所述的技术效果，则该发明专利具备创造性。

对于依据中医药理论和成方运用的经验进行直接遣药组方而形成的中药组合物，如果该技术方案的获得无法从现有技术中得到技术启示或教导，那么只要发明专利通过实验数据证明其取得了有益的技术效果，则该发明专利具备创造性。

通常，在自组方中药组合物发明专利中，专利代理师会建议申请人在自组方基础上进行某个药物的删减、替换，从而形成对比例。如果自组方的效果（不一定是治疗主病的效果，也可以是其他方面的效果）比同类市售中药、西药以及各对比例都要好，则可以证明自组方中的各药味之间的协同作用（适配性），对于答复创造性审查意见是十分有利的。

五、实用性的判定

实用性的判定较为简单，需要注意两个方面的问题。

一是医生处方，指医生根据具体病人的病情所开的药方。医生处方和医生对处方的调剂以及仅根据医生处方配药的过程，均没有工业实用性，不能被授予专利权。这类发明专利其实可以转换为中药组合物进行保护，其本质上是相同的。

二是从动物体获取中药原料的方法，这主要涉及非治疗目的的外科手术问题，由于是以动物体为实施对象，无法在产业上使用，因此不具备实用性。例如，从活牛身体中摘取牛黄的方法，从活熊身体中获取熊胆汁的方法。

六、中药领域发明的重要因素

　　化学领域的特殊性使得该领域的发明专利基本上都需要通过设置对比例来证明其确实达到了预期的技术效果。而中药领域发明作为其中的一个分支，在具有中医理论的特点前提下，这种对比实验的设置尤为重要。特别是在组合物发明专利授权越发困难的情形下，只有通过设置合理的对比例，方能有机会在将来创造性的审查意见中获得有利争辩点。而有针对性地设置对比例的前提就是检索相关的现有技术，根据现有技术发现区别点，由此才能制定针对性的对比实验。无论检索还是设置对比例，这都需要专利代理师具备丰富的撰写经验和答复审查意见的经验。